1

PORE OVER
THE NEW OTC MARKET

啃碎新三板

新三板前世今生之深度啃析

啃哥张驰◎著

中国市场出版社
China Market Press
·北 京·

图书在版编目（CIP）数据

啃碎新三板：新三板前世今生之深度啃析/啃哥张驰著．—北京：中国市场出版社，2015.7（2021.07 重印）

ISBN 978-7-5092-1375-9

Ⅰ．①啃… Ⅱ．①啃… Ⅲ．①中小企业-企业融资-研究-中国 Ⅳ．①F279.243

中国版本图书馆 CIP 数据核字（2015）第 126379 号

啃碎新三板：新三板前世今生之深度啃析

KENSUI XINSANBAN：XINSANBAN QIANSHI JINSHENG ZHI SHENDU KENXI

责任编辑 辛慧蓉

出版发行 中国市场出版社

社　　址 北京月坛北小街 2 号院 3 号楼　**邮政编码** 100837

电　　话 编 辑 部（010）68033692　读者服务部（010）68022950

发 行 部（010）68021338　68020340　68053489

68024335　68033577　68033539

总 编 室（010）68020336

盗版举报（010）68020336

邮　　箱 xhr1224@aliyun.com

经　　销 新华书店

印　　刷 河北鑫兆源印刷有限公司

规　　格 170 mm×240 mm　16 开本　**版　　次** 2015 年 7 月第 1 版

印　　张 17.75　**印　　次** 2021 年 7 月第 4 次印刷

字　　数 300 000　**定　　价** 45.00 元

谨以此书献给所有

有理想， 有追求， 生命不息，

奋斗不止的人们！

Pore over
the New
OTC Market

引 子

在《三国演义》中，有一篇为“煮酒论英雄”。曹操指着天上的龙形云朵问刘备：“使君可知龙之变化?”刘备曰：“未知其详，请赐教。”

曹曰：“龙能大能小，能升能隐；大则兴云吐雾，小则隐介藏形；升则飞腾于宇宙之间，隐则潜伏于波涛之内。方今春深，龙乘时变化；犹人得志而纵横四海。龙之为物，可比世之英雄。”“玄德久历四方，必知当世英雄，请试为操言知。”

龙之为物，可比世之英雄。人人都希望拥有龙之吞吐，英雄之气概，华夏儿女都是龙的传人。但龙同时需要“隐介藏形，方可纵横四海”。

每个人都有可能成为英雄，机会很多，但关键是如何做好充分的准备，当机会来临时，可以一跃而起，从而“飞腾于宇宙之间”。

Pore over
the New
OTC Market

推荐序01

叶 檀

著名财经评论家

啃哥张驰，专啃新三板。我们初次见面录制《新财富夜谈》节目时，谈的也是新三板。他话不多，有些腼腆，但谈及新三板，数据可以精确到小数点后面两位，如果有的话。

他会写关于新三板的书，我并不奇怪，甚至可以预料，他会写一连串关于新三板的书，尤其面对新三板的火爆局面，面对新三板挂板公司、交易制度、未来转板制度的大幅变迁，面对创业群体、创新群体的大规模涌现，新三板是中国资本市场不可或缺的一个观察点，而啃哥将持续关注新三板，印证他对于中国资本市场、中国创业市场的预言。

中国需要新三板，原有的场内市场僵化陈旧、先天不足，无法满足中国经济发展的需要。虽然有创业板加以补救，但机制却与创业企业完全不匹配，新三板因此被赋予为创业企业、创新企业融资的重任。

从数量上来看，新三板不负所望，2013 年 1 月 16 号才正式揭牌，到 2015 年 4 月底，挂牌企业达到 2 343 家，总股本 1 058.51 亿股，流通股本 372.02 亿股，预计 2015 年全年挂牌总数可能超过 2 000 家，挂牌企业主要分布在电子、计算机、机械设备、通信等行业。

这样的挂牌效率使主板、中小板、创业板市场难以望其项背。不仅如此，2015 年 3 月到 4 月初，新三板出现新一轮财富井喷。正是在此期间，我认识的一个年轻人毅然辞职，专门从事新三板交易，其他年轻人表示震惊，“真没想到，他是个富二代”。确实，投资新三板需要一定的经济实力，但这个年轻人认定新三板具有非同寻常的前景，笔者愿意为他送上祝福，这是一个勇敢而颇具前瞻性的选择。新三板之路才刚刚开始。

市场化的证券市场才能诞生伟大的公司，有谁知道不会诞生像迪士尼、微软这样的公司？20 世纪道琼斯指数推出时，迪士尼尚未成为公众公司，华特·迪士尼甚至还没有画出第一只米老鼠。而先天不以融资为最重要指向的市场，先天缺乏培养伟大公司的基因。

2014 年，中国成立新市场主体 1 000 万家以上，车库里的创客正成为时代的引领者，其创新能力之强令人关注。但目前的银行、主板等融资市场为大中型企业服务，从金融到设计，缺乏与创客相匹配的服务体系。新三板正是最大的容纳场所，目前从地图服务商到微信技术提供商，应有尽有。

新三板交易曾经非常冷清，笔者曾经去过全国股转公司，在公司电子墙上，数百只企业的股价冷清清地挂在电子屏上，多数时候数据一动不动，仿佛进入冰冻时代。很少有公司愿意进入新三板，也很少有大资金愿意介入新三板。

新三板的问题跟财富效应一样引发全社会关注，有活跃交易的公司是极少数，一些企业遭遇爆炒，从 2015 年年初至 4 月 3 日，三板成指已涨 103.59%，三板做市指数涨 151.02%。3 月 23 日，新三板做市指数收于 1 788.06 点，4 月 7

日收于 2 460.29 点。由于高价对倒交易，2015 年 4 月 7 日，全国股转公司对托管于中信证券中山市中山四路证券营业部的四家账户下达了处罚决定：限制证券账户交易三个月。而这四家高价对倒的账户也有苦衷，对挂牌公司暗箱操作不满。新三板的亏损率略高于创业板与中小板，这是市场正常现象，真实的披露可以让市场准确定价，定价准确的市场才是风险最小的市场。亏损最少的市场未必是风险最小的市场。

无论如何，这些问题得到及时处置，没有引起全局溃烂，没有热番薯掉进灰堆里上下不得的尴尬，500 万元人民币的投资门槛使得专业投资者集聚，风险被控制在一定范围内，而禁得起新三板专业投资者长期考验的公司，转为创业板上市公司时，也就水到渠成。

啃哥所在的公司恰好也在新三板挂牌，这当然不是啃哥为新三板鼓与呼的原因，相反，正是因为啃哥的鼓与呼，他所在的公司转而投奔了新三板。这个真诚的人在践行自己的理论，这本书不仅具有极强的操作性，还加上了他在安永等公司的工作底蕴，不同于泛泛之论。

书和人一样，认真不认真，忽悠不忽悠，一望而知。认真才是书籍有长久生命力的前提，张驰一定会“啃定三板不放松，不许三板见白头”。

Pore over
the New
OTC Market

推荐序02

王学明

九泰基金管理有限公司　总经理

我认识啃哥张驰的时间不算长，第一次见面就感觉他是一个内秀且干练的人，之后读了他的《四大那些事》，发现他逻辑思维极其严谨，很善于以小见大、由表及里地分析问题。近日啃哥新著《啃碎新三板》即将付梓，遵嘱附序，得以先睹为快，感觉较之前著，新书带读者进入了一个新的境界。如果说《四大那些事》作为啃哥的处女作尚偏重知识性和趣味性，《啃碎新三板》则饱蘸了作者对新三板市场的洞悉和诗意人生的泼洒，每一篇文章都从实践中来又回到实践中去，掰开了揉碎了，“啃”出新滋味，听出话外音，让读书和学习变得轻松、自然。

步入 2015 年，新三板市场可谓“大风起兮云飞扬”，“新三板”三个字几乎成为自媒体时代刷屏的代名词。不夸张地说，在“逐鹿大资管”的时代，不了解新三板，你将无法步入下一个“财富新时代”。啃哥的新著，如庖丁解牛，带你从一个全新的视角，由表及里“啃碎新三板”。

Pore over
the New
OTC Market

推荐序 03

黄晓捷

北京同创九鼎投资管理股份有限公司　总经理

从北京到旧金山的航班上读了啃哥的新书稿，这本书啃哥给自己和读者都提出了一个振奋人心的目标——《啃碎新三板》。读完书稿，的确有那么点意思。

啃哥是我的师弟，也是我在九鼎的同事，所以我深知啃哥的日常工作有多繁忙。能在紧张的工作中，见缝插针地挤出时间写下这么多东西，无论是知识的整理、即时的评论还是一些随感，都让我很佩服。啃哥不是一个会被日常工作困住的家伙，他会思考，擅积累，这么多的文字，就是明证。

作为一个投资工作者，我对新三板一直高度看好。在2014年11月新三板扩容后的集体挂牌仪式上，我曾受邀发表演讲，那时我就说过："衡量一个交易系统的标准，在于其是否能真正贯彻市场化的理念，而市场化的前提是法治和诚信。衡量一个交易系统的价值，在于其是否能让基于价值投资哲学的投资者获利，在于其是否能成长出伟大的企业。人类历史上市值最大的公司不是在交易所市场诞生，而是在场外市场诞生。我期待，也相信中国这一天会到来。"从过去一年多的时间看，新三板在极大的程度上贯彻了市场化，也推动了有创新基因企业的发展。当然，事物的发展不会一蹴而就的，新三板也会在发展中遇到挫折，比如可能出现大量的风险企业，一些投资者的不理性行为会让监管部门忧虑等，这些问题可能会大幅度地延缓新三板的发展速度。但新三板作为中国最具有市场化基因的交易系统，只要这个基因不失去，就一定会取得巨大的成就。所以，对新三板的研究，对于每一个投资工作者而言，都是必要的。

基于此，我推荐想了解新三板的朋友们读一读啃哥这本书，相信你们也会和我一样，有一些收获。

Pore over
the New
OTC Market

推荐序04

吴卫星

对外经济贸易大学金融学院　教授、院长

应校友啃哥张驰之邀，为他的新著写几句话，阅读的同时深感荣幸之至！

啃哥已经写了好几本有趣的书，均是好读好卖好口碑，尤其深得金融学院师兄师姐师弟师妹们“膜拜”，像我这样的在校老师也不免为有这样的校友自鸣得意。

一本好书的主要元素应该是伟大的事情、深刻的剖析、有趣的叙述和读者的关注。校友啃哥的这本《啃碎新三板》恰好有这四个方面优秀的元素。中国的新三板不管从哪一方面讲都是一个伟大的研究对象，对中国经济和金融未来发展的影响难以估量；新三板的书已经有了很多，啃哥没有抢先，两年来潜心研究，先后已经发表数十篇分析新三板的长文，几乎每一篇都会在互联网上引发一番争论，赞扬固然好，贬抑也是关注，至少啃哥的每一篇文章都触动了读者的心灵；啃哥的文笔洒脱，激扬文字同时不失严谨，已经积攒了不少“粉丝”。我想，在这个时候，啃哥这本书的推出是新三板关注者的福音，值得一读，乐为之推荐！

推荐序05

王　骏

中国财税浪子

中翰联合税务师事务所　合伙人

“新三板”和“啃哥张驰”都是眼下备受关注的热门词汇。我平时用一种很常见的拼音输入法打字，输入“kengezhangchi”，系统自然就会跳出“啃哥张驰”这个词组。足可见，啃哥已经在互联网和金融领域得到了充分的关注。

我常常想，“啃哥张驰”到底是什么意思呢？一张一弛，文武之道，搞金融、玩证券，确实是需要功力。而功力的磨炼就在于这个“啃”字。说一千道一万，“啃”表明一种态度，一种“钻研精神”。啃哥搞金融证券，浪子本人搞财税，其实都需要敢“啃”，啃新法规、啃新案例、啃新产品、啃硬骨头。

五一小长假外出游玩，在大巴车上浏览啃哥的书稿，其实我比啃哥大出许多，但也和大家一样称其为“啃哥”。啃读这一本啃哥所写的《啃碎新三板》，觉得很有啃劲。通过啃读，我了解了2014年以来新三板的各项重大政策，学习了新三板的诸多基础知识。尤其是书中大量采用了评点方式来直抒胸臆，这是我非常喜欢的一种表达态度、观点、思路的方式。我自己写的中国财税浪子的公共微信也大量采用点评的方式。啃哥的点评往往短小精悍、直击要害。或赞赏，或批评；或雪中送炭，或锦上添花；或怒其不争，或哀其不幸。

由于工作的缘故，浪子本人也在关注新三板，尤其是新三板的税务问题。啃哥的书，对我做好税务工作也很有帮助。比如，了解了新三板挂牌公司的基本架构，特别是“非上市公众公司”这样一个特点，更有利于我们去规划新三板公司及其投资者的税务风险。比如，我国企业所得税法及其实施条例规定，符合条件的居民企业之间的股息、红利等权益性投资收益属于免税收入，这一收入是指居民企业直接投资于其他居民企业取得的投资收益，但是不包括连续持有居民企业公开发行并上市流通的股票不足12个月取得的投资收益。那么，我国的居民法人投资者投资于新三板挂牌公司取得的股息红利收入是否会受到“不包括连续持有居民企业公开发行并上市流通的股票不足12个月取得的投资收益”这个条件限制呢？答案显然是肯定的，啃哥此书告诉我们，新三板挂牌公司根本不属于上市公司，因此也不会受到12个月这一条件的限制。再比如，通过此书，我们了解到做市商做市交易的实务操作，也便于我们去分析做市交易的涉税风险，在做市交易的情况下，券商可以依靠股份转让经纪业务、双向报价赚取差价以及给企业做增发等获得不菲的收入，我们从事税务工作的人士可以从中判断是否涉及传统的营业税问题。

有一位我很尊敬的老师曾说过，“胸有文章千万篇，无暇落笔亦悠然”。平时看啃哥的公共微信以及此书，深感啃哥虽然年轻，但积累和沉淀很深，一个人如果能将自己心中的千思万绪转化为对社会有用的价值，确实是一件非常有意义的事情。花叶菩提皆世界，一粒芥子纳须弥。浸淫在新三板之中，面朝大海，春暖花开。希望大家能够既有为又无为地来阅读这本好书。

Pore over
the New
OTC Market

推荐序06

刘 研

天星创联资本控股有限公司

北京天星创联投资管理有限公司　董事长

啃哥张驰的大著《啃碎新三板》出版了，可喜可贺。不能不说，“啃哥”的名号同新三板市场一样，影响力是越来越大了。

张驰号称“啃哥”，他啃的是新三板；我给张驰写序，倒想啃啃张驰——我们读张驰文章，更读张驰其人。从他文章对新三板的解读上，我们读到了这样一个张驰。

首先，张驰是有深度的。他对新三板的解读，文字上相当鲜活，而鲜活中却有相当的深度。他对新三板的见解，具有相当的专业性，在某些问题上，他的见解是入木三分的。譬如，他对主板市场弊端的阐述，以及对新三板市场交易制度的分析等，都能折射出他的专业与睿智——在某些问题上，他不但是“啃”树干与树枝，而且“啃”到了树根。

其次，张驰是有广度的。他对新三板确实是在啃，也啃出了深度。但这种啃，并不只是关注细节与局部，或者说“只见树木，不见森林”。一方面，他对新三板市场的解读，是相对系统化的，涵盖了市场的产生背景、制度与结构、运行方式以及发展走向等各个方面；另一方面，他对有关新三板政策问题的解读以及对新三板制度问题的剖析，一般都不是就政策谈政策，就制度论制度，而是具有多重视角和立体化维度的。

再次，张驰是有高度的。他对新三板的啃，不但啃出了新三板的全貌，而且也啃出了高度。从他的文章中，我们更能看到新三板市场对于多层次资本市场体系建设的战略意义，以及新三板市场对于中国经济结构转型与升级的战略意义。因此，他的啃，非但不是“只见树木，不见森林”，而是见到了天空。

最后，张驰是有厚度的。他的厚度一方面体现在他的专业底蕴与从业经验上，另一方面也体现在厚实的语言功底中——尽管他的语言首先给人以锐利的感觉。并且，在这种厚实背后，我们分明能够体会到他作为一个研究者和从业者的历史使命感与社会责任感，以及一种特别的人文情怀。

啃过张驰，我们再来啃一下新三板。其实，我们对新三板一直在啃——这种啃既体现在我们对新三板的认识上，更体现在我们在新三板股权投资领域的实践上。

在认识上，我们的观点是：第一，新三板市场建设体现了两大战略思维或曰战略目标，一是强力助推中国经济的结构转型与升级——匹配“经济新常态”；二是真正实现中国资本市场制度转轨——贯彻“去行政化”。第二，在这样的战略思维下，新三板市场是不是能够被称之为“中国的纳斯达克”并不重要——张驰先生就不赞同该提法，重要的是其一定能够成为中国资本市场的主战场，无论是在挂牌（上市）企业家数还是在交易量方面，甚至在市值方面，都将依次超越深圳市场与上海市场，成为中国最大的证券市场。第三，在这样的发展格局下，新三板市场的活力与效率将是无与伦比的。活力与成长是相关联的：新三板市场的价值灵魂是成长性，成长性意味着活力。挂牌企业以新兴行业为主，创新性与成长性为其基本特征——中国未来最伟大的企业将主要诞生于此；效率与制度是相伴生的：新三板市场的制度灵魂是市场化，市场化意味着效率。新三板市场制度设计创新空间极大，将使融资功能、定价功能以及流动性得到充分发挥。第四，新三板市场从投资领域看，是重大历史机遇，是名副其实的财富盛宴——主要基于成长性溢价与制度性红利。第五，在新三板市场的建设与发展进程中，资本市场的生态体系将发生重大重构：在市场结构方面，机构投资者特别是私募股权投资机构将发挥出主导性力量；而私募股权投资机构在角色与经营业态上，将趋向于“大资管”，真正将私募股权投资、投资银行与资产管理有机统一起来，在“蓝海”市场中遨游。毫无疑问，这将是一场颠覆。

在实践上，我们与新三板市场的建设与发展进程是高度同步的。天星资本真正运营一年多以来，专注于新三板市场的股权投资事业，着力打造互联网生态综合金融服务系统，力求以最专业化力量和最综合性服务推动优秀中小企业的创新与成长。在这样的发展方针下，我们一直占据着新三板市场股权投资领域遥遥领先的行业地位。当然，天星资本的发展也正如同新三板市场一样，一切也才刚刚开始。

是为序。

Pore over
the New
OTC Market

序 言

新三板从无到有，从小到大，在 2015 年 2 月份突然火爆起来，微信、微博中到处可以见到新三板论坛、新三板培训、新三板沙龙等等各种活动。各个基金公司也在陆续推出新三板专项基金。

新三板的确火了!

我一直在想，难道新三板真的就是一夜之间火起来的吗? 新三板一路走来的过程到底是什么样子的，相信很多人都会很感兴趣。所谓知其然，更要知其所以然。

孔子曰:“众恶之，必察焉; 众好之，必察焉。”

事物的发展有其自身的规律，都要遵循从量变到质变的过程。而整个 2014 年，新三板基本上都是在进行量的积累，积累到了一定程度，才有了 2015 年年初这般质的飞越。

从2014年7月至2015年1月，我陆续写了30余篇分析新三板的长文，在我本人运营的“啃哥张驰”微信公众号中发布，大多数文章的转发阅读量都已过千次。我也有幸作为外部专家，在2014年11月受全国股份转让系统公司（新三板公司）之邀参加了“开门点评活动”，成了新三板方面的所谓“专家”。

同时，由我担任董秘兼财务总监的公司也已于2015年1月在新三板挂牌。

当初，我写这些文章的动机或者说目的，是希望让民营企业家们抓住这个大好机会，这个十年一遇的资本市场盛宴，能够从中分到一杯羹。因为当时市场对于新三板的质疑声音非常大，而很多质疑根本是缺乏依据的，但应者云集。面对此种状况，我非常愤慨，又因为实在没有那么多的精力一一驳斥，就选择了把它们都记录下来。

窃以为，对政策的分析，要以逻辑和数据为依据，才是最具有说服力的。并不是你说新三板有前途，我说新三板没前途，这么吵吵嚷嚷就能吵出结果来。而是应该摆事实，讲道理，认真分析，推导结论。

我是一个喜欢问为什么的人。现如今，新三板这么火爆，包括券商、基金、PE（私募股权投资）等在内的几乎所有金融机构，以及众多个人投资者，都对新三板产生了浓厚的兴趣。我的第一个反应是——为什么会这样？新三板是如何发展到今天这一步的，未来又会怎样发展下去？

【我为何要写这套书？】

1. 负责任地强调新三板这个机会的重要性

由于本人长期接触民营企业，同时在民营企业中担任过财务总监兼董秘工作，并负责过企业整个新三板上市过程，深知中国民营企业的艰辛和不易。大多数民营企业都是在极其恶劣的夹缝中生存并发展着，赚取着“刀尖上的利润”。它们迫切需要融资，需要进入资本市场发展壮大。那么，新三板无疑是大多数民营企业目前唯一的机会和希望。

为什么我说是“唯一”？因为目前可供民营企业选择的融资渠道极为有限，

可供民营企业进入资本市场的机会少之又少。因此，机会一旦来临，如果不抓住，实在太可惜。

我始终认为，中国目前在快速发展和变革着，这是“快鱼吃慢鱼”的阶段。很多事情，等你能看得很清楚的时候，其实机会早已错过。“模糊的准确”永远比“精准的错误”更加有效有用，更加直接。也许模模糊糊地站对风口，就能飞起来。如果方向错了，再多的努力也是白费。正如同投资最重要的理论之“先选行业再选企业”，也如同哈佛大学的名句“选择永远比汗水更重要”，道理相同。

如果错过了这次机会，也许未来3～5年，民营企业将很难有类似的机会。所以啃哥非常着急，希望借一己之力，让更多的企业家看到这个市场的价值。刚开始的几篇文章，其实是写给几个熟悉的董事长看的，后来就一发不可收拾了。

整个2014年，我都被反复问到同一个问题——新三板交易这么不活跃，是不是没有价值？我的回答永远是：其一，请看我的公共微信号分析文章，自己判断；其二，当交易很活跃的时候，那想上新三板的还不得挤破脑袋，请问你还上得去吗？还有你什么事呢？

再犹豫，只会坐失良机。

2. 透彻解析新三板一路走来的历程

通过前后三十篇专题文章，透彻解析新三板一路走来的过程。随着众多领导讲话、政府政策的颁布，新三板最终走到了今天，啃哥会对核心政策逐字进行解读。

新三板是如何一路走来的，非常有借鉴意义，因为它还将继续走下去。只有了解其如何发展到今天，才能判断未来将如何继续发展。这是一个不断变化发展的动态过程，而不变的是分析的思路和发展的方向。

3. 分项阐释新三板政策之具体内容

毕竟新三板是一个新的板块，有其自身的各项规定。那么，这些特有的规定其具体内容又是什么？新三板如何申请挂牌？如何购买？挂牌后如何融资？那些让人读起来头大的条文，虽然有明确说明，但是具体实践中又该如何操作?

我希望通过此书，分项阐释透彻截至目前新三板已颁布的规则，以便专业人士随时查阅。

要说明的是，由于政策在不断推出，因此本书也只是分析到截至付印前的最新政策，后续新政策啃哥会在微信公众号中继续跟进分析。

4. 启迪激励更多可爱的读者

别人都说好，就真的好吗？别人都说不好，它就真的不好吗？专家的话都是真理吗？试问，又有几个股市评论专家自己炒股炒得好呢？如果炒得好干吗还要赚股市评论员这份薪水呢?

每个人都应该有自己的判断，适合别人的不一定适合自己。鞋得合你自己的脚才是好鞋呢。因此，通过这套书，我希望向可爱的读者分享一些思考分析经济现象的方式方法，期望能起到抛砖引玉的作用。

啃哥不希望此书仅仅作为简单的操作手册或者普及型手册，这样的手册市场上太多了，并且新三板公司本身也在整理发布着各种枯燥的手册。啃哥更希望此书除了介绍操作手册中实操性知识之外，更多的是提供给大家思考的方法以及对目前经济形势独立分析判断的方法。通过一篇篇的新三板政策分析，让更多的读者在获得基本的新三板知识之外，获得更加有用的思维分析方法，形成读者自己对新三板的认识，以及对整个中国中小民营企业、中国资本市场发展的深度思考。

各位读过此书后，若能掩卷而思，啃哥就非常非常满足了。

【行文说明】

啃哥所有文章的原则是：不随波逐流，只扪心自问。

■关于“啃”。在分析文章的时候，我想起了读高中时学习文言文，对于每一句话，老师都带领着我们先翻译成白话文，再加注释，解释其中的一些重要词汇。接下来再翻译第二句、第三句，直至全篇结束。于是，我就在想，为什么不能用这种“咬文嚼字”的精神分析精彩的演讲和政策呢？既然被称“啃哥”就应当有这种“啃”的精神，才对得起自己的名号。一篇一篇地啃文章，虽然累一些，但确实可以发现很多单纯阅读时发现不了的细节。那么，证监会、新三板公司重要的讲话、政策，一定有“啃”的必要。慢慢地，当啃了一篇又一篇文章后，我发现“啃”文章其实非常有滋味，也就成了不能离弃的习惯，经常工作之余“啃”到凌晨，一发不可收拾。

▩ 所有的评论，只是在每篇开始的位置，重新进行了编撰注释，简要介绍评论的背景及概论，其他评论原文未作修改，原汁原味地收进了此书。当然，现在回头看来，一些分析略显稚嫩甚至有失偏颇，却是我当下的体会和心得，而原汁原味地保留，才能最准确清晰地看出新三板发展的轨迹。

▩ 书中如无特殊说明，“新三板”均指“全国中小企业股份转让系统”，“新三板公司”均指“全国中小企业股份转让系统有限责任公司”。文中出现的各项制度，在“全国中小企业股份转让系统”网站的“法律法规”栏目中可以查询到。书中只列明制度的名称，不再详细说明具体出处。需要的读者可自行查询。

【内容构成】

▩ **《啃碎新三板：新三板前世今生之深度啃析》**为大家深度解释新三板基础知识。

既然是基础知识，就都是概念性的内容，容不得半点马虎。啃哥不敢用自己的语言描写，尽量使用官方语言，这样更加严谨、准确，努力做到滴水不漏。书中主要引用全国中小企业股份转让系统公司 2 月份陆续发布的 5 个手册:《全国股份转让系统概况》《公司挂牌业务指南》《投资交易业务指南》《融资并购业务指南》《公司治理与信息披露指南》，并在晦涩之处加入注释，便于读者理解。

啃哥想说，这 5 个手册也是新三板公司第一次如此详细地编撰政策文件，之前都是晦涩的、散落的政策。我想，新三板公司也和啃哥一样，大家都是在摸着石头过河，走了一段，走出了一些路，将摸索出来的经验总结一下，再继续前行。新三板公司总结出了 5 个手册，而啃哥总结出了这本书。正如鲁迅先生写在《故乡》中的那句名言：其实地上本没有路，走的人多了，也便成了路。

▩ **《啃碎新三板：新三板政策法规之透彻啃读》**是对新三板政策的分析。

此书是我从 2014 年 7 月以来完成的多篇新三板评论文章中，优选了 28 篇，再加上 2 篇总结性文章，共 30 篇，根据时间顺序集结而成的。便于读者清晰地看到新三板的系列政策是如何一步步释放，一点点成长，践行着承诺走来的。

最后，衷心感谢中国市场出版社辛慧蓉编辑及其同事们为本书倾注的大量心血，是编辑们的认真负责使本书得以第一时间问世。

啃哥张驰

2015 年 2 月于北京

Pore over
the New
OTC Market

目 录

01 全国股份转让系统概况

02 公司挂牌业务指南

03 投资交易业务

PORE OVER
THE NEW
OTC MARKET

01

全国股份转让系统概况

本部分详细分析了新三板的定位、特点、功能等内容，清楚地解释了风口的风是如何刮起来的，并且啃哥预计未来还会刮得更加猛烈。

全国股份转让系统定位

全国股份转让系统是全国性公开证券交易场所

2013 年 12 月 13 日，国务院正式发布《国务院关于全国中小企业股份转让系统有关问题的决定》（国发〔2013〕49 号）（以下简称《国务院决定》），明确指出：全国中小企业股份转让系统是经国务院批准，依据证券法设立的全国性证券交易所。中国证监会（以下简称证监会）就落实《国务院决定》有关事宜答记者问时指出：全国股份转让系统是继沪深交易所之后第三家全国性证券交易所，在场所性质和法律地位上，与证券交易所相同，都是多层次资本市场体系的重要组成部分。

作为全国性证券交易所，全国中小企业股份转让系统定位于非上市公众公司发行和公开转让股份的市场平台，为公司提供股票交易、发行融资、并购重组等资本市场服务，为市场参与人提供信息、技术和培训等服务。

全国中小企业股份转让系统有限责任公司作为全国股份转让系统的运营机构，于 2012 年 8 月 22 日获证监会同意组建，同年 9 月 20 日在国家工商总局注册，注册资本 30 亿元，2013 年 1 月 16 日正式挂牌运营，由证监会直接管理。公司宗旨是坚持公开、公平、公正的原则，完善市场功能，改进市场服务，维护市场秩序，推动市场创新，保护投资者及其他市场参与主体的合法权益，推动市场健康发展，有效服务实体经济。

为切实服务好创新性、创业型、成长性中小微企业，《国务院决定》要求，国务院有关部门应当加强统筹协调，为中小微企业利用全国股份转让系统发展创造良好的制度环境，各省（自治区、直辖市）人民政府要加强组织领导和协调。2014 年 7 月 23 日国务院常务会议及《国务院关于进一步促进资本市场健康发展的若干意见》（国发〔2014〕17 号）等再次强调，要加快完善全国股份转让系统，建立小额、便捷、灵活、多元的投融资机制，支持中小微企业依托全国股份转让系统开展融资，扩大中小企业债务融资工具及规模，促进创新创业、结构调整和经济社会持续发展。

Ken Zhang 嘈哥有话说

第一段，请特别注意“全国股份转让系统是继沪深交易所之后第三家全国性证券交易所，在场所性质和法律地位上，与证券交易所相同”。也就是说，全国股份转让系统（新三板）与深交所、上交所是有同样法律地位的，是第三板全国性证券交易所，只是暂时没有具体的实际交易大厅而已（或者根本不需要了）。根据目前市场传言，在不远的将来，“北京证券交易所（北交所）”呼之欲出，将与深交所、上交所共同构成三足鼎立的新格局。虽然监管层对于北交所三缄其口，但是乐观估计，2015年北交所极有可能成立。其实，现在的新三板公司基本上可以视为“北交所”，之后无非是改个名字而已，其实改不改已经不那么重要了。

第二段，虽然在说全国股转系统，其实是在说“全国中小企业股份转让系统有限责任公司”（新三板公司）的“经营范围”：组织安排非上市股份公司股份的公开转让；为非上市股份公司融资、并购等相关业务提供服务；为市场参与人提供信息、技术和培训服务；中国证监会批准的其他业务。如果今后有人问新三板公司的经营范围是什么，就是上述这段话。

第三段，明确了新三板公司的成立时间、注册资本，关于新三板公司的股东情况等，通过查询“全国企业信用信息公示系统”，得到如表1.1所示内容：

表1.1

新三板公司信用信息公示

企业名称	全国中小企业股份转让系统有限责任公司
住所	北京市西城区金融大街丁26号
法定代表人	杨晓嘉

企业类型	有限责任公司
注册资本	30亿元
经营范围	组织安排非上市股份公司股份的公开转让；为非上市股份公司融资、并购相关业务提供服务；为市场参与者提供信息、技术服务。（依法须经批准的项目，经相关部门批准后方可开展经营活动）
成立日期	2012年9月20日
营业执照号码	100000000044446
主要人员信息	董事长：杨晓嘉 董事：徐明，李正强，邹胜，杨淑琴，滕家伟，郭晓利，戴文华 副董事长兼总经理：谢庚 监事：邓映翎，胡益民，吕韬
股东情况	1. 中国金融期货交易所股份有限公司（企业法人）；2. 中国证券登记结算有限责任公司（企业法人）；3. 上海证券交易所（事业法人）；4. 深圳证券交易所（事业法人）；5. 上海期货交易所（企业法人）；6. 郑州商品交易所（事业法人）；7. 大连商品交易所（事业法人）

注意：由于“全国企业信用信息公示系统”无法显示具体的出资金额，因此无法列出注册资本30亿元、7名股东的具体出资金额和比例。上表是PE（Private Equity，私募股权）投资撰写尽职调查报告（简称“尽调报告”）时经常使用的表格，啃哥用在这里，目的是使读者对新三板公司一目了然。

第三段后半部分强调了全国股转公司的“经营宗旨”，这是和“经营范围”同样重要的公司宏观情况。最后一句“有效服务实体经济”是目的。注意其强调了“有效”，可见决心之大、任务之艰。目前，资本市场真正能够服务实体经济，尤其是民营经济的金融产品少之又少。新三板在这样的大潮下应运而生，同时自己扛起大旗，任重而道远。

第四段为了突出重要性，再次提到“2014年7月23日国务院常务会议及《国务院关于进一步促进资本市场健康发展的若干意见》”，对此内容，在《啃碎新三板：新三板政策法规之透彻啃读》第2篇“一次精彩而富有深意的领导讲话”中，专门进行了详细分析。

上述四段，总体是为了突出强调“全国股份转让系统是全国性公开证券交易场所”，尤其是“全国性”的，与深交所、上交所齐名。

全国股份转让系统挂牌公司为公众公司

《国务院决定》明确规定，全国股份转让系统挂牌公司依法纳入非上市公众公司监管，股东人数可以超过200人。在全国股份转让系统挂牌的公司，在法律地位上，与沪深交易所上市公司属性一致，同属公众公司，在税收、外资等政策方面，原则上比照交易所市场及上市公司相关规定办理；在涉及国有股权监管事项时，需同时遵守国有资产管理的相关规定。作为公众公司，挂牌公司也需同上市公司一样履行信息披露义务，满足《非上市公众公司监督管理办法》对公司治理等方面的相关要求，接受社会公众监督。但与上市公司不同的是，为降低挂牌公司信息披露成本，挂牌公司仅需以电子化方式披露年报和半年报，且半年报不强制要求审计，鼓励但不强制要求披露季报；在披露内容方面，强调适度披露原则，鼓励进行个性化披露。

Ken Zhang 啃哥有话说

本段明确，新三板挂牌的公司，属于公众公司。既然属于公众公司，其在税收、外资等方面的政策，就等同于沪深上市公司要求。此外，还特别强调了与沪深上市公司的不同，因为是“非上市公众公司”，因此部分程序可以简化，主要是“以电子化方式披露年报和半年报，且半年报不强制要求审计”。而沪深上市公司的半年报一般都是要求事务所审阅的。关于“电子化方式报送”，确实是新三板的创举。啃哥在《啃碎新三板：新三板政策法规之透彻啃读》第6篇“重大创新之‘接收即披露’‘开门办市场’”中有分析，十分不给A股面子。

全国股份转让系统主要为创新型、创业型、成长型中小微企业发展服务

《国务院决定》明确提出，全国股份转让系统主要为创新型、创业型、成长型中小微企业发展服务。境内符合条件的股份公司均可通过主办券商申请在全国股份转让系统挂牌，公开转让股份，进行股权融资、债权融资、资产重组等。申

请挂牌的公司应当业务明确、产权清晰、依法规范经营、公司治理健全，可以尚未盈利，但须履行信息披露义务，所披露的信息应当真实、准确、完整。

Ken Zhang 啃哥有话说

此处再次强调，新三板服务的是“创新型、创业型、成长型中小微企业”，可以“尚未盈利”。这也是啃哥点评中多次出现的。

全国股份转让系统在我国多层次资本市场体系承上启下的重要作用

作为继沪深交易所后第三个全国性公开证券市场，全国股份转让系统是我国多层次资本市场体系中发挥承上启下作用的重要一层。根据《国务院决定》，在全国股份转让系统挂牌的公司，达到股票上市条件的，可以直接向证券交易所申请上市交易；在符合《国务院关于清理整顿各类交易所切实防范金融风险的决定》（国发〔2011〕38 号）要求的区域性股权转让市场进行股权非公开转让的公司，符合挂牌条件的，可以申请在全国股份转让系统挂牌公开转让股份。

在具体落实过程中，全国股份转让系统将根据中国证监会的统一部署，加强与证监会有关部门及沪深交易所的沟通联系，共同研究推动挂牌公司直接申请到交易所上市工作，逐步推动落实“转板”机制；同时，对于符合挂牌条件的区域性股权市场挂牌公司，全国股份转让系统坚持开放的态度，尊重企业自愿和市场中介的自主选择，在遵守全国股份转让系统企业挂牌公平准入条件的基础上，为其到全国股份转让系统挂牌转让提供便利条件。

Ken Zhang 啃哥有话说

第一段再次明确“在全国股份转让系统挂牌的公司，达到股票上市条件的，可以直接向证券交易所申请上市交易”，详见《啃碎新三板：新三板政策法规之透彻啃读》第 14 篇“转板机制推出，七天报送上百家之疯狂”中所述。同时明确区域性股权交易市场（四板）也可以上新三板。

接下来的图 1.1 很有意思，上一层次是三个并列的交易所，包括“上海证券交易所”“深圳证券交易所”和“全国股份转让系统”，即这三个交易系统是完全并列的，都是“国务院批准设立的，证监会统一监管的全国性证券交易场所（公开市场）”。下一层次就是“区域性股权交易中心”与中国证券业协会自律监管的市场，该类属于“非公开”市场。注意，“公开”与“非公开”成为划分的分界岭。公开就是“公开转让”的概念，判断标准即股东人数是否可以超过200人，可以超过，就属于“公开转让”；不可以，就属于“非公开转让”。

在《嚼碎新三板：新三板政策法规之透彻嚼读》第1篇“从一篇被转阅上万次的文章讲起”中有一张图，表达的就是这个层次的意思，见下图1.2。而图1.3比较形象地说明了“承上启下”的内涵。

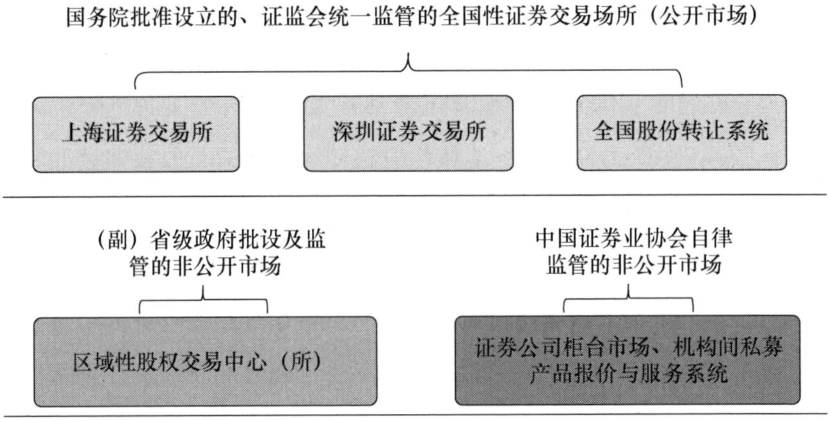

图 1.1

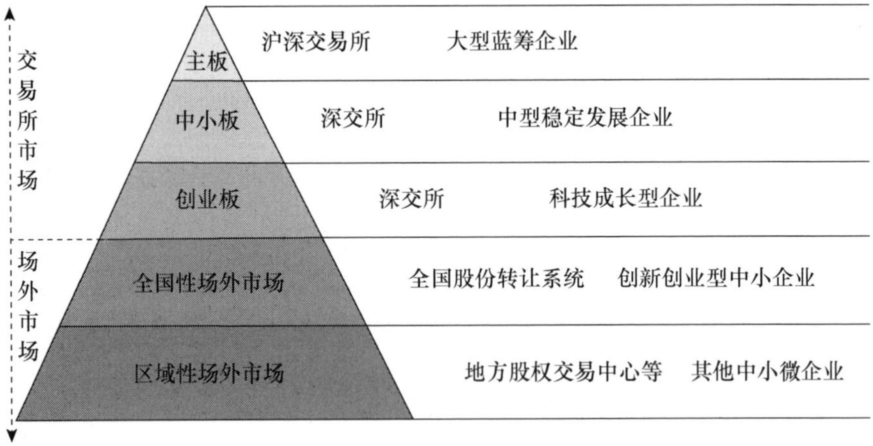

图 1.2

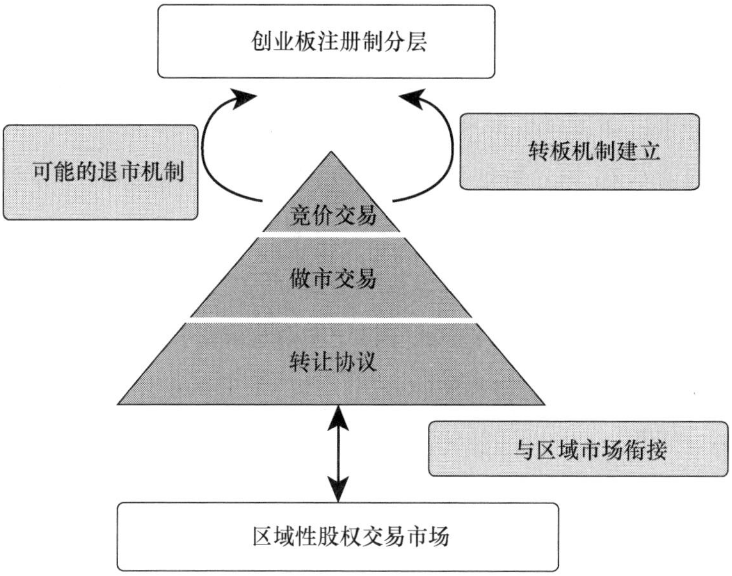

图 1.3

图片来源：国泰君安证券研究。

全国股份转让系统是试点期间“新三板”的凤凰涅槃（新三板名称考）

“新三板”是社会上对全国股份转让系统的俗称。其实“新三板”这个名字早在 2006 年 1 月就已存在。“新三板”是相对“老三板”而言，所谓“老三板”指的是 2001 年 7 月为解决 STAQ 系统、NET 系统（以下简称“两网系统”）挂牌公司股份转让遗留问题，而由中国证监会授权中国证券业协会设立的证券公司代办股份转让系统，该系统后来还承接了沪深交易所退市公司的股份转让职责。该系统根据挂牌公司的财务状况、信息披露合规性的不同，为这些股票提供每周一次、三次、五次的集合竞价服务。2006 年 1 月，为落实国家自主创新战略、推动科技型企业借力资本市场发展，国务院决定在原有证券公司代办股份转让系统内增设中关村科技园区股份报价转让试点，允许中关村科技园区内注册企业在符合条件的情况下，进入证券公司代办股份转让系统实行协议方式股份转让。因为这两个市场层次的服务对象、交易方式、信息披露、融资制度、投资者适当性等均存在根本性不同，为了将二者区分，包括媒体在内的社会各界将原来的以两网公司和退市公司为主体的市场层次称为“老三板”，而将 2006 年开始的以中关村科技园区企业为主体的市场层次称为“新三板”。

2012 年 7 月，国务院批准《关于扩大中关村试点逐步建立全国中小企业股份转让系统的请示》，同意筹建全国股份转让系统，并将试点扩大到上海张江、天津滨海和武汉东湖高新区。2013 年 1 月 16 日，全国股份转让系统正式揭牌运营，对原证券公司代办股份转让系统挂牌企业全部承接，市场运行平台的运营管理工作由中国证券业协会转为全国股份转让系统有限责任公司负责。因此，全国股份转让系统是对“老三板”和试点期间“新三板”的法定延续，“新三板”作为社会各界对证券公司代办股份转让系统的习惯性俗称，伴随全国股份转让系统的正式运营，已用以专指全国股份转让系统。

但从挂牌性质、交易等关键制度、市场功能等维度看，全国股份转让系统相对于试点期间的“新三板”，已发生“脱胎换骨”的变化。譬如，全国股份转让系统作为经国务院批准，依据证券法设立的全国证券交易场所，全国范围内符合挂牌条件的公司均可申请挂牌，之前小范围、区域性的试点已面向全国正式运行；市场运行平台转为国务院批准设立的全国股份转让系统公司，交易系统由依靠深交所开发运营转为全国股份转让系统独立开发运营；挂牌公司准入和持续监管由中国证券业协会的自律监管，转为纳入证监会非上市公众公司统一监管；市场运行制度由中国证券业协会发布的试点办法转为全国股份转让系统业务规则。自此挂牌公司作为公众公司，可以采用协议、做市、竞价等多种方式公开转让股份，面向合格投资者发行普通股票、优先股等融资工具，等等。这与试点期间的“新三板”仅面向北京中关村、上海张江、武汉东湖、天津滨海等少数高新区，挂牌公司股份仅能以协议方式非公开转让，股东人数不能超过 200 人等制度安排，具有根本区别。全国股份转让系统已实现从小范围、非公开性质的证券公司代办市场，到全国性公开证券交易所的涅槃。进入全国股份转让系统时代的“新三板”，内涵已发生质的变化。

Ken Zhang 啃哥有话说

上述三段，对新三板公司以　“涅槃”一词描述非常准确，概括出了新三板发展的整个过程。

根据百度百科：凤凰涅槃是天方国的传说，凤凰涅槃中的凤凰不是中国传统意义上的凤凰而是指火凤凰，神话中的不死火鸟，相传凤凰每500年自焚为灰烬，再从灰烬中浴火重生，循环不已，成为永生。引申的寓意：凤凰是人世间幸福的使者，每五百年，它就要背负着积累于人世间的所有不快和仇恨恩怨，投身于熊熊烈火中自焚，以生命和美丽的终结换取人世的祥和与幸福。同样在肉体经受了巨大的痛苦和磨炼后它们才能得以更美好的躯体得以重生。

可以看出，新三板公司将自己喻为“凤凰涅槃”，是何等的自信和有魄力！既然如此看好自己，当然必有其看好的理由。

此外，关于文中的STAQ系统、NET系统（以下简称“两网系统”）的具体含义，为大家解释如下（相关内容源自百度）。

▩ STAQ系统（STAQs＝Securities Trading Automated Quotations System）

1990年12月5日，STAQ系统（全国证券交易自动报价系统）正式开始运行。STAQ系统是一个基于计算机网络进行有价证券交易的综合性场外交易市场。系统中心设在北京，连接国内证券交易比较活跃的大中城市，为会员公司提供有价证券的买卖价格信息以及结算等方面的服务，使分布在各地的证券机构能高效、安全地开展业务。

STAQ系统本身属于非营利性的会员制组织，全体会员大会是系统的最高权力机构，由全体会员大会选举理事会。STAQ系统的日常事务由执行委员会主持。在当时，STAQ系统的建立，推动了全国证券市场的发展，便于异地证券机构间的沟通。STAQ系统在交易机制上普遍采用了做市商制度，在市场组织上采取了严格自律性管理方法。

1999年9月9日，为整合中国证券市场多头管理，以及防范亚洲金融危机，因“国庆彩排和设备检修”，经上级电话通知，关闭了STAQ网。

▩ NET系统（NETs＝National Exchange and Trading System）

NET系统是由中国证券交易

系统有限公司（简称中证交）开发设计，并于1993年4月28日由当时主管金融的中国人民银行批准投入试运行的。该系统中心设在北京，利用覆盖全国100多个城市的卫星数据通信网络连接起来的计算机网络系统，为证券市场提供证券的集中交易及报价、清算、交割、登记、托管、咨询等服务。NET系统由交易系统、清算交割系统和证券商业务系统这三个子系统组成。

当时，在NET系统进行交易的只有中兴实业、东方实业、建北集团、广州电力、湛江供销、广东广建和南海发展等7只股票，市场规模较小。按有关规定，凡具备法人资格且能出具有效证明的境内企业、事业单位以及民政部门批准成立的社会团体，均可用其依法可支配的资金，通过一个NET系统证券商的代理，参与法人股交易。由此在全国形成了上海、深圳两个证券交易所和STAQ、NET两个计算机网络构成的“两所两网”的证券交易市场格局。但由于多方面的原因，STAQ和NET两个交易系统日益萎缩，上市公司效益也不尽如人意。

1999年9月9日，为整合中国证券市场多头管理，以及防范亚洲金融危机，因“国庆彩排和设备检修”，经上级电话通知，关闭了NET系统。

2000年9月1日，证监会办公厅下发《关于答复STAQ、NET系统股民询问口径的通知》（证监会办发〔2000〕29号），主要内容为：“已经或正在采取符合上市条件的推荐上市、暂不符合上市条件但有重组基础的在进行重组后推荐上市、不具备重组基础的将其原流通法人股与已上市或拟上市公司的股份进行置换、组织有实力的企业收购等措施处理两系统原挂牌股票。今后，中国证监会将一如既往，对两系统原挂牌企业的上市申请，在法律、法规允许的范围内，优先考虑，抓紧审核。”

可以看出，STAQ和NET系统的公司，是历史遗留的一些公司，从2000年至今已经超过14年，历史实在太悠久了！这些公司在当年的这两个特殊系统中实验，基本宣告失败，此次并入新三板中，理应与新三板的税收政策一致，这里也确实是这样规定的。

啃哥想说，当时第一次接触这两个名词，啃哥与读者一样，也非常陌生，上网搜索资料才得到了答案。对于不清楚的问题，啃哥就是要啃明白。

上一段确实已将“新三板”“老三板”介绍得异常清晰，啃哥再归纳一下，以便于读者理解：

(1) 上文的时间表，整理后如下[1]：

- 2006 年 1 月，根据国务院的决定，中关村科技园区非上市股份公司进入证券公司代办股份转让系统进行股份转让试点。
- 2010 年 4 月，证监会成立国家高新技术产业开发区非上市公司股份转让试点暨场外市场建设筹备工作领导小组及其工作机构，姚刚副主席任领导小组组长。
- 2011 年 2 月，国务院副总理王岐山主持会议，研究证券场外市场建设有关问题。会议要求，逐步探索建立全国统一的证券场外市场。
- 2011 年 3 月，国务院发布《中华人民共和国国民经济和社会发展第十二个五年规划纲要》提出：“扩大代办股份转让系统试点，加快发展场外交易市场。”
- 2012 年 3 月，证监会全国场外市场筹备组成立；5 月，筹备组工作团队组建完成。
- 2012 年 7 月，国务院同意扩大非上市股份公司股份转让试点，在中关村园区基础上，新增上海张江、武汉东湖、天津滨海高新区进入试点范围；同意设立全国中小企业股份转让系统，组建运营管理机构。
- 2012 年 9 月 7 日，扩大非上市股份公司股份转让试点合作备忘录签署暨首批企业挂牌仪式在京举行。
- 2012 年 9 月 20 日，全国中小企业股份转让系统有限责任公司在国家工商总局完成登记注册。
- 2013 年 1 月 16 日，举行

[1] 资料来源：全国中小企业股份转让系统网站。

全国中小企业股份转让系统揭牌仪式。

(2) 从挂牌性质、交易等关键制度、市场功能等维度看，全国股份转让系统相对于试点期间的“新三板”，已发生“脱胎换骨”的变化。上述文字归纳如表1.2所示：

表 1.2

新三板不同阶段之比较

类别	目前的“新三板”	试点期间“新三板”
范围	全国范围内符合挂牌条件的公司均可申请挂牌	小范围、区域性的试点
市场运行平台	国务院批准设立的全国股份转让系统公司	小范围、区域性的试点
交易系统	全国股份转让系统独立开发运营	依靠深交所开发运营
挂牌公司准入和持续监管	证监会非上市公众公司统一监管	中国证券业协会的自律监管
市场运行制度	全国股份转让系统业务规则	中国证券业协会发布的试点办法
市场功能	挂牌公司作为公众公司，可以采用协议、做市、竞价等多种方式公开转让股份，面向合格投资者发行普通股票、优先股等融资工具	仅面向北京中关村、上海张江、武汉东湖、天津滨海等少数高新区，挂牌公司股份仅能以协议方式非公开转让，股东人数不能超过200人

(3) 啃哥记得在2014年6月份时，大家说到新三板，很难说清楚其与全国中小企业股份转让系统的区别。争议很大，一些人认为新三板应该等同于全国中小企业股份转让系统；一些人认为不应该，两个概念有着严格的区分。但在这里，官方最后一句“新三板作为社会各界对证券公司代办股份转让系统的习惯性俗称，伴随全国股份转让系统的正式运营，已用以专指全国股份转让系统”，彻底破除了争议，认可了新三板等同于全国中小企业股份转让系统。事实上，监管机构起初并不愿意将两个概念混同，这点从2014年上半年的一些发文可以看出。只是后来为了方便，社会上很多人直接用新三板等同于全国中小企业股份转让系统。最后，新三板公司看到这已是大势所趋，干脆顺水推舟，将这两个概念画上了等号。这是社会大众的力量使然。

全国股份转让系统的市场特点

全国股份转让系统与沪深交易所相比具有哪些异同?

全国股份转让系统与沪深交易所的法律性质和市场地位相同——同为全国性证券交易所；监管体系相同——均为中国证监会统一监管。全国股份转让系统与沪深交易所的区别主要体现在服务对象、制度规则设计等方面。

全国股份转让系统主要服务于创新型、创业型、成长型中小微企业，其挂牌企业与上市公司相比，“小而美”的特征十分明显。企业规模不大、处于成长早期，但具有成熟的盈利模式，在一些细分行业占据领导地位，具有较好的成长潜力和广阔的发展前景。这类企业由于具有“轻资产”等特点，难以从银行类机构获得及时、充足的信贷资金支持，而沪深交易所较高的市场准入门槛，也让此类企业难以借助资本市场。全国股份转让系统将此类企业作为主要服务对象，使资本市场支持实体经济从以往的成长后期和成熟期前移到创业前期和成长初期。企业可以更早登陆资本市场，进而带动社会资本对创新体系的支持前移，吸引各类金融资源聚集，真正实现围绕产业链部署创新链，围绕创新链完善资金链的创新驱动战略要求。

为加大资本市场对中小微企业、自主创新型企业的支持力度，全国股份转让系统立足于企业特点和实际需求，制定了一系列有别于沪深交易所的挂牌准入、发行融资、交易结算、并购重组和投资者适当性的支付规则。如在挂牌准入方面，全国股份转让系统不设财务门槛，申请挂牌的股份公司可以尚未盈利，只要股权结构清晰、经营合法规范、公司治理健全、业务明确并履行信息披露义务并经主办券商推荐即可；在交易制度方面，针对中小微企业股份规模较小、股权分散程度较低的现实特点，以及未来股本扩张、公允定价等需求，提供协议、做市和竞价三种交易方式；为有效防范风险外溢，放大市场创新空间，设立了较高的投资者适当性标准等。

Ken Zhang 啃哥有话说

上文首先明确新三板与沪深交易所的相同之处：法律性质和市场地位相同，监管体系相同。之后从两方面分析新三板与沪深交易所的不同。

第一方面是服务对象不同。这里说了大实话，啃哥表示非常认同。沪深两市门槛高，而小而美的企业是上不去的。其实，即使是大企业，又有几个能在沪深上市呢？须知道2014年只有区区125家企业在沪深交易所挂牌，还有600余家企业排队，真是难如登天。而新三板正是服务于这些增长迅速、有前途，又无法在沪深上市的企业。最终使“资本市场支持实体经济从以往的成长后期和成熟期前移到创业前期和成长初期”，这是太重要的一件事情了。要知道，实体企业在创业前期和成长初期是最需要资金的，这个时候有资本市场支持，实在是非常好的事情，美国经济繁荣，就和纳斯达克支持初创中小企业有莫大关系。

第二方面是制度规则设计不同。新三板具有鲜明的特点：财务不设门槛，协议成交、做市商、竞价交易三种方式均可选择，这些都是沪深交易所不具备的。

进一步思考：为什么上海交易所和深圳交易所没有发展成为全国股份转让系统，或者没有完成服务中小微企业的艰巨使命，而让一个新生的新三板来承担？要知道这个任务是何其重要，未来中国经济主要就看这些中小微企业的发展了。啃哥觉得，这和沪深交易所习惯了固有思维，各方利益错综复杂，并不愿改变有莫大的关系。那么，国务院就设立一个新三板，发挥“鲶鱼效应”，一切用新的，一方面大力发展新三板，另一方面倒逼沪深交易所改革。

以上阐述的关于异同的问题，啃哥已被无数人问了无数遍。现在看来，还是官方的上述分析最为恰当和全面。建议相关从业人员烂熟于胸，以体现自己的专业性。

全国股份转让系统与区域性股权市场相比具有哪些区别?

全国股份转让系统与区域性股权转让市场均是我国多层次资本市场的有机组成部分。全国股份转让系统是经国务院批准，依据证券法设立的全国性证券交易场所，依据《国务院决定》相关条款，市场建设中涉及税收、外资政策的，原则上比照交易所及上市公司相关规定办理。挂牌公司依法纳入非上市公众公司监管，股东人数可以超过200人，股份可以采用协议、做市及竞价（后两种方式需要满足一定条件）等方式，按照标准化交易单元连续公开转让，采用T+1规则进行交收，挂牌公司除了通过IPO申请到沪深交易所上市外，还拥有直接到沪深交易所上市的通道便利。

区域性股权转让市场是由地方人民政府批准设立并监管的私募市场。依据《国务院关于清理整顿各类交易场所切实防范金融风险的决定》（国发〔2011〕38号）及《国务院办公厅关于清理整顿各类交易场所的实施意见》（国发办〔2012〕37号）相关规定，区域性股权交易市场必须严格执行“非公众、非标准、非连续”的原则，即挂牌公司股东人数不允许超过200人，不得将股份按照标准化交易单位连续挂牌交易，且任何投资者买入后卖出或卖出后买入同一交易品种的时间间隔不得少于5个工作日（即T+5）。

表1.3

全国股份转让系统与区域性股权转让市场的区别

序号	项目	全国股份转让系统	区域性股权转让市场
1	市场法律地位	由国务院依据证券法批准设立的全国性证券交易场所，属于公开市场	由地方政府批准设立的区域性股权交易市场，属于非公开市场
2	挂牌公司性质	挂牌公司为公众公司	挂牌企业为非上市非公众公司
3	监管机构	全国股份转让系统挂牌公司纳入证监会统一监管	区域性股权转让市场挂牌企业由地方监管

续表

序号	项目	全国股份转让系统	区域性股权转让市场
4	制度安排	股票可以协议、做市、竞价等方式公开转让；挂牌公司股东人数可以超过 200 人；股票交易单位 1 000 股/手；实施 T+1 交收	遵循非公开、非标准、非连续交易规则，交易方式仅能采用协议转让方式
5	市场建设中的税收、外资政策	比照交易所及上市公司处理。如个人证券投资基金持有挂牌公司挂牌超过 1 年的减按 25%计入应纳税所得额	未明确

Ken Zhang 啃哥有话说

上文这个异同比较，啃哥也被问过无数次，建议从业人员也要烂熟于胸。对于很多地方性企业，当地政府从地方利益出发，建议企业上区域性股权市场。对此，啃哥还是那句话：没有最好的，只有最合适的。到底选择哪个版块，两相对比，每个读者都会有自己的结论。

上文主要分析了 5 点不同。

▩ **市场地位**。新三板是国务院直接发文设立的，生下来就高大上，非区域性股权交易市场可比拟。同时，新三板为公开市场，即任何投资者都可以进入，而区域性股权市场购买者非常有限。

▩ 新三板**性质**为“公众公司”，而区域性股权交易市场为“非公众公司”。根据证监会 2013 年 12 月 26 日颁布的《非上市公众公司监督管理办法》第二条，公众公司的定义为：“非上市公众公司是指有下列情形之一且其股票未在证券交易所上市交易的股份有限公司：（一）股票向特定对象发行或者转让导致股东累计超过 200 人；（二）股票公开转让。”可以看出，公众公司关键是股东人数超过 200 人，同时股票可以公开转让。可别小看“公开转让”这四个字，其能量是非常巨大的。公开转让意味着买家可以是大众，那么，就能够发现价值，企业股份才能有一个市场公允的价格发现机制，即“好货能卖好价”的概念。而区域性股权交易市场，是完全无法做到这一步的。

▩ **监管机构**方面，新三板直

接由证监会监管，当然比地方监管更加严格和规范。

▒ **制度安排**方面，新三板明确了“股票可以协议、做市、竞价等方式公开转让；挂牌公司股东人数可以超过 200 人；股票交易单位1 000股/手；实施 T+1 交收”。注意，现在只有协议、做市交易方式，竞价交易还未推出；而区域性股权交易市场只有协议交易一种模式。同时，区域性股权交易市场人数不能超过 200 人，意味着可销售的人群非常有限。区域性股权交易市场也没有标准的交易单位，意味着所有的交易都是单个谈出来的，效率极低，同时不允许出现连续价格，就意味着不可能有太大的交易量。最后，区域性股权交易市场实行 T+5 的交易模式，即买入后卖出不得少于 5 个工作日！啃哥倒吸一口气，这样的交易效率实在太低。试问，区域性股权交易市场如何能发展？

▒ **税收**方面，新三板完全参照 A 股上市公司税收制度，而区域性股权交易市场却不明确。

通过上述五点可以看出，新三板已完胜区域性股权交易市场（四板），可以说基本没给四板留下生存空间。可见新三板的势头之强；也可见管理层破釜沉舟，一定办好新三板的决心之坚定。

全国股份转让系统具有哪些制度特点？

为更好地支持中小微企业发展，发挥金融对经济结构调整和转型升级的支持作用，全国股份转让系统围绕企业特别是中小微企业成长过程中对资本市场的需求特点，建立了以信息披露为核心、最大限度减少行政审批及充分体现市场化和包容创新精神的业务规则体系。

Ken Zhang 啃哥有话说

这一段，说出了新三板的核心目的，讲得很实在。新三板就是为了发挥金融“对经济结构调整和转型升级的支持”。啃哥认为，中国当下比任何时候都需要金融，需要金融“对经济结构调整和转型升级的支持”。

众所周知，我国经济增长依赖消费、出口和投资三驾马车。而随着人民币不断升值，出口已非常疲软；加上房地产亦疲软，国家的基础设施建设投资可投的也不多。那么，能够拉动经济增长的只有消费。具体来讲，就是对原有经济结构进行调整，即由出口导向转向内销，挖掘国内市场潜力，同时对原有国内市场落后产业升级。而这一切，如果没有金融的支持，又都是纸上谈兵，因为干事情需要资金。但是，由于原有金融体系过于僵化、死板、墨守成规，根本没有动力服务这次经济转型，因此，才要创立一个新三板。可见新三板的责任之重大，任务之艰巨。

以信息披露为核心的准入制度

（1）不设财务指标，关注企业规范性以及信息披露的真实性。对中介机构重点在于核查信息披露的充分、准确、完整性，督促其提高执业质量；对挂牌公司提倡信息披露为中心，强调要突出业务亮点、核心竞争力，并充分、客观揭示风险。

（2）尊重市场选择。运营机构不对企业价值做实质性判断，而是由主办券商着眼成长性自主遴选推荐企业，回归投资银行本质；投资者自主判断、自负盈亏；全国股转系统做好制度安排，提高市场运行效率。

（3）《全国中小企业股份转让系统业务规则（试行）》明确了挂牌准入的 6 项基本条件，同时发布挂牌条件适用基本标准指引，最大限度地减少了自有裁量空间，落实了“可把控、可识别、可举证”的工作原则。

Ken Zhang 啃哥有话说

文中，“6 项基本条件”，是指上新三板必须满足的 6 个条件，根据《全国中小企业股份转让系统业务规则（试行）》（2013 年 2 月 8 日发布，2013 年 12 月 30 日修改）第 2.1 条款规定：

“股份有限公司申请股票在全国股份转让系统挂牌，不受股东所有制性质的限制，不限于高新技术企业，应当符合下列条件：

（一）依法设立且存续满两年。有限责任公司按原账面净资产值折股整体变更为股份有限公司的，存续时间可以从有限责任公司成立之日起计算。

（二）业务明确，具有持续经营能力。

（三）公司治理机制健全，合法规范经营。

（四）股权明晰，股票发行和转让行为合法合规。

（五）主办券商推荐并持续督导。

（六）全国股份转让系统公司要求的其他条件。”

以信息披露为核心，具体体现在上文所述的三点：不设财务门槛；尊重市场选择；最大限度减少自有裁量空间。这三点句句说在实处，并且已经实实在在地执行了，并不是空谈口号。想一想A股，曾经说过这样的话吗？啃哥印象里是基本没有。新三板的先进性不言而喻。

“小额、便捷、灵活、多元”的融资制度

（1）全国股份转让系统提供普通股票、优先股、中小企业私募债等多种融资工具。创新的融资制度安排能有效满足中小微企业小额、快速的融资需求。

（2）有效贯彻公司自治原则，挂牌公司可以根据自身需要，自主确定发行股份数量、融资金额，且没有时间间隔要求。

（3）实行一定条件下的发行核准豁免与储架发行制度。根据相关规则，向特定对象发行股票后股东累计不超过200人的，证监会豁免核准。发行后股东累计超过200人或属于超过200人的发行，证监会也采取简便程序进行核准，审核时限为20个工作日；同时为简化挂牌公司涉及核准发行程序，实施一次核准分次发行的储架发行制度。

Ken Zhang 啃哥有话说

上文阐述的融资方式，有些过于乐观，这都是市场发展成熟时段的结果。

关于优先股、私募债的融资，目前市场还处于观望状态。因为整体交易还不活跃，此类产品暂

时很少有人试水，只是说目前有这样的融资产品可以选择，但是现实是还不成熟。

第3点关于发行核准豁免，这确实又是一大创举，并且远远领先于A股，彻底颠覆了之前上市在人们心中的地位。这一步不知道是顶住多少压力走出来的。如果股东超过200人，才需要核准，同时明确了新的“储架”发行方式，提高核准的效率，不用每次都进行核准，与银行信用额度管理制度类似。

灵活多元的交易制度

全国股份转让系统提供协议、做市和竞价三种转让方式，挂牌公司可根据公司自身情况及需要（做市及竞价需满足一定条件），在三种转让方式中自主选择。

Ken Zhang 啃哥有话说

上述三种转让方式是新三板最终希望做到的。目前，只有协议和做市两种交易方式，竞价交易方式还没有推出。当然，相对于A股只有竞价交易一种模式，新三板拥有了协议交易和国内首创的做市商交易，已经先进很多了。

责权利一致的主办券商制度

全国股份转让系统按照市场化和责权利一致的原则建立起了主办券商制度，形成券商选择企业的市场化激励约束机制，促使主办券商以销售为目的推荐企业挂牌，以提升企业价值为目的提供持续的督导和服务。

首先，主办券商推荐并持续督导是公司挂牌的重要条件，主办券商承担尽职调查和内核职责，深入了解公司情况并决定是否推荐公司挂牌，全国股份转让系统通过检查主办券商工作底稿看其是否按规定履行了尽职调查和内核职责，以此达到使公司真实、准确、完整地披露信息的目的。

其次，主办券商在推荐公司挂牌后，要在公司挂牌期间对其履行持续督导职责，督促挂牌公司诚实守信，规范履行信息披露义务，完善公司治理。

最后，引导主办券商与挂牌公司建立长期稳定的市场化合作关系，为挂牌公司提供做市、融资、并购重组等资本市场服务，使主办券商的信誉和利益与挂牌公司长期发展紧密联系，从而分享企业长期成长收益。

Ken Zhang 啃哥有话说

上述三段，从权、责、利三个角度加以阐述。目前的结果是，主办券商责任已明确，新三板企业挂牌责任全部在券商，新三板公司已基本不审核。同时，主办券商有权力要求企业规范，按照新三板规定完成上市保荐工作。最后，就是利的问题了。目前，新三板挂牌券商收费为50万～100万元，与A股上市动辄收费上千万相比，真是获利甚微，因此很多大的券商不积极也在情理之中。券商的收益，在挂牌的时候基本只能收回成本，更多的就是等待新三板交易活跃了，未来从中收取高额的费用。基本上，目前券商在新三板都没赚到钱，都在熬着，相信未来新三板交易一定会非常繁荣，并购重组将异常活跃，从而使券商能够“分享企业长期成长收益”。

严格的投资者适当性管理制度

由于挂牌公司多为中小微企业，经营不稳定，业绩波动大，投资风险相对较高，这在客观上要求投资者必须具备较高的风险识别和承受能力；同时，作为我国多层次资本市场创新发展的“试验田”，产品、制度等的创新，也要求参与市场的投资者必须具有一定的风险识别和承受能力。为此，全国股份转让系统建立了较高的投资者准入标准，以切实防范风险外溢，维护投资者的合法权益。对于不符合投资者适当性要求的个人投资者，可以通过专业机构设计发行的基金、理财产品等间接投资挂牌公司。

Ken Zhang 啃哥有话说

投资者适当性，这个词听起来比较拗口，其实就是我们通常所说的“500万投资者进入门槛”。上文说明了高进入门槛的原因，当然有其必要性。发展不成熟的市场，更是需要稳定，因此，高门槛是极其正确的选择。

全国股份转让系统的功能

全国股份转让系统促进企业发展主要表现在哪些方面？

全国股份转让系统致力于为企业提供完善的资本市场服务，并推动企业实现自身的“基因改造”。

Ken Zhang 啃哥有话说

“基因改造”一词描述非常到位。上新三板的过程，可以理解为对企业进行一次深入的基因改造。不仅仅是在规范企业，同时也促使企业学习，更多的是在学习资本市场。

直接融资

全国股份转让系统“小额、便捷、灵活、多元”的融资制度安排符合中小企业融资需求特征。挂牌公司可以根据自身需要，在挂牌的同时发行股票，或挂牌后通过发行股票、债券、优先股等多元产品进行融资。

Ken Zhang 啃哥有话说

直接融资确实可以解决融资问题。目前主要还是依靠增发股份，或者股权质押给银行贷款获得融资。关于股权质押贷款，参见《啃碎新三板：新三板政策法规之透彻啃读》第11篇“可供选择的新三板银行融资产品”。至于发行债券、优先股等融资方式，只是理论上可行，实际操作中暂时还不多见。

股票公开转让

企业挂牌全国股份转让系统前，股权缺乏公开流动的场所和途径，而挂牌后，股票交易方式除了协议转让外，还可选择能有效盘活市场流动性的做市转让和竞价方式，公司股份可以在全国股份转让系统公开转让、自由流通。股份适度流动不仅方便投资人的进入和退出，还可以带来流动性溢价。

Ken Zhang **啃哥有话说**

确实，上市最大的好处有两个。就是股份的“流动性”和“收益性（溢价）”。流动性可以理解为迅速变现的可能。收益性就是估价高过净资产的预期，是一个市场对企业未来盈利能力给出的价格。

价值发现

普通公司的估值方式较为单一，通常以净资产为基础估值，不能体现出企业发展潜力。资本市场看重的是企业未来的成长性而非过往表现。在全国股份转让系统挂牌后，二级市场会充分挖掘出公司潜在价值，企业估值基准也会从挂牌前的净资产变成预期。实践中，很多企业一经挂牌就受到众多战略投资人的青睐，公司估值水平得到显著提高。

Ken Zhang **啃哥有话说**

价值发现，也就是价格除了体现净资产外，更多的能体现出公司未来盈利能力。即将未来盈利能力也作为现在估值的一部分考虑。简单来说，就是可以比非上市企业卖得更贵，甚至能贵十几倍。例如，阿里巴巴美国上市市值超过 1 000 亿美元，而它的资产减去负债（即净资产）估计都不一定有 10 亿美元，更多的是市场对企业未来增长空间加以考量后给出的价格。只要有人愿意出价，多高都有其合理性。当然，如果没有人愿意买，那么，再低也有其合理性。

并购重组

资本市场平台的并购重组是优化资源配置、推动产业结构调整与升级的重要战略途径。全国股份转让系统挂牌公司通常处于细分行业领先地位，增长潜力大，发展过程中主动整合产业链上下游企业，以及被上市公司等收购的情况时有发生。证监会已出台《非上市公司收购管理办法》及《非上市公司重大资产重组管理办法》，减少事前行政审批事项，突出企业自治，降低并购重组成本。全国股份转让系统挂牌公司可借助市场平台进行产业整合，实现强强联合、优势互补的乘法效应。

Ken Zhang 啃哥有话说

上新三板后，企业可以通过增发股份的方式，在不用掏出现金的情况下，用可以流通的股份去买上下游企业的股份，完成并购重组。为什么A股上市公司近三分之一都在进行并购重组呢？这其实是一笔非常划算的买卖。上市公司（包括新三板上市公司）的估值是将未来盈利能力充分考虑后的价格；而未上市公司的价格大多以净资产为基础，或者只做短期的预期。因此，相同规模的企业，上市股权比未上市股权更值钱。上市的新三板企业用更值钱的股权去换没那么值钱的未上市企业股权，就可以换得更多，就更划算。基本逻辑是这样的。

股权激励

创新创业型中小微企业在发展中普遍面临人才、资金两大瓶颈，而股权激励是吸引人才的重要手段。全国股份转让系统支持挂牌公司以限定性股票、期权等多种方式灵活实行股权激励计划。企业可以根据自身需要自主选择股权激励方式，只要履行信息披露即可。这为公司吸引留住核心人才创造了条件。此外，由于挂牌公司股权有了公允的市场定价和顺畅的进出通道，这为股权激励的实施提供了更进一步的保障。

Ken Zhang 啃哥有话说

企业发展永远是第一靠人才，第二靠资金。未上市公司的股权确实没有太强吸引力，而在新三板上市公司的股权，意味着随时可以变现，就非常有吸引力。给予核心高管股份，并约定变现条件，就可以在不影响公司利润的情况下增大激励效果。这是未上市公司无法比拟的。

规范治理

规范的公司治理是企业获取金融服务、对接外部资本的基本前提，也是实现可持续发展、确保基业长青的根本保障。主办券商、律师事务所、会计师事务所等专业机构将帮助公司建立起以“三会”为基础的现代企业法人治理结构，梳理规范业务流程和内部控制制度，大大提升企业经营决策的有效性和风险防控能力。挂牌后，主办券商还将对公司进行持续督导，保障公司持续规范运营。

Ken Zhang 啃哥有话说

企业上新三板的过程本身，就是一个规范化的过程，啃哥对此深有体会。啃哥用了2年多的时间，才协助自己所在的企业完成整个规范过程，可见其中艰辛。“规范”这两个字说起来简单，但是真正做起来，对于固有思想、固有习惯、固有逻辑等等，非一朝一夕可以扭转，必须坚定决心才可以改变。

信用增进

挂牌公司作为公众公司纳入证监会统一监管，履行了充分、及时、完整的信息披露义务，信用增进效应十分明显。在获取直接融资的同时，可以向银行、小贷公司等申请信用贷款，也可参考二级市场价格向银行、证券公司等申请股权质押贷款。全国股份转让系统已与多家银行建立了战略合作关系，相关银行均已开发针对挂牌公司的专属产品。

Ken Zhang 啃哥有话说

啃哥对这点深表认同。未上新三板的中小民营企业，想获得银行信用贷款，如愿者可谓凤毛麟角。但是，一旦在新三板挂牌了，意味着企业各方面都已非常正规，在这种情况下，获得信用贷款的概率是很大的。银行永远是“嫌贫爱富”的，需要钱的企业多了去了，而它是出钱的，利率还比民间借贷低很多，银行当然选择还款能力强的规范企业。新三板挂牌企业肯定规范，而且股份是可流通的，因此也最受银行欢迎，这毫无疑问。

至于银行开发的相关产品，详见《啃碎新三板：新三板政策法规之透彻啃读》第11篇“可供选择的新三板银行融资产品”。定制化程度并不高，大多数就是简单的股权质押贷款，现实情况并没有所宣传的那么好。当然，随着新三板挂牌企业数不断增加，银行对这部分重视程度也不断提高，后续产品会越来越有针对性的。

提升形象

挂牌公司作为公开披露信息的公众公司，在公众、客户、政府和媒体中的形象和认知度都明显提升，在市场拓展及获取地方政府支持方面都更为容易。同时，公司行为受到一定的监管和监督，间接促进了挂牌公司的规范治理，进一步提升了企业形象。

Ken Zhang 啃哥有话说

是的，上新三板本身，就是一种宣传。

君不见那么多企业在宣传时，甚至在名片上，都要印上“创业板/中小板上市公司”，甚至在新加坡、韩国上市的也要印在名片上。只要和上市挂上钩，就会给人“高大上”的感觉。话说回来，能在新三板挂牌的企业，不论盈利能力如何，起码都是规范的，还有券商、律师、会计师把关，因此在诚实守信等方面不会有太大问题。综上，新三板公司通过上述8点说明了新三板对企业自身“基因改造”的作用，其实也就是回答了“企业为什么要上新三板”，或者说“为什么不上A股”的问题。关于几个板块的比较，详见《啃碎新三板：新三板政策法规之透彻啃读》第1篇“从一篇被转阅上万次的文章讲起”。

啃哥意犹未尽，觉得8个数字虽然吉利，却少了一条很关键的，在此必须进行补充。

第9点：上新三板实现企业漂白，上岸。这点很重要。因为企业在上新三板前，需要当地的工商、税务、海关、社保、环保、安监等一系列和企业接触的部门，出具近3年无违规证明。为了加快证明的办理，有的地方政府甚至出面协助企业尽快拿到证明。当然，无违规不一定就是完全“无违规”，如果有个别违规，能解释清楚也行。这样，才能通过中介机构审核，申报材料。可以说，从挂牌那一天起，企业的历史将不会有人过问，之前发展过程中纳税不规范、社保不规范等等问题，都将随风消散一笔勾销。企业彻底漂白，可以完全在阳光下，不用惧怕任何历史旧账，岂不快哉！

上面非常关键的九方面内容是对“企业为何要上新三板”这一问题的很好回答，啃哥建议相关从业者认真体会。

全国股份转让系统对于其他市场主体有何重要意义?

全国股份转让系统为投资者带来新的投资机会

作为新兴的资本市场，全国股份转让系统为投资者带来众多新的投资机遇，包括：(1) 挂牌公司中具有较强创新实力和较大成长空间企业占比高，可以为投资者带来稳定的长期投资机会；(2) 挂牌公司行业分布广泛，投资者可以据此在行业层面进一步优化投资组合；(3) 挂牌公司并购重组较为活跃，投资者可以获得高溢价退出或公司事件性利好带来的投资机会；(4) 市场分层管理及不同层次市场间估值水平差异带来的投资机会；(5) 挂牌公司申请首次公开发行（IPO）或转板上市带来的投资溢价机会。

Ken Zhang 啃哥有话说

确实，现在A股市场2 600多只股票，来来去去就那些，老生常谈。而新三板作为新生力量，快速涌现了这么多的新面孔，并且刚上来价格也不太高，未来增长潜力巨大，当然是好的投资机会。此外，中小民营企业未来的并购重组一定不会比A股现在上市公司频率低、规模小，那么，未来也会有巨大增长潜力。至于市场分层以及转板，现在政策还没有推出。但是，还是那句话，一旦政策推出，到时候恐怕是挤破脑袋都进不去了。

现在正是一个部分政策初步明朗，部分政策有待落地的空档期，绝对是投资布局的良好时机。正如修地铁，现在已基本确定地铁的路线，以及地铁出口的位置，但是地铁才刚开始修，地铁出口附近的房价还没有涨起来。那么，赶紧动手吧，只要耐得住寂寞，这就是又一轮的资本盛宴，投资者的绝好机会。

全国股份转让系统为证券公司带来新的发展机遇

全国股份转让系统在推动证券公司回归投资银行本质、成为企业全方位解决方案提供商等方面发挥着重要作用。证券公司可通过全业务链整合，释放金融创新活力，并在此过程中实现转型升级和差异化发展。

不同于上市保荐业务模式及盈利模式，单纯的推荐挂牌通道业务回报率较低，证券公司需要从企业长远发展及持续增值服务业务中赚取回报。这就要求证券公司必须以发展及营销的眼光，站在投资者的立场去遴选真正有发展潜力的企业。同时通过系统、深入的研究，发掘企业亮点，调动潜在战略投资者及证券公司内外部高净值客户参与挂牌公司经营活动积极性，帮助企业获得长远发展。即证券公司必须充分整合通道业务、研究业务、自营业务、经纪业务等多个业务条线资源，推动全业务链发展模式，积极承担持续督导职责，参与挂牌公司发行融资、并购重组、做市转让等业务。这个过程，要求证券公司提供后续的资源跟进与支持，进行全方位的业务协作，对证券公司的研究、定价和销售能力提出了全新的挑战，并使得证券公司摆脱同质化竞争，走向不同的专业化定位。

与此同时，证券公司自身也可申请在全国股份转让系统挂牌，利用市场平台力量，进一步提升规范治理水平，通过发行融资、并购重组实现稳步扩张。

Ken Zhang 啃哥有话说

以上是在说明券商的机会所在。啃哥也认为券商面临着前所未有的机会，这是中小券商“弯道超车”的重要时间节点。但问题的关键是，券商真的有动力来抢夺机会吗？或者说券商年“躺着赚钱”的日子过得太久了，已经很难再“流大汗赚小钱”了呢？要知道，目前有批文的115家券商，基本上都是国企，日子大都过得很滋润。即使看到了这样的机会，它们会努力抓住吗？也许只有到了上顿不接下顿的时候，券商才会着急。

换个角度看，券商格局洗牌势在必行。大部分券商经历了从2014年年初看不上新三板，到2014年9月初步关心新三板，到2015年2月开始关注新三板，这样一个过程。因此，哪家券商真的看准了，提早布局，确实能够改变券商格局，并在未来的几年中，执行业牛耳。中国自己的“高盛”“美林”，也许就会在这次大潮中诞生。

PORE OVER
THE NEW
OTC MARKET

02

公司挂牌业务指南

对于企业来说，认识清楚股转公司概况，坚定了必上新三板的决心，那么就要开始实干了。而整个挂牌过程非常烦琐，在 2015 年 2 月发布的《新三板系列培训手册二——公司挂牌业务指南》中有详细介绍。啃哥是亲身经历整个过程的人，本章结合实际感受为大家透彻分析各个步骤。

要想进入全国股份转让系统挂牌，企业必须是股份公司的组织形式，因此改制为股份公司是企业走进全国股份转让系统的前置程序。改制不仅是企业组织形式的简单改变，它更是一个复杂的系统工程，涉及企业股权结构、内部管理架构、业务架构、财务结构、税收规划等诸多方面，对企业影响深远。例如，股份制是企业集中社会资本最有利的组织形式，有利于吸收小资本，兴办大事业；只有股份公司可以实现资本证券化，才能使企业股票得以在更大的范围内自有转让；由于股份公司采取所有权和经营权相分离的原则，所以要求企业成立股东大会、董事会、监事会及高级管理层，使企业的决策过程和经营管理更加专业化、科学化。可以说，改制对企业挂牌工作至关重要，是企业和中介机构在挂牌准备阶段的重点工作和核心内容。

Ken Zhang 啃哥有话说

上面写了那么多，其实核心就是一个内容，说明改制的重要性。

其实，啃哥想说，有时候粗暴简单点反而更可行。因为上新三板要求必须是“股份公司”，因此只能改制。至于改制的好处，说那么多还不如说上新三板的好处。至于具体应如何改，因为有中介机构把关，所以企业本身不用太担心。

为了适应中小微企业的现状和发展要求，全国股份转让系统在挂牌审查工作方面强调了包容性和规范性的平衡。对企业的规模、收入、利润等财务指标不设门槛，没有把那些尚未盈利但具有较强经营活力和发展潜力的中小微企业挡在门外；同时挂牌审查坚持公开透明原则，强化以信息披露为核心的理念，主要围绕挂牌条件和信息披露的合规性、有效性展开；强调主办券商等中介机构归位尽责并为企业提出创造性、建设性和可操作性的解决方案或规范措施，提高服务实体经济的专业水平。

Ken Zhang 啃哥有话说

上述这段话，其实在上一章“全国股份转让系统概况”中已充分说明。在此处回顾，无非就是为了再次强调新三板的重要性。啃哥本不想啃这一段，因为这里说得没有第一章那么全面，读了之后，给人一种似是而非的突兀感。但是再一想，保留原文，指出原文的不足，或许对读者意义更大些。

企业申请挂牌，一般经历规范治理、股份制改造、中介机构尽职调查、申请文件制作、主办券商推荐、全国股份转让系统审查、信息披露、股份登记和挂牌环节，涉及包括申请挂牌公司、主办券商、会计师事务所、律师事务所、全国股份转让系统、中国证券登记结算以及投资机构等参与主体。

Ken Zhang 啃哥有话说

这一段是核心，说明了申请挂牌需要的**具体流程**。它们包括：(1) 规范治理；(2) 股份制改造；(3) 中介机构尽职调查；(4) 申请文件制作；(5) 主办券商推荐；(6) 全国股份转让系统审查；(7) 信息披露；(8) 股份登记和挂牌环节。看起来似乎很多环节，但其实在实践中很多过程都是同步进行的，并没有严格的前后顺序。比如，规范治理、股份制改造、中介机构调查、申请文件制作以及主办券商推荐，即前五步是完全可以同步进行的。

再有就是，企业完全不用担心流程的烦琐，因为有中介机构的配合，中介机构会明确告诉企业每一步该如何进行，该准备哪些材料。企业唯一要做的就是找到给力的券商、律师、会计师。不懂没关系，只要确定了要上市，后面的很多工作可以在中介机构指导下共同完成。对于企业来说，最重要的是坚定上新三板的信心和决心，之后才能一步步走下去。具体工作遇到问题都能够处理，关键是要坚定信心、迎难而上，找对风口才是最重要的。

企业改制

Ken Zhang 啃哥有话说

关于**改制**，简单说就是从有限责任公司变更为股份有限公司的流程。这个过程其实很多书中都有介绍，整体上不复杂，不管是上创业板、中小板、主板，还是新三板，都需要先完成改制，成为股份有限公司。

啃哥在这里只挑选重要的来分析，点到为止。因为有中介指导，企业只要跟着一步步走就够了。

啃哥想强调一下，一旦企业确定了上新三板，第一步不是改制，而是确定主办券商、律师、会计师，也就是所谓的“中介机构”，最好再确定董事会秘书人选，董事会秘书主要负责和中介机构沟通对接。都搞定之后，就捋胳膊挽袖子——开干！

改制概览

申请在全国股份转让系统挂牌的公司是否必须是股份公司？

按照《国务院关于全国中小企业股份转让系统有关问题的决定》（国发〔2013〕49号）和《全国中小企业股份转让系统业务规则（试行）》等相关规定，申请在全国股份转让系统挂牌的公司必须为股份公司。（啃两句：当然是，必须是。）

股份有限公司设立方式有哪些？

股份有限公司的设立，可以采取发起设立或者募集设立的方式。

发起设立，是指由发起人认购公司应发行的全部股份而设立公司。主要为以下两种情况：一是新设设立，即2个以上200个以下发起人出资新设立一个公司；二是变更设立，即有限责任公司按原账面净资产值折股整体变更为股份公司。

募集设立，是指由发起人认购公司应发行股份的一部分，其余股份向社会公开募集或者向特定对象募集而设立公司。

什么是改制？

改制是指依法改变企业原有的资本结构、组织形式、经营管理模式或体制等，使其在客观上适应企业发展新需要的过程。实践中改制包括国有企业的改制、集体企业的改制、中外合作企业的改制、企业股份制的改造等。

Ken Zhang 啃哥有话说

改制是个核心问题。上市流程从确定中介机构开始，而中介确定后第一步就是改制。

改制是什么？说一千道一万，啃哥认为，改制就是成为股份公司。没那么多内涵啊、外延啊、目的啊什么的。

为何要改制？

对于企业来说，改制主要有以下好处：

（1）有利于建立现代企业制度，规范法人治理结构，促使企业持续稳定经营。

（2）有利于提高企业管理水平、降低经营风险。

（3）有利于建立归属清晰、权责明确的现代产权制度，增强企业的创新的动力。

（4）有利于企业进入资本市场进行资本运作，利用金融工具进行资源整合，做大做强。

Ken Zhang 啃哥有话说

啃哥认为，改制就是为了上新三板，其次才是为了规范。

但是，新三板官方的说法绝对提升了理论高度，达到了全面、滴水不漏的效果。可对于普通读者而言，会觉得拗口，不容易理解。

改制有何成本？

公司股份改制成本主要来自于三方面：

（1）规范成本。企业规范成本主要包括：建立健全公司治理机制，完善内部控制，维持其正常运行的成本，如董事会、监事会和股东大会的运行成本；规范历史经营中遗留问题的支出，如补缴出资、补缴欠税、不合规问题纠正及风险化解支出等。

（2）重组成本。企业重组成本主要包括：为更有利于企业未来发展和资本运作，进行业务调整，资产置换、剥离、处置，股权调整，股权激励等操作所支出的税费。

（3）中介机构费用。中介机构费用主要包括：证券公司财务顾问费、会计师事务所审计费用、律师费、资产评估费（如需）等。

目前，很多地方政府出台了鼓励企业股份制改造及挂牌的补贴政策，可以覆盖部分改制成本。

啃哥有话说

Ken Zhang

啃哥认为，与其问改制有何**成本**，倒不如问上新三板有何成本。因为改制是上新三板的一部分，所以改制的成本也是新三板上市成本的一部分。

如果一定要分开看的话，那么改制的成本包括规范成本、重组成本和中介机构成本。而重组也是为了规范才调整股权结构的，所以说，上新三板的成本就是规范成本和中介机构成本。

当然，上新三板的成本基本政府补贴都可以覆盖。参见《啃碎新三板：新三板政策法规之透彻啃读》第 20 篇“政府买单，零成本上市，何乐不为”以及本篇后面“啃哥补充”中的“新三板挂牌过程中，中介机构如何收费”等相关内容。

哪些类型的企业适宜改制?

适宜改制的企业主要包括：

（1）需要规范治理结构、提高管理水平的企业。

（2）需要扩充股东人数的企业。

（3）已有一定业务规模，需要持续发展、扩大业务规模的企业。

（4）具有创新业务模式，需要提升品牌、提高估值水平的企业。

（5）拟进入国务院批准设立的证券交易场所交易融资，即申请在全国股份转让系统及沪深证券交易所挂牌上市的企业。

Ken Zhang 啃哥有话说

这就如同在问“哪种企业适合上新三板”一样。简单地说，只要是满足新三板上市条件的，都适合改制。

根据《全国中小企业股份转让系统业务规则（试行）》（2013年2月8日发布，2013年12月30日修改）第2.1条款的规定：

“股份有限公司申请股票在全国股份转让系统挂牌，不受股东所有制性质的限制，不限于高新技术企业，应当符合下列条件：

（一）有限责任公司按原账面净资产值折股整体变更为股份有限公司的，存续时间可以从有限责任公司成立之日起计算；

（二）业务明确，具有持续经营能力；

（三）公司治理机制健全，合法规范经营；

（四）股权明晰，股票发行和转让行为合法合规；

（五）主办券商推荐并持续督导；

（六）全国股份转让系统公司要求的其他条件。”

改制流程

改制主要包括哪些环节？

改制分为准备阶段、操作阶段和收尾阶段。

1. 准备阶段

改制准备阶段工作主要包括四个步骤：

（1）选聘中介。企业选定并聘请证券公司、会计师事务所、律师事务所、资产评估机构（如需）等中介机构，签订相关协议。

Ken Zhang 啃哥有话说

第一步是确定中介机构，这一点非常重要。好的中介机构事半功倍，不给力的中介机构事倍功半。关于如何选择中介机构，

“啃哥补充四大核心问题”之“如何选择中介机构”中将专门阐述。关于评估机构，一般是在改制时候需要，之后就不需要了，因此评估机构基本就是一次性的，用处有限，更多的是形式。

（2）前期调查。证券公司、会计师事务所、律师事务所等中介机构对企业进行前期尽职调查，发现企业在历史经营中存在的不规范问题，判断企业经营的持续性、独立性，分析企业是否存在重大法律、财务、税务风险，分析企业是否存在影响改制目标实现的其他问题。

啃哥有话说

Ken Zhang

这一步非常关键，君不知有多少信心满满的企业，到了这一步就走不动了。因为券商、律师、会计师，其中最主要是券商和律师，会在签约前后进行尽职调查。全方位梳理企业的业务、财务、历史沿革等多方面情况，看其是否满足申报条件。

虽然没有具体数据，但是根据经验判断，估计有70%以上的企业在这一步停下了。例如销售时不开发票或者少开发票，历史上存在虚假出资，产品专利权属存在侵权问题，所属行业属于国家限制或者淘汰的行业，业务连续负增长，环保存在大问题而治理的话又需要时间和大量投入，拖欠大额应付税款，等等。一些问题是通过时间就可以解决的；一些问题还需要通过资金投入才可以解决；还有一些是硬伤，很难解决。需要处理好了再进行改制，这就需要等了。

一般中介机构对于潜力好的、能赚钱的企业，会与企业先签约，拴住企业。尽职调查完成后将问题提出，待企业解决好了以后，再继续来企业现场进行工作。因为谁都知道，好的企业就那么多，错过一个就少一个，因此先拴住了再说。

啃哥觉得，现在的局面与2009—2011年的PE市场非常相似。那个时候，很少有企业接受过PE投资，遍地又都是待投资的标的，要先占住坑，以后别人想再进入就很难了。九鼎投资就在那个期间一口气投了200余家企业，奠定了其“中国PE行业前三甲”的基础。而从2012年开始，好的企业PE都投完了，新的优秀企业还没有成长起来，因此整个PE行业的热度就降下来很多。

新三板又何尝不是这样呢？现在中介机构能抓住的，或者说新三板上市时间早的一定都是很优秀的企业，如果不拼力去抓还等什么呢？就如同割韭菜，割完了这茬，下一茬又要等好久才能长出来。

如果啃哥在券商、律师、会计师事务所，就会不顾一切地扩充、做大，对于中介机构的崛起来说，新三板是多么宝贵的一个机会啊！

(3) 制定改制方案。各中介机构根据前期调查发现的问题提出建议，召开协调会，与企业的实际控制人、控股股东、高级管理人员充分沟通，在此基础上制定改制方案和工作时间表。

Ken Zhang 啃哥有话说

如果企业顺利通过了尽职调查，或者说尽职调查发现的问题都解决了，那么恭喜，最大的问题已经处理，后面的道路基本上一马平川，不会太有波澜了。

制定改制方案，听起来很高大上。其实呢，主要就是明确以什么时点的财务数据作为改制的基础。当然数据要经过审计，该时点的企业价值需要经过评估（唯一需要评估师的环节）。对财务基础比较薄弱的企业来说，这个过程有时候会长达半年之久。确定好审计评估具体的基础点，再在这个时间点（如2014年12月31日）基础上，确定出具审计报告的时间点（如2015年3月1日）和出具评估报告的时间点（如2015年3月2日），律师协助完成创立大会资料，然后召开创立大会，签字文件再拿去工商备案，更名，完成整个过程。

其实，在股改整个过程中，会计师工作量最大，可以说所有工作基本都是围绕会计师完成的。而券商在这个阶段参与其实不多。

不过重大问题券商必须了解，便于后面写股份转让说明书时候用到。

（4）落实方案，做好规范。证券公司牵头协调企业及各个中介机构改制工作的节奏，落实改制方案，推动解决前期调查中发现的问题，总体把握企业是否达到改制的目标和原则要求；帮助企业建立健全公司治理结构；指导企业建立完善各项内部控制制度。

Ken Zhang 啃哥有话说

在改制过程中，券商主要起着协调进度、跟进进度的作用，并督促企业确保发现的问题及时解决。

在这个阶段，具体工作更多的是由审计师和律师完成的。尤其是审计师，这个阶段是最苦的。原因大家都知道，很多民营企业在改制前的账务是不太规范的。因此会计师调账、核实等的工作量非常大。

2. 具体操作阶段

Ken Zhang 啃哥有话说

具体操作阶段的步骤，读者全权当简单了解。真正走到这一步，会有中介负责的，不用过于担心细节的内容。所谓“车到山前必有路”，但是前提是车要先发动——确定赶紧上新三板。

改制具体操作阶段的工作主要包括以下步骤：

（1）有限责任公司召开董事会、决议聘请中介机构，启动股份制改造工作。如果有限公司没有董事会（只设执行董事）的，执行董事需要就启动股份制改造提交工作报告。

（2）公司办理变更名称预核准。

（3）会计师事务所对企业会计报表进行审计，出具《审计报告》。

（4）资产评估机构对公司改制基准日的净资产值进行评估，出具《资产评估报告》。（啃两句：有些地区未明确需不需要资产评估报告，啃哥建议做了肯定没错。否则以后申报的时候审核人员说要，而你没有，就麻烦了，这个改制时点的评估报告是没有办法补的。而且，目前评估价格都不是很高，一般来说，中小型企业 5 万～20 万元基本就可以满足需求。）

（5）有限责任公司召开股东会，审议改制方案，就整体折股方案、出资方式、出资比例、变更公司类型等事项做出决议。股东会应当提前 15 日通知全体股东（公司章程或全体股东另有约定的除外）。股东会做出变更公司形式的决议必须经代表 2/3 以上表决权的股东通过。（啃两句：这是《公司法》的规定。）

（6）签订发起人协议，发出召开股份公司创立大会暨第一次临时股东大会的通知。

（7）中介机构进行验资，出具《验资报告》。（啃两句：其实就是审计师验资，出具《验资报告》，不涉及律师、券商。）

（8）律师事务所协助公司制作《股份有限公司章程（草案）》即“三会”议事规则、《关联交易管理办法》等规章制度。（啃两句：都有标准模板，往里面套，不难。）

（9）召开职工大会选举职工监事和职工董事。

（10）召开创立大会暨第一届临时股东大会，审议发起人关于公司股份制改制情况的报告，通过公司章程，选举董事会成员和监事会成员等。发起人应当在创立大会召开 15 日前将会议日期通知各认股人。创立大会应有代表股份总数过半数的发起人出席。

（11）召开董事会，选举董事长，决定聘任经理；召开监事会，选举监事会主席等。

（12）公司准备整体变更为股份有限公司的相关申请资料。（啃两句：当地工商局有具体要求，咨询后就可明确。）

（13）向工商行政管理部分申请变更登记，领取股份公司《企业法人营业执照》。

Ken Zhang 啃哥有话说

财务数据的有效期为 6 个月，这点要特别注意。也就是说上年 12 月 31 日的数据，最迟要在本年 6 月 30 日完成所有改制工作，将资料报给当地工商局做变更，否则失效。看起来6个月时间不短，但是，经常是人算不如天算，各种问题层出不穷。以12月31日为时点，一般企业结账会在2月份，审计组3月进场，只有3个多月的有效工作时间。一般又要审至少2年数据，很多企业由于之前没有审计过，审计师熟悉业务也要有个过程。如果公司分子公司再多点的话，又赶上过年期间审计人手紧张，所以很有可能4月甚至5月才能出具审计报告。后面还有创立大会等文件要做，如果中间再出点问题（因为股改审计会计师的内核部门一般都要求很严格，会提出很多问题），一来一去非常耽误时间。所以时间永远是不够用的。

啃哥强烈建议企业千万不要把股改时点放在12月31日，因为这个时候和上市公司年度审计完全重合，本来就是会计师事务所全年最忙的时候，而会计师事务所肯定要首先保证上市公司和大客户的审计工作，因此对收费不高、风险不低、难度又不小的新三板审计，能拖就拖了。其实，以3月31日、6月30日或者9月30日为时点，都是完全可以的，没必要凑那个热闹。就如同旅游，如果时间自由，又何必非要选择五一、国庆长假呢？做事情千万避免扎堆。不过，申报新三板目前已出现扎堆的趋势了，因为现在申请新三板是抢占先机的时刻。

3. 收尾阶段

改制收尾阶段，主要应做好后续工作：修改完善公司各项内部管理制度；进行相关资产权属变更，相关证照、银行账户名称变更；制作股份公司公章，通知客户、债权债务人等公司改制更名事宜。

Ken Zhang 啃哥有话说

收尾阶段不用说，都是必须做的。尤其是企业更名后，一系列证书要更改，包括：税务登记证、工商营业执照正副本、组织机构代码证、专利证书的公司名称，等等。尤其是很多在执行的采购合同和销售合同，需要重新签订，采购发票抬头也需要修改，等等。记得我那个时候，公司前后用了将近半年的时间，才最终完成所有改制更名有关信息的更新，非常烦琐。

最后，啃哥还想提示，这个股改，并不是新三板特有的。只要想上市，股改永远是绕不开的第一步，且整个程序已经非常成熟。

下面图 2.1 是官方一个很复杂的**流程图**，说实在的，啃哥也是看了半天才明白，原来一个股改都可以画出这么复杂的图。啃哥经历过股改，本来觉得没什么的，但是看图 2.1 又觉得好复杂。还是那句话，不要被表象蒙蔽了双眼，找准方向，站在风口是最重要的。再复杂的事情，只要努力去做，都是可以做出来的，何况真的没那么复杂。

本来啃哥不想放这个图，觉得读者可能望而却步。但转念一想，还是放的好，这样才能确保本书的完整性。只要做充分的说明，相信大家是能够理解的。做事情不怕琐碎，只怕举步不前。

大股东和高管要做何准备?

Ken Zhang 啃哥有话说

准备工作，第一是要股东和高管统一思想，理解上新三板的重要性，并坚定决心。这点非常重要，人心齐，泰山移。只是因为遇到一些困难，内部意见不统一，就半途而废，止步新三板上市的企业，比比皆是。第二是要明白规范是要有成本的，工资必须全额缴个税，全部员工社保必须缴纳，企业收入必须都要开票，等等，要有“勒紧裤腰带”的准备。要明白上新三板是为了企业发展，而不是为了个人赚钱的。当然，如果上市后市场认可，也是可以在资本市场赚到钱的，但是个人在企业赚的钱肯定会少的。

大股东与高管需要做好以下准备工作：

（1）从思想和态度上要非常重视改制工作，建立专项工作机制，安排专人负责和协调，同时利用改制着力培育或引进专业人才（如董秘或信息披露负责人、

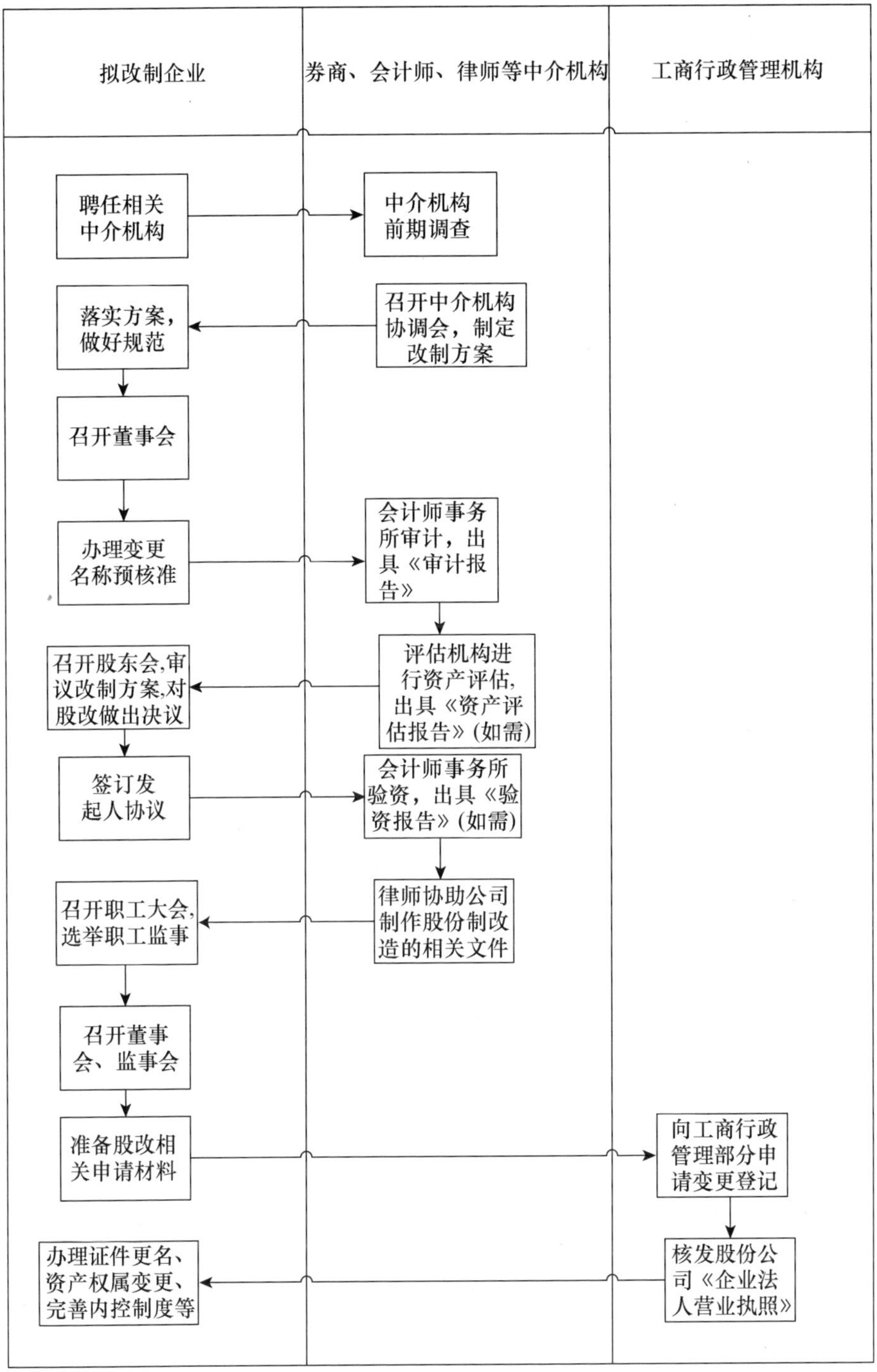
拟改制企业
券商、会计师、律师等中介机构
工商行政管理机构
聘任相关中介机构
中介机构前期调查
落实方案，做好规范
召开中介机构协调会，制定改制方案
召开董事会
办理变更名称预核准
会计师事务所审计，出具《审计报告》
召开股东会,审议改制方案,对股改做出决议
评估机构进行资产评估，出具《资产评估报告》(如需)
签订发起人协议
会计师事务所验资，出具《验资报告》(如需)
召开职工大会，选举职工监事
律师协助公司制作股份制改造的相关文件
召开董事会、监事会
准备股改相关申请材料
向工商行政管理部分申请变更登记
办理证件更名、资产权属变更、完善内控制度等
核发股份公司《企业法人营业执照》

图 2.1　企业改制流程图

财务负责人）。

（2）大股东应该与企业管理层、中介机构（如有）充分协商沟通，探讨企业改制方式，设计改制的总体方案，包括股份公司的设立方式、发起人数量、股本规模以及业务范围等。

（3）企业如果拟引入投资者的，需要物色、洽谈投资人。（啃两句：股改后也可以，不用那么着急，投资人会蜂拥而至的。）

（4）企业如果拟进行股权激励，需要拟定股权激励方案，与激励对象进行初步沟通。（啃两句：股权激励，听起来很高大上，其实，也有简单的做法，没那么复杂。当然要想做复杂可以很复杂。参见“啃哥补充四大核心问题”之“如何做股权激励”。）

（5）探讨遴选合适的中介机构。（参见“啃哥补充四大核心问题”之“如何选择中介机构”。）

Ken Zhang 啃哥有话说

上述五条，突出特点就是点面全部覆盖，似乎没有重点，好像信息很多又不知该如何抓住。当初啃哥在读的时候又何尝不是这样的感受呢？后来读多了，加上实践，才有所感悟。这其实是“道”和“术”的问题。股东和管理层统一思想，上且不顾一切地去上新三板，这是道的层面；而其余的都是术的层面。道的层面做好了，术的层面水到渠成。

改制时如何增资?

整体变更股份制改造方式下，公司应以经审计的账面净资产值整体折股作为股份公司发起人股东的出资，并且经评估的净资产值不应低于审计的净资产。

公司经审计的净资产值应按照一定的比例折合成股份公司股份，折股比例不能低于 1∶1（即折股时每股净资产不能低于 1 元），差额部分计入资本公积。折股数量和折股比例应根据企业的规模和股东的要求制定。

公司在改制的同时进行增资操作，或者以评估的净资产值进行评估调账作为股改的出资额的，公司连续经营时间将中断，视同新设股份公司，重新计算经营期。

Ken Zhang 啃哥有话说

▩ 请额外注意最后一段，即“以评估的净资产值进行评估调账作为股改的出资额的，公司连续经营时间将中断”。这一点非常可怕，意味着将重新计算2年的经营期。因为上新三板的条件之一是“依法设立且存续满两年”，所以现在很少有企业再评估调账的。根据评估值调整增加账面资产和所有者权益，真的没必要。

▩ 此处会涉及**评估师**的工作，因为要求“经评估的净资产值不应低于审计的净资产”。根据啃哥的经验，整个申报新三板的过程中，也只有这里用到了评估师。

▩ 其中没有说很重要的问题，就是股改的税收问题。（参见“啃哥补充四大核心问题”之“股改个人所得税负担”）但对于民营企业来讲，这个金额有时还真不小。

以上，啃哥大致完整地分析了“改制流程”。其中，啃哥并没有引述官方文件中“拟挂牌企业整体变更改制准备阶段的工作主要有哪些”、“拟挂牌企业整体变更改制操作阶段的工作主要有哪些”、“拟挂牌企业整体变更改制收尾阶段的工作主要有哪些”、“拟挂牌企业整体变更改制工作中各中介机构的职责”的具体内容。因为啃哥觉得这些问题都是对上述内容的进一步细化，实在没有引述的必要。啃哥并不想把这本书写成一本事无巨细的操作手册，一方面，实际工作中有中介机构的指导，跟着走就行；另一方面，市面上很多介绍上市、改制的书，内容都差不多。另外，证券从业资格考试教材中的《证券发行与承销》，有专门关于A股上市公司改制的过程介绍，与这里的改制完全一致，如果有朋友对细节感兴趣可以找来看。

啃哥补充四大核心问题

如何选择中介机构

啃哥认为，选择中介机构应该从如下五个方面考虑：

第一，选择中介机构肯定要看中介机构排名。因此，参见《啃碎新三板：新三板政策法规之透彻啃读》第 30 篇“数据说话”中详细排名。排名靠前的中介机构，一定不会差，这就是经济学的搭便车原理，好比去人多的饭馆吃饭，起码味道不会差到哪里去。

第二，企业更倾向于选择容易沟通交流的中介机构，因为这样才能够理解企业的实际情况，并据此提出具体问题和解决方案。也就是说，中介机构最好务实一些，不要和企业对着干。从这个角度出发，其首选自然是通过熟人介绍的中介机构，或者本身就和券商、律师、会计师事务所高层很熟悉，这样最好办事。通过中介机构高层介绍，以后万一有点问题，也可以直接沟通，省去很多中间环节。毕竟在中国这个人情关系社会里，办事还是需要熟人的。

第三，借助股东的关系。大的战略投资人，例如九鼎投资、中科招商等都有长期合作的推荐中介机构。如果这些私募股权投资机构已经成为企业的股东，那么，直接求助他们就可以获得推荐。投资机构出于自身利益的考虑，当然非常希望自己投资的企业顺利挂牌。因此一定会不遗余力地推荐最好的中介机构。

第四，可以先确定券商，再由券商推荐会计师和律师。企业千万不要三家中介机构都自己去找，因为上新三板的整个过程都是券商主导的，券商也负主要责任。如果让券商去选择律师和会计师，它一定会选择自己最熟悉，或者过往配合最默契的。而如果由企业去找律师和会计师，很可能这三方从来都没有配合过，那么，光磨合的成本就非常巨大，会浪费很多时间。就这一点来看，也更体现出了选择券商的重要性。

第五，企业虽然可以中途更换中介机构，但是成本是巨大的。由于中介机构对企业了解需要一段时间，磨合又需要一段时间，因此企业若非迫不得已，不要更换中介。这也就对前期选择合适的中介机构提出了更高的要求。

总之，啃哥认为，中介机构对于企业的新三板上市，以及未来的做市影响都将非常大。基本上刚开始选择的券商、律师、会计师，都将会陪伴着企业一路走下去，包括企业新三板申报材料、挂牌、挂牌后做市、增发，等等。因此也更凸显了前期正确选择的重要性，尤其是券商。一方面，选历史业绩好的券商；另一方面，如果历史业绩一般但是这个对应企业的项目组很强，也是一个加分项，需要综合考虑。同时最好是和企业风格相互配合的，都比较激进或者都比较保守，至少理念比较接近，这样更便于沟通。上面都是肺腑之言，啃哥经历了企业挂牌新三板的整个过程，充分感受到中介机构的重要性——合适的中介机构事半功倍，不合适的中介机构事倍功半。

新三板挂牌过程中，中介机构如何收费

中介机构不能白干活，必须要收费。

对于券商来说，其挂牌阶段的收费只是收回成本以及略微获利，并不能靠挂牌赚钱，而是要先看好新三板的未来，把企业先攥在手里，赚取挂牌后的利润。这也就是为什么很多大券商在新三板赢不过中小券商的原因：大券商太看重眼前高利润的业务，2014 年刚开始时根本看不上新三板，而到了 2015 年看上新三板的时候，推荐挂牌的券商座次已基本排定，大的券商再想抢前几把交椅又谈何容易？

（1）券商收费。在 2014 年，券商收费基本是 30 万～60 万元。但是为了抢业务，不少中小券商也愿意接 30 万元左右的业务。而这 30 万元就是券商上新三板直至挂牌的所有费用。当然，券商的差旅费和住宿费不包括在内。很明显，券商这种“高大上”的工作，30 万元肯定涵盖不了其工资等成本。但是，正是因为看好新三板的未来，中小券商依靠其低价和快速还是抢到了很多生意。

到了 2014 年年末及 2015 年，新三板开始升温，其费用也是水涨船高，基本上已经达到 100 万元左右。可见涨价的速度还是非常迅猛的。

（2）会计师收费。对于中小规模企业，会计师收费基本保持在 20 万～50 万元，以 30 万元居多，涨幅也不大。啃哥是做审计出身的，有时候挺替审计师抱不平。审计师事务所是干活最多、用人量也最多的中介，但到头来只有那么一点收费，只有券商的三分之一左右。

但是反过来再想想，一个项目谁主导谁必然拿到最高收费，或者利润的大部分，这毫无疑问。收费和工作量虽然有一定关系，但是关系更大的还是要看处于生态链的哪个层次，顶层的必然收费最高，虽然工作量必然不是最大的，但却是最重要的。

想一想美国，印钞票，让全世界给它打工，全世界都在抱怨（包括中国），却也无可奈何，为什么？就是因为美元已经成为国际货币，美国的互联网等创新位居世界第一，执世界之牛耳。而中国的制造业，苦逼地赚取辛苦的血汗钱，而美国因为处于产品链条的顶端，所以赚取着超过中国不知多少倍的利润。啃哥在广东省汕头市待过三年，就亲眼看到那些制造业企业员工，没日没夜加班工作，基本没有节假日，而赚取的就是低廉的小时工资，就连企业的利润也是刀尖上的。这与上面的道理是一样的，就看你处于生态链的哪个层次。

因此，啃哥认为，应该鼓励埋头苦干，同时也应该鼓励力争上游，努力去生态链条的最顶端，赚取最大的那块利润。现在国内一直在强调的产业升级其实也是这个道理。小到新三板的中介机构，大到产业链条，甚至大到国家与国家之间的产业分工，其实都是一样。没有必要抱怨我干活最多却收入不高，或者比谁收入还低，因为是你的位置决定了收入，而不是工作量决定了收入。只有秉承埋头苦干的精神，力争提高自己的位置才是问题的关键。

（3）律师收费。律师收费与会计师差不多，也是 20 万～50 万元不等。相对于会计师，律师主要负责企业历史沿革以及资产产权等问题，工作量远没有会计师那么大。

于是啃哥想，难道是律师证比注会证难考吗？好像不是，这两个证书都是中国最难考的证书。那么，到底是为什么呢？其实还是同样的问题。因为律师虽然工作量没有审计师大，但是处理的都是核心问题，如果企业在法律上出了一点问题，那么很有可能直接影响到挂牌顺利与否！因此，其单位价值其实是超过审计师的。

（4）评估师收费。评估师一般在企业改制（即有限责任公司改制为股份公司）时使用，出具一份评估报告用于挂牌使用。一般收费5万～10万元，根据企业规模确定。且评估师大多数都是审计师，用另一个主体提供评估服务，因此不用单独再找。

通过上述可以看出，在2014年，申报新三板整体费用100万元基本可以拿下。而到了2015年，整体费用已飙升到150万元左右。

对于上新三板的费用，其实各地都有补助，地方政府非常支持企业挂牌新三板。例如北京海淀区、西城区的新三板补助就高达150万元，基本可以涵盖新三板挂牌的所有费用。所以，其实新三板挂牌不用花钱，这也就是为什么新三板发展迅猛的另一个重要原因。参见《啃碎新三板：新三板政策法规之透彻啃读》第20篇“政府买单，零成本上市，何乐不为”。

关于券商处于生态链的顶端，收费超过律师、审计师，其实也是可以理解的，毕竟券商是主导者和主要推动者，主导者拿最多，也在情理之中。而审计师最悲催，干最多的活，收最少的费用，因为不是中介中最重要的。这也就解释了为什么四大会计师事务所并没有参与新三板审计。但说句实在话，审计师的收费确实应该涨一涨了。

如何进行股权激励

大多数民营企业工资都不高，企业希望留住核心人才，因此都在考虑股权激励。那么，应如何完成股权激励呢？

（1）上市申报前免费给股权或低价卖股份已基本行不通，或者要付出税务成本。

2012年，国家税务总局发布《关于我国居民企业实行股权激励计划有关企业所得税处理问题的公告》（国家税务总局公告2012年第18号），明确了我国对于股权激励企业所得税的处理原则。公告规定，上市公司依照管理办法要求建立职工股权激励计划，并按我国企业会计准则的有关规定，在股权激励计划授予激励对象时，按照该股票的公允价格及数量，计算确定作为上市公司相关年度的成本或费用，作为换取激励对象提供服务的对价。

因此，在这样的背景下，一旦企业申报材料前免费或者低价给核心员工股份，带来的结果就是需要按照公允价值将给出去的股份金额扣除卖价的差额，计入公司当期损益表，这就直接影响到公司当期利润。由于公司的利润直接与挂牌时的估值有关，因此，基本上没有企业愿意这样做。也就是说在 2012 年之后，免费给股份或者低价给股份基本无法做到。

再根据《股权转让所得个人所得税管理办法（试行）》（国家税务总局公告 2014 年第 67 号）第十二条的规定，符合下列情形之一，视为股权转让收入明显偏低：

“（一）申报的股权转让收入低于股权对应的净资产份额的。其中，被投资企业拥有土地使用权、房屋、房地产企业未销售房产、知识产权、探矿权、采矿权、股权等资产的，申报的股权转让收入低于股权对应的净资产公允价值份额的。

（二）申报的股权转让收入低于初始投资成本或低于取得该股权所支付的价款及相关税费的。

（三）申报的股权转让收入低于相同或类似条件下同一企业同一股东或其他股东股权转让收入的。

（四）申报的股权转让收入低于相同或类似条件下同类行业的企业股权转让收入的。

（五）不具合理性的无偿让渡股权或股份。

（六）主管税务机关认定的其他情形。”

也就是说，如果股东低价将股份转让给核心员工进行股权激励，其结果就是税务机关会认为股权转让收入明显偏低，就要核定征收了。即用公允的价格作为转让价格，而不考虑实际转让价格，作为征税基础。一般是使用净资产或者近期转让价格。因此，低价转让虽然可以操作，但是要按照公允价值缴纳个人所得税，同时需要将公允价格与实际低价之间的差额作为费用计入企业当期损益表。

通过上述分析可以看出，挂牌前如果想做股权激励，只能按照“公允价值”转让股份，同时按照公允价值与股份成本之间差额的 20% 计算个人所得税并缴纳。

例如：企业注册资本200万元，原股东愿意拿出10%（即20万股）给核心员工。假设企业估值2 000万元，那么，这20万股就价值200万元。

①当股权转让价格是20万元时，是必须缴纳个人所得税的，因为明显偏低：(2 000×10%－200×10%)×20%＝36（万元）。同时，少收的部分180万元(200－20)计入公司当期损益表中。

②当股权转让价格是200万元时，也是必须缴纳个人所得税的：(200－20)×20%＝36（万元）。由于已按照公允价值转让了，因此不存在少收的部分，不用计入公司当期损益表。

实际情况是，大多数公司都使用第二种方法，即按照公允价值转让股份，这样不影响公司当期的利润，但是，这样操作的结果是必须缴纳个人所得税，也就是说个人所得税是逃不掉的。至于实际交易过程中，有没有真的支付200万元，或者200万元支付了再还回去，就是操作层面的工作了，只要达到目的就行。可见，股权激励可以操作，但是个人所得税这块跑不掉。很多公司股份成本就是1元1股，转让时为10元或者20元，那么，增值部分就是都要缴纳20%的个人所得税，还是很夸张的，这也成为制约上市前股权激励的重要问题。

(2) 新三板挂牌后股权激励的机会。

目前很多企业选择新三板挂牌同时定向增发，而定向增发的第一轮是公司的高管和核心员工。这样以较低的价格定向增发，增加股份，钱回到公司，没有股份转让，不用缴纳个人所得税，同时高管和核心员工通过自己掏钱买股份的形式，拿到了较低成本的公司股票。之后再通过做市等方式拉高股价，给高管和核心员工带来股票增值的收益。同时，在定向增发时设定锁定期，也确保高管和核心员工不会套现走人，确保公司经营稳定。

另外，在公司协议转让阶段，由于公司股票价格买卖双方可以以任意价格成交，因此，也是调整股权结构的好机会。只是如果被税务局盯上了，这部分就会涉及按照公允价格与成本核定税额的问题。因此还是存在较大的个人所得税潜在风险的。

股改个人所得税负担

公司由有限责任公司变更为股份公司，称为股改、改制。关于改制，参见本章中关于企业改制的内容。

在企业股改过程中，券商一般都会要求企业拿一定的未分配利润转增股本，增加公司注册资本（股份公司称为股本）。因为在一般情况下，有限公司注册资本较少，假设注册资本 1 000 万元，如果股改后还是 1 000 万股，那么假设上新三板估值是 10 亿元，将会带来每股价格达到 100 元的局面。而股市中很多投资者不考虑这么多，看到股价达到 100 元，就认为太高，不会购买。因此，挂牌后最理想的价格是在 5～20 元之间，这就需要在股改的时候增加注册资本（股份公司称为股本），避免将来挂牌后股价太高，没人敢买。

那么，未分配利润转增股本，即增加了所有股东的出资额，根据现有税法的相关规定，需要在转增的环节个人股东按照 20%缴纳个人所得税。因为从税务的角度理解，未分配利润转增股本，增加的是原个人或法人股东的出资额，那么，可以认为是将未分配利润先分配给了自然人（所以自然人需要缴纳 20%的个人所得税），然后，自然人拿着这些税后个人收入再增资进公司。当然，对于法人股东不存在这个问题。

但这样做的问题是，未分配利润转增股本，其实自然人股东并没有拿到任何现金，为了做大股本拿有限公司原有未分配利润增加了股本，反过来还要另外掏钱缴纳个人所得税。这实际上就加大了个人股东的纳税负担，例如转增1 000万元，就需要缴纳 200 万元的个人所得税，金额是很夸张的。但是，为了上市也要缴纳，这是现状。目前，全国只有很少城市的税务局允许企业延迟缴纳这部分个人所得税至企业上市，大部分地方税务局都要求企业在转增的时候缴纳。完全不考虑这些自然人股东实际没有拿到一分钱的事实，这样做其实是不合理的。

另外，啃哥还想说，股价高低其实和企业好坏没有半毛钱关系。不过目前仍然有许多股民看到 10 元以内的股票就认为便宜，可以买；看到 50 元、60 元的股票认为贵，不敢买。股价是企业的估值除以股本数量得到的，股本少的话股价自然高。这么简单的道理还在不断被无数股市投资人混淆，实在令人扼腕，也难怪散户成了 A 股市场中机构围猎的对象，不亏钱才怪！

主办券商推荐

主办券商的选择与签约

主办券商有何重要性?

主办券商的重要性表现在以下四个方面：

（1）企业申请在全国股份转让系统挂牌的条件之一为“主办券商推荐并持续督导”。企业申请挂牌须经主办券商推荐，双方签署《推荐挂牌并持续督导协议》；主办券商应完成尽职调查和内核程序，对公司是否符合挂牌条件发表独立意见，并出具推荐报告。

（2）主办券商在企业改制挂牌工作中起指导规范作用。在企业改制挂牌工作中，主办券商负责协调、指导企业规范历史遗留问题，帮助规范公司的治理结构，完善企业内部控制制度，提高治理水平；帮助企业规划战略，设计改制方案，总体把握企业改制是否满足规范性要求，是否达到挂牌的基本条件；在改制挂牌工作中牵头协调企业和其他中介机构的工作，把握时间进度；指导企业完成挂牌审核过程中全国股份转让系统反馈意见的回复工作，指导企业完成股份登记托管、挂牌等事宜。

（3）主办券商负责对推荐挂牌公司挂牌后的持续督导工作。主办券商持续督导所推荐挂牌公司诚实守信、规范履行信息披露义务、完善公司治理结构。主办券商对所推荐挂牌公司信息披露工作进行事前审查。

（4）主办券商对推荐挂牌公司后续资本运作一般能起重要的作用。企业在全国股份转让系统挂牌，是走进公开资本市场的第一步，挂牌后发行股票融资、发行债券及证券衍生品、做市交易、并购重组等业务将会频频发生。由于推荐挂牌的主办券商与企业的天然关系，一般能够在后续资本运作中起到重要的作用。

Ken Zhang 啃哥有话说

啃哥要先明确一个概念——**主办券商**，为什么不直接说“券商”而一定要加“主办”两个字呢？啃哥查了一些资料，也没有太明确的解释。根据字面的意思，啃哥猜测，可能就是“担任主要职责，协调各方”的意思。

上文是在描述券商在新三板上市过程中的**作用**。券商当然是非常重要的。券商如果给力的话，那么必然事半功倍。但是，啃哥还是要提醒读者：求人莫如求己，打铁还要自身硬。企业自己还必须有给力的董秘进行企业内部协调，必须有董事长、总经理的高度重视，第一时间完成，才是硬道理。

上述第一点持续督导，这是肯定的，因为从签约那一刻开始，券商就会提出各种建议希望企业规范。但是，需要知道有时候券商也不都是对的，双方需要讨论，企业有些问题是可以容忍的，有些规范又是需要时间的，不能一概而论。

第二点非常重要，券商在改制过程中起指导规范作用。如何处理好历史问题，如何控制好各个中介机构的节奏和时间点，如何确保各项工作有条不紊地进行，在这时候券商起到了很重要的指导作用。只有券商才最熟悉上新三板的整个过程，而对于企业而言，上新三板是头一次，并且只有一次。但券商都只是提出建议，更多的则需要企业贯彻执行，确保时间表落到实处。

第三点是后续持续督导，这个大部分是形式，没什么特别的。

第四点“主办券商对推荐挂牌公司后续资本运作一般能起重要的作用”，啃哥深以为然。上新三板只是第一步，只是进入了一个广阔的舞台，至于在这个舞台上怎么起舞，券商则会起到很大的作用。又由于与券商共同经历了上市的过程，因此主办券商对企业都比较了解，并且企业也会比较信任主办券商，可以预见，在未来几年仍会是券商引领着企业在新三板“起舞”。啃哥想说，这也就解释了为什么现在券商收费50万～100万元就愿意做新三板，这对于高大上的券商来说基本上都是亏本的买卖。“风物长宜放眼量”，其实券商更多的是看中挂牌后的后续资本操作，并从中赚钱。所以说，现在券商应该捋胳膊挽袖子，抢企业去做新三板，现在做新三板最多的券商，就是明日中国资本市场数一数二的券商。我们拭目以待吧！因为新三板，券商的座次在未来几年一定会重新排列的。

哪些主办券商可以在全国股份转让系统执业？

全国股份转让系统实行主办券商推荐并持续督导制度。证券公司在全国股份转让系统开展业务，必须进行备案并取得主办券商业务资格。全国中小企业股份转让系统网站有披露全国115家券商，到底哪些券商可以从事做市业务。

如何评价和选择主办券商？

参考前述“啃哥补充四大核心问题”之“如何选择中介机构”。

如何与主办券商签约？

企业与主办券商签约的程序一般包括如下步骤：（1）主办券商和企业前期接触；（2）主办券商与企业签订保密协议；（3）主办券商完成初步调查；（4）双方就初步调查发现的重大事项达成一致意见，明确双方合作意向；（5）主办券商完成内部立项程序；（6）签订协议。

企业选择改制挂牌中介机构最好能够同时进行，主办券商和其他中介机构（会计师、律师、评估机构）最好能够同时确定，共同完成初步调查，以便就企业改制挂牌中的问题共同探讨，提出解决方案。（啃两句：和任何签约一样，要遵循相互观察、相互选择、讨价还价，最后敲定这样一个过程。）

企业与券商的合作

全国股份转让系统公司对券商推荐业务有何要求?

主办券商开展推荐业务必须满足以下四点基本要求：

（1）主办券商推荐股份公司股票进入全国中小企业股份转让系统挂牌，应与申请挂牌公司签订推荐挂牌并持续督导协议。

（2）主办券商应对申请挂牌公司进行尽职调查和内核。同意推荐的，主办券商向全国股份转让系统公司提交推荐报告及其他有关文件。

（3）全国股份转让系统公司对主办券商推荐业务进行自律管理，审查推荐文件，履行审查程序。

（4）主办券商及相关人员应勤勉尽责、诚实守信地开展推荐业务，履行保密义务，不得利用在推荐业务中获取的尚未公开信息谋取利益。

Ken Zhang 啃哥有话说

与券商接触不多的人，看到“内核”就不明白是什么意思了。**内核部**是券商内部的独立部门，全称是“内部核查部”，类似于投资公司的风控部。主要是对项目发表独立意见，拥有一票否决权。因此，项目立项，推荐，挂牌，券商的业务团队需要把申请提交给券商的内核部门，内核部门从独立的角度进行二次判断，并提出问题。因为拥有一票否决权，基本上谁都不敢惹。

第二点，同意推荐，是指券商内核部门同意推荐的。

上述四点要是通读下来，其实没啥内容。由此也可以看出新三板公司对于券商的要求是非常表面的。

推荐业务的流程和节点是怎样的?

推荐业务一般分为改制重组、制作并申请材料、挂牌审查和股份挂牌四个主要阶段。（啃两句：前面分析过，改制包括准备阶段、操作阶段、收尾阶段三部分内容。）

（1）改制重组阶段的主要事宜有各中介机构尽职调查、设计并实施改制方案、审计评估依据设立股份公司，该阶段以取得股份公司营业执照为完成节点。

（2）申报材料制作阶段的主要事宜有申请挂牌公司配合主办券商及其他中介机构，制作申报的全套材料，以报送材料并取得全国股份转让系统公司材料接收函为完成节点。

（3）挂牌审查阶段的主要事宜分两种情形：

一是申报时股东人数未超过 200 人的股份公司，由全国股份转让系统公司对申报材料进行审查并反馈问题，申报挂牌公司及中介机构对全国股份转让系统公司的反馈问题进行回复，积极配合审查工作，该阶段以取得全国股份转让系统公司同意挂牌的核准函为完成环节。

二是申报时股东人数超过 200 人的股份公司，由证监会非上市公众公司监管部对申报材料进行审查并反馈意见，申请挂牌公司及中介机构对反馈问题进行回复，积极配合审查工作，审核通过后由中国证监会出具核准公开转让的行政许可；获得证监会行政许可后，申请挂牌公司向全国股份转让系统公司提交挂牌申请材料，由全国股份转让系统公司对企业挂牌申请材料进行审查后，履行签批程序，出具同意挂牌的函。

（4）股份挂牌阶段的主要事宜则有取得证券简称和证券代码，完成信息披露和股份登记工作，最后确定挂牌时间并完成挂牌，该阶段以公司股票在全国股份转让系统正式挂牌交易为最终完成标志。

Ken Zhang 啃哥有话说

上面的步骤，除了最后一步，前三步都不轻松。

第一步在前面有关改制内容中已详细分析过。第二步制作申请材料，是一道非常烦琐的过程。经常需要咬文嚼字，揣摩到底该如何写。由券商指导，主要还是企业完成。第三步是挂牌审查，官方为了全面将 200 人以下和超过 200 人分开论述。其实现实中股东超过 200 人的企业真的不多，存在这种情况的多半是之前在地方股权交易市场上过希望转入新三板，或者一些金融机构（如村镇银行）早年股权激励造成股东人数过多。如果超过200人程序比较烦琐。不过大家了解就是了，超过200人的情况真是凤毛麟角。第四步比较简单，都是最后挂牌的手续问题了。

企业应如何配合券商的工作？

啃哥认为，就是无保留地全面积极配合，第一时间完成任务。

企业如何评价和反馈券商的工作？

啃哥认为，毕竟券商在主导整个过程，所以要么配合默契，要么就更换券商。没啥好评价的。

企业与其他中介机构的合作

会计师事务所的职责和执业标准是什么？

会计师事务所需要为申报挂牌公司出具两年一期的审计报告，需要在挂牌审查阶段对全国股份转让系统公司提出的与财务相关问题出具反馈意见。注册会计师应按照中国注册会计师审计准则的规定执行审计工作，遵守职业道德守则，计划和执行审计工作，以及对财务报表是否存在错误发表独立审计意见。

律师事务所的职责和执业标准是什么？

律师事务所的职责是接受企业委托，为其申请股票在全国转让系统挂牌的特聘专项法律顾问。律师事务所应根据有关法律、法规、规章及规范性文件的规定，按照律师行业公认的业务标准、道德规范和勤勉尽责精神，为公司改制起草法律文件，为公司挂牌事宜出具法律意见。（啃两句：上述都是官话，其实大家都知道，只是表述方式不同而已。）

券商、会计师事务所、律师事务所如何统筹协作？

在企业挂牌过程中，企业、券商、会计师事务所、律师事务所形成挂牌项目工作组。券商为整个项目组的牵头人，负责把控整个项目的挂牌进度、在重大问题上作出判断、推动挂牌过程顺利进行。企业、主办券商、会计师事务所、律师事务所应归位尽责，相互配合共同做好申请挂牌工作。（啃两句：其实最主要的协调是企业的工作。企业更应该主动，掌握话语权。）

企业应如何配合会计师事务所、律师事务所的工作?

会计师根据中国注册会计师审计准则的要求开展工作，企业应积极为会计师的审计工作提供便利，及时提供资料，积极配合会计师的核查。企业需要确保提供给会计师、律师的材料的真实性、准确性和完整性。（啃两句：说白了，还是无保留地全面积极配合，第一时间完成任务。）

企业如何评价和反馈会计师、律师的工作?

企业应根据会计师、律师在挂牌业务过程中的专业能力、职业道德、服务水平等综合评价和反馈会计师、律师的工作。企业可将对项目主办会计师、律师的意见反馈给承接业务的会计师事务所、律师事务所合伙人以及主办券商负责人。执业质量确实存在问题的，企业应及时向全国股份转让系统公司反映。

Ken Zhang 啃哥有话说

话虽如此，但是其实发生问题时，企业要么找会计师事务所领导，要么找律师事务所的领导。如果还是不行，趁早换人。向新三板公司反映，又能有什么用处呢？新三板公司又不是中介的直属部门，只是话要这样说而已。

除主办券商外，还有哪些机构可以从事推荐工作?

根据证监会《关于证券经营机构参与全国股份转让系统有关问题的通知》的相关规定，基金管理公司子公司、期货公司子公司、证券投资咨询机构等其他机构，经证监会备案后，可以在全国股份转让系统开展推荐业务。

Ken Zhang 啃哥有话说

话虽如此，但是操作中目前开展推荐业务的只有券商。但是相信既然政策已经明确，其他机构参与推荐业务也是迟早的事情，不过还需等待相关细则的推出。

挂牌文书准备工作

Ken Zhang 啃哥有话说

这一部分非常重要，是直接讲企业在新三板上市过程中需要准备什么材料，怎样准备等。可以说是第2章的核心内容。

全国股份转让系统公司对申报文件有何要求?

全国股份转让系统公司对申报文件的制作要求详见《全国中小企业股份转让系统挂牌申请文件内容和格式指引（试行）》，指引指出：

申请文件需要原件，不能提供原件的，需要律师鉴证，保证与原件一致。申请文件所偶需要签名处，均应为签名人亲笔签名，不得以名章、签名章等代替。申请文件应有企业、券商以及其他中介机构的联系人，申请文件章与章之间、章与节之间应有明显的分隔标识，文件中的页码与目录中的页码相符。

同时，主办券商在申报时也应按照全国股份转让系统发布的《全国中小企业股份转让系统申请材料接收须知》、《关于做好申请材料接收工作有关注意事项的通知》以及电子化报送有关问题的通知要求进行申报。

Ken Zhang 啃哥有话说

由于不需要报送纸质文件，因此原件都只存放在中介机构处备案。律师鉴证也比较容易，律师会对所有文件一次鉴证，不会每一个都鉴证一次，以提高鉴证效率。

企业、董监高、中介机构对申报文件各承担什么责任？

企业和全体董事、监事、高级管理人员需承诺公开转让说明书不存在虚假记载、误导性陈述或重大遗漏，并对真实性、准确性、完整性承担个别和连带的法律责任。

主办券商需对公开转让说明书进行核查，确认不存在虚假记载、误导性陈述或重大遗漏，并对其真实性、准确性和完整性承担相应的法律责任。

会计师、律师、评估师需对公开转让上书中引用的其审计报告、法律意见书、资产评估报告（如有）的内容进行核实，确认公开转让说明书不致因上述内容而出现虚假记载、误导性陈述或重大遗漏，并对其真实性、准确性和完整性承担相应的法律责任。

同时，上述各方须对其提供的其他申报文件的真实性、准确性和完整性承担相应的法律责任。

Ken Zhang 啃哥有话说

其实，最核心的还是企业对真实性、准确性、完整性承担责任。因为中介也会要求企业给他们承诺，承诺提供资料的真实、完整、准确，从而撇清中介的责任。

需要准备哪些申报文件？

企业申请挂牌的申报材料目录如下：

第一部分　要求披露的文件

第一章　公开转让说明书及推荐报告

1-1　公开转让说明书（申报稿）

1-2　财务报表及审计报告

1-3　法律意见书

1-4　公司章程

1-5　主办券商推荐报告

第二部分　不要求披露的文件

第二章　申请挂牌公司相关文件

2-1　向全国股份转让系统公司提交的申请股票在全国股份转让系统挂牌的报告

2-2　有关股票在全国股份转让系统挂牌的董事会决议

2-3　有关股票在全国股份转让系统挂牌的股东会决议

2-4　公司企业法人营业执照

2-5　公司股东名称及股东身份证明文件

2-6　董事、监事、高级管理人员名单及持股情况

2-7　申请挂牌公司设立时和最近两年的资产评估报告

2-8　申请挂牌公司最近两年原始财务报表与申报财务报表的差异比较表

2-9　申请挂牌公司全体董事、监事和高级管理人员签署的声明及承诺书

第三章　主办券商相关文件

3-1　主办券商与申请挂牌公司签订的推荐挂牌并持续督导协议

3-2　尽职调查报告

3-3　尽职调查工作文件

3-3-1　尽职调查工作底稿目录、相关工作记录和经归纳整理后的尽职调查工作表

3-3-2　有关税收优惠、财政补贴的依据性文件

3-3-3　历次验资报告

3-3-4　对持续经营有重大影响的业务合同

3-4　内核意见

3-4-1　内核机构成员

3-4-2　内核会议记录

3-4-3　对内核会议反馈意见的回复

3-4-4　内核专员对内核会议落实情况的补充审核意见

3-5　主办券商推荐挂牌内部核查表及主办券商对申请挂牌公司风险评估表

3-6　主办券商自律说明书

3-7　主办券商业务备案函复印件及项目小组成员任职资格说明文件

第四章　其他相关文件

4-1　申请挂牌公司全体董事、主办券商及中介机构对申请文件真实性、准确性和完整性的承诺书

4-2　相关中介机构对纳入公开转让说明书等文件中由其出具的专业报告或意见无异议的函

4-3　申请挂牌公司、主办券商对电子文件与书面文件保持一致的声明

4-4　律师、注册会计师、资产评估师及所在机构的相关执业证书复印件

4-5　国有资产管理部分出具的国有股权设置批复文件及商务主管部门出具的外资股确认文件

4-6　证券简称及证券代码申请书

Ken Zhang 啃哥有话说

2-7项目，在近两年的评估报告大多数情况下不用，一般只要有股改时的评估报告就行。评估师其实在两处有作用。一处是股改时的评估，一处是最后申报材料时，对股份公开转让说明书发表意见，即要说明股份公开转让说明书中，引用评估师的内容，准确完整。

3-3-1项目，是券商底稿目录，要提供给新三板公司。也就是说，新三板公司不需要具体内容，只要目录，便于今后抽查。因此，有的时候券商着急报送，就可以先报送目录，差个别文件之后再补充。这个目录的提交，是为了新三板公司未来抽查使用。

3-4-3项目，是对内核会议反馈意见的回复，指公司对券商内核会议提出问题的回复，也要一并提交给新三板公司。

上面所有文件中，最核心的是“公开转让说明书”，因为是要对社会公众公布的。在所有需要报送的资料中，超过80%的精力都要用于此处。但是相比A股的“招股说明书”，还是简化非常多的。

图2.2是2014年我所在公司最终的申报文件，大家看看，其实不算太多了，所以不用太担心。

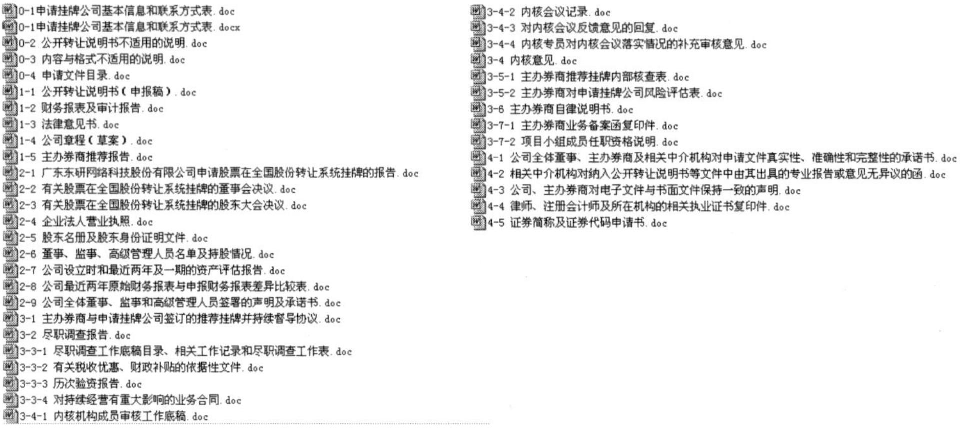

图 2.2 挂牌文书准备阶段需要申报的文件

看着这些文件是不是眼晕呢？大家不要被篇幅吓倒，迎难而上的精神非常重要。啃哥去过一家很大的公司，它的公司文化只有一句话——“要么不做，要做做好。”啃哥觉得也适用于上新三板，既然决定要上新三板，就必须坚持走下去，没有什么好犹豫的。

同时，上面的文件材料其实是由券商、律师、会计师完成的。企业只要配合、配合、再配合就行了，不用太担心，先行动起来是最重要的。

如何编写公开转让说明书?

公开转让说明书的编写要求详见《全国中小企业股份转让系统公开转让说明书内容格式指引（试行）》。

主要编写原则和注意事项有：在公开转让说明书中披露的所有信息应真实、准确、完整，不得有虚假记载、误导性陈述或重大遗漏。公开转让说明书的编制和披露应便于投资者理解和判断，符合下列一般要求：

（1）通俗易懂、言简意赅。要切合公司具体情况，用词要符合社会公众的认知和习惯，对有特定含义的专业术语应做出释义。为避免重复，可采用相互引证的方法，对相关部分进行合理的技术处理。

（2）表述客观、逻辑清晰。不得有夸大性、广告性、诋毁性的词句。可采用图形、表格、图片等较为直观的方式进行披露。

（3）业务、产品（服务）、行业等方面的统计口径应前后一致。

（4）引用的数字采用阿拉伯数字，货币金额除特别说明外，指人民币金额，并以元、万元、亿元为单位。

公开转让说明书的编写内容主要有六大部分，包括公司基本情况、公司业务、公司治理、公司财务、有关声明和附件。凡对投资者投资决策有重大影响的信息，均应披露。

Ken Zhang 啃哥有话说

看完上面的内容，感觉似乎说了一些内容，但是又好像不知道在说什么。详细内容需要参考《全国中小企业股份转让系统公开转让说明书内容格式指引（试行）》。啃哥自己亲身经历了撰写**“公开转让说明书”**的全过程，深知其中艰辛。

因为都是面对社会公众的信息，所以马虎不得。公开转让说明书是第一重要的文件，非常非常重要，是投资者判断购买价格最直接详细的文件。就像投资的尽职调查报告是投资者进行投资决策的最直接文件，一个道理。

当时写到“公司业务”部分的时候，我绞尽脑汁，想着如何用通俗的语言介绍清楚公司专业的业务模式和技术情况。因为仔细阅读公开转让说明书的人，一定都是关注企业的人，但却不一定有技术基础，肯定看不懂太多专业词汇。因此，我就需要用尽量通俗的语言描述专业技术。每次改完，由公司技术负责人、制造负责人、董事长一起读，再修改，前后共改了十几遍，直到最后满意为止。

写到“公司财务”部分的时候，对财务数据变动的分析又是一个难点。因为平时更多的是关注公司的日常业务管理，以及财务大的方面的数据。对于财务数据近几年的对比变化，很难一下找到具体原因。只有再将数据细分下去进行对比，同时从业务销售、采购、生产等环节的负责人处详细了解原因，才能总结出数据变化合理的解释。这也是一件非常花费工夫并考验耐心的事情。

最后整份文件完成后，公司高管们通读了三次，才把稿子定下来。这期间是非常磨炼和考验个人耐心和决心的。期间因为数据的更新又不断进行修改，前后语言风格还要保持一致，避免产生歧义。整个过程用"呕心沥血"来形容亦不为过。

公开转让说明书前后共花去了半年左右时间，直到最后定稿。其实对于中介来说，其大半时间也是在写这个东西。而且企业必须非常重视股份转让说明书，核心的内容需要公司自己完成，因为只有公司自己明白自己的技术核心是什么，竞争优势是什么，别人再怎么样写都是别人的理解，只有自己才最清楚，表达才最准确。

如果还想详细了解200多页的公开转让说明书，大家可以去新三板网站下载查看，那里非常多。

如何编写挂牌发行备案文件？

对于挂牌同时发行股票发行备案文件，全国股份转让系统公司尚未单独制定有关指引，可以参照《全国中小企业股份转让系统股票发行业务指引第1号——备案文件的内容与格式（试行）》和《全国中小企业股份转让系统股票发行业务指引第2号——股票发行方案及发行情况报告书的内容与格式（试行）》开展相关业务。

但挂牌同时股票发行备案材料的最低要求，应至少报告：（1）股票发行情况报告书；（2）公司关于股票发行的董事会决议；（3）公司关于股票发行的股东大会决议；（4）主办券商关于股票发行的合法合规性意见；（5）股票发行法律意见书；（6）本次股票发行的验资报告、缴款凭证或者其他证明出资到位的文件等。

Ken Zhang 啃哥有话说

挂牌同时发行股票，这种情况在新三板非常少有。据啃哥所知，只有2015年2月28日，中科招商新三板挂牌同时定向发行90亿元股票。因为大多数公司都是先挂牌，之后再想着发行股票融资，实在没必要挂牌同时发行股票。前后脚的事情，一次做和分次做差别不大。因此这一条其实只是摆在这里，对99%的企业都不适用。

如何准备财务报表及审计报告?

申请挂牌应按照《企业会计准则》的规定编制并披露最近两年及一期（如有）的财务报表，在所有重大方面公允反映公司财务状况、经营成果和现金流量，并由注册会计师出具无保留意见的审计报告。编制合并报表的，应同时披露合并财务报表和母公司财务报表。

申请挂牌公司应披露财务报表的编制基础、合并财务报表范围及变化情况。

申请挂牌公司应披露会计师事务所的审计意见类型。财务报表被出具带强调事项段的无保留审计意见的，应全文披露审计报告正文以及董事会、监事会和注册会计师对强调事项的详细说明。

Ken Zhang 啃哥有话说

这项工作其实没那么复杂，找一个过得去的财务总监，都可以搞定。和正常的审计大体相同，就是更严格一些。

但是注意，财务必须要有电子系统，绝对不能还是手工账，那就太落后了。至于有没有ERP（Enterprise Resource Planning，企业资源计划），真没那么重要的。

如何准备法律意见书?

全国股份转让系统公司对申请挂牌的法律意见书没有发布专门的业务指引，各律师事务所可以根据执业习惯自行制定模板，但主要内容应对企业历史沿革、合法合规经营、是否符合挂牌条件以及其他重大事项发表的专业意见。

律师应在法律意见书中详尽、完整地阐述所发表意见或结论的依据、进行的有关核查验证过程、以及所涉及的必要资料或文件。

Ken Zhang 啃哥有话说

律师会全力完成，企业只要全力配合就行。法律意见书的内容基本上也是公开转让说明书内容的一部分。企业不用太担心这个。这是律师最主要要完成的工作。当然，要确保法律意见书和公开转让说明书内容不能有冲突。券商一般会把关。企业也要格外注意，一般合格的董秘会非常注意这部分内容的。

如何准备主办券商推荐工作报告？

主办券商应根据全国股份转让系统公司发布的《全国中小企业股份转让系统主办券商推荐业务规定（试行）》、《全国中小企业股份转让系统主办券商尽职调查工作指引（试行）》等规定，对企业进行全面的尽职调查，对企业是否符合挂牌条件和信息披露要求进行分析，并通过主办券商内核之后，对是否同意推荐挂牌出具专业报告。

Ken Zhang 啃哥有话说

啃哥还是那句话，企业不用操心。券商会自己完成，大部分内容都会摘自公开转让说明书。只要确保不和公开转让说明书冲突就行。

另外，上面的这些文件申报后会接收后立即公开披露的是：公开转让说明书、审计报告、法律意见书、主办券商推荐报告这四个文件。因此，这四个文件是最重要的，而重中之重是公开转让说明书，其他三个文件的内容都是从公开转让说明书中摘取的。

挂牌申请的电子化报送

电子化报送与受理的基本业务流程是什么？

挂牌审查电子化报送系统已正式上线，所有挂牌申请材料包括挂牌并发行、反馈回复、归档等，必须通过挂牌审查系统进行报送，并由受理窗口在线上进行受理确认。申请挂牌公司将不需专程前来北京进行挂牌申请材料的上报、反馈意见接收、反馈意见回复以及归档等审查程序。

啃哥有话说

此处非常明确，电子化报送，“不需专程前来北京进行挂牌申请材料的上报”。

电子化报送材料过程中有哪些需要注意的问题？

电子化报送材料过程中需要注意以下问题：

（1）必须认真对待并准确完整填写报送信息，尤其是基本信息、财务信息、中介机构信息等表格；申报材料电子版文件须经过签字、盖章，并扫描签字盖章页（PDF 版本必须彩色扫描），与纸质文件具备同等法律效力。

（2）报送的申请挂牌文件需按照《全国中小企业股份转让系统挂牌申请文件内容与格式指引》中规定的申请文件目录进行制作。

（3）上传的电子文件应包括 Word、PDF 版本各一套。其中，需要披露文件的 Word 版本除签字盖章页为图片扫描外，其余部分均应为可编辑状态，文字命名方式应为“公司全称＋申请文件对应目录”，如：×××股份有限公司公开转让说明书。

（4）单个文件大小应不超过 20MB。

啃哥有话说

这是提交的细节要求，其实主要是给券商提的要求。因为所有资料都是券商通过与新三板对接的系统进行提交的。

采用电子化报送后，是否还要报送纸质材料？

全国股份转让系统的挂牌审查电子化系统已正式上线，将不再接收纸质版文件。

啃哥有话说

再次明确，**不要纸质材料**。这一点啃哥深有体会。记得 2014 年 11 月份申报的时候，啃哥把企业的纸质材料都带来北京，拿去给新三板公司，结果人家给了两个字“不要”。“电子的已经系统提交了，你可以回去了。”得，白跑一趟。

挂牌审核

挂牌准入的基本条件

《国务院关于全国中小企业股份转让系统有关问题的通知》(国发〔2013〕49号)指出:“境内符合条件的股份公司均可通过主办券商申请在全国股份转让系统挂牌。”根据《全国中小企业股份转让系统业务规则(试行)》的规定,股份公司只要符合下列条件即可申请挂牌:

“(一)依法设立且存续满两年。有限责任公司按原账面净资产值折股整体变更为股份有限公司的,存续时间可以从有限责任公司成立之日起计算。

(二)业务明确,具有持续经营能力。

(三)公司治理机制健全,合法规范经营。

(四)股权明晰,股票发行和转让行为合法合规。

(五)主办券商推荐并持续督导。

(六)全国股份转让系统公司要求的其他条件。”

Ken Zhang 啃哥有话说

还是那老六条,都是最基本的信息。新三板公司专门进行了详细解读,啃哥在这里不再引用。

其实,企业根本不用太担心新三板挂牌的问题,只要想上,只要规范,一般的企业和行业基本都是可以的,关键是企业挂牌之后要如何运作。

挂牌审查工作流程

股东人数未超过200人的挂牌审查流程

根据《非上市公众公司监督管理办法》、《全国中小企业股份转让系统有限责任公司管理暂行办法》等规章,股东人数未超过200人的股份公司申请到全国股份转让系统挂牌公开转让须经全国股份转让系统公司审查同意，证监会豁免核准，纳入非上市公众公司统一监管。

按照标准公开、程序透明、行为规范、高效便民的原则，股东人数未超过 200 人的股份公司申请股票在全国股份转让系统挂牌公开转让、发行股票（包括股份公司申请挂牌并发行、挂牌公司申请发行股票）的审查工作流程如下：

1. 全国股份转让系统公司接收材料

全国股份转让系统公司设接收申请材料的服务窗口。申请挂牌公开转让、发行股票的股份公司（以下简称申请人）通过业务支持平台向全国股份转让系统公司提交挂牌（或发行股票）申请材料。申请材料应符合《全国中小企业股份转让系统业务规则（试行）》、《全国中小企业股份转让系统挂牌申请文件内容和格式指引（试行）》等有关规定的要求。

全国股份转让系统公司对申请材料的完备性、完整性进行检查；需要申请人补正申请材料的，按规定提出补正要求；申请材料形式要件完备，符合条件的，全国股份转让系统公司出具接收确认单。

2. 全国股份转让系统公司接收材料

（1）反馈。对于审查中需要申请人补充披露、解释说明或中介机构进一步核查落实的主要问题，审查人员撰写书面反馈意见，并通过业务支持平台送达申请人及主办券商。

（2）落实反馈意见。申请人应当在反馈意见要求的时间内向通过业务支持平台提交反馈回复意见；如需要延期回复，应提交申请，但最长不得超过 30 个工作日。

（3）全国股份转让系统公司出具审查意见。申请材料和回复意见审查完毕后，全国股份转让系统公司出具同意或者不同意挂牌或发行股票（包括股份公司申请挂碍同时发行、挂牌公司申请发行股票）的审查意见，窗口将审查意见送达申请人及相关单位。

股东人数未超过 200 人的公司申请在全国中小企业股份转让系统公开转让、发行股票的审查工作流程如 2.3 所示：

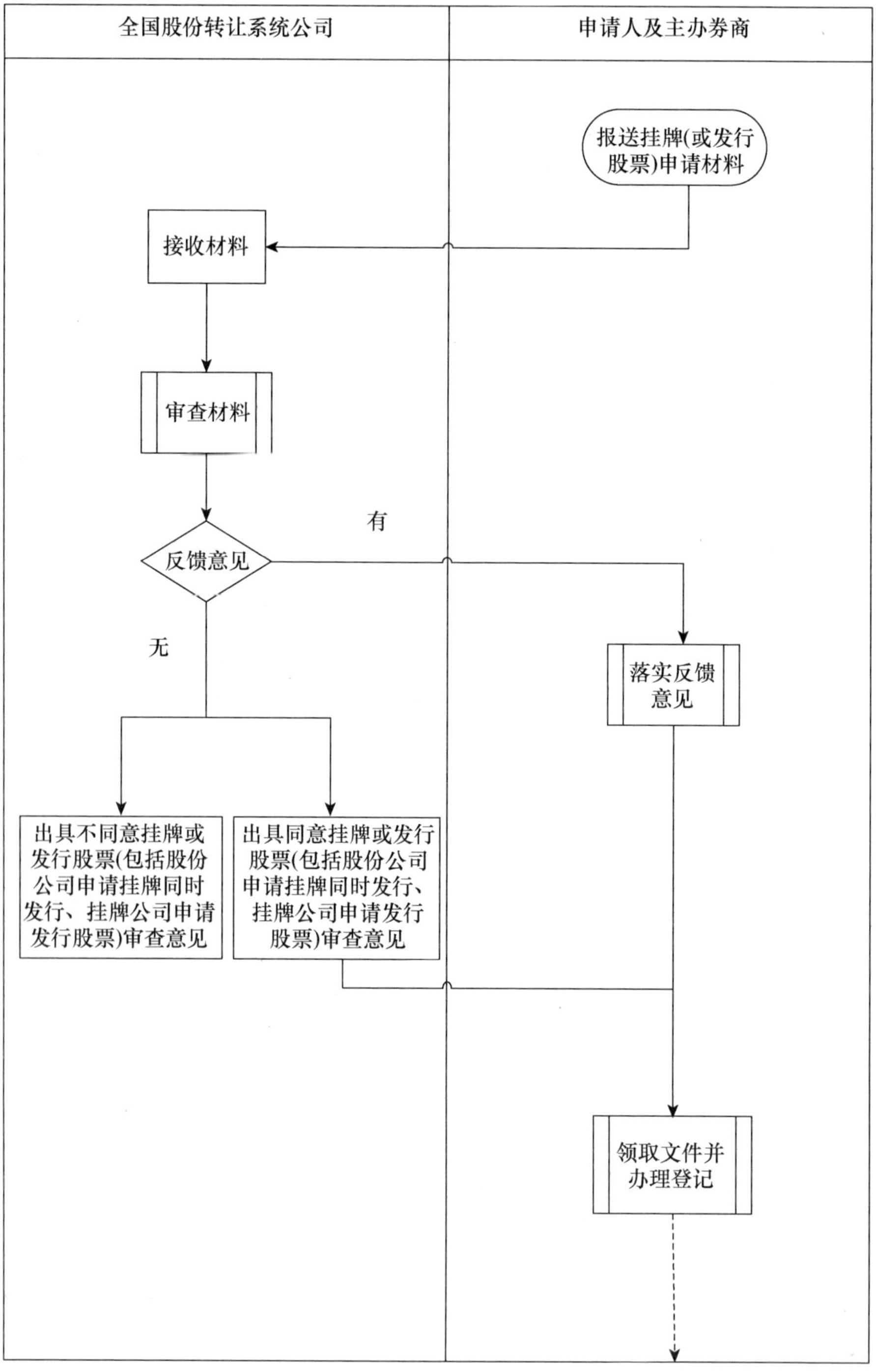

图 2.3　股份公司申请在全国中小企业股份转让系统公开转让及发行股票的审查工作流程

Ken Zhang 啃哥有话说

通篇看下来，读者只是对流程有了大致了解。啃哥引用几个具体的例子，可以使大家看得更清楚：

(1) 收到的反馈意见开头通常如下：

关于××股份有限公司挂牌申请文件的反馈意见

××有限公司并××股份有限公司：

现对由××证券股份有限公司（以下简称“主办券商”）推荐的××股份有限公司（以下简称“公司”）股票在全国中小企业股份转让系统（以下简称“全国股转系统”）挂牌的申请文件提出反馈意见，请公司与主办券商予以落实，将完成的反馈意见回复与主办券商内核/质控部门编制反馈督查报告（模板附后），通过全国股转系统业务支持平台一并提交。

【温馨提示】

一、请企业家和主办券商特别关注挂牌并发行股票的融资机制设计，如有意向或已有实施，具体事宜请咨询审查人员。在审查期间，对有挂牌并发行股票的，我们将予以单独列示，并不会因此影响审查进度。

二、主办券商的内核/质控部门应发挥督查内审责任，督促项目责任人及其成员，特别是推荐挂牌业务承做部门，按照尽调（核查）过程描述、实事（证据）列式、依法合理分析过程、结论性意见、补充披露情况等五步骤开展反馈回复工作，力求反馈回复能做到过程留痕、事实翔实、意见明确、披露充分，并最后对反馈工作再次复核确认。我司审查时对内核/质控部门的督查工作将予以重点关注。

三、信息披露既是义务更是权利（好处），公开转让说明书是投融资对接的重要形式。倡导公开转让说明书如实客观、言简意赅、通俗易懂，注重归纳提炼，避免冗长和千篇一律，力求个性化和差异化。

为便于吸引投资者，在满足基本内容要求的前提下可根据实际情况合理安排篇幅，业务部分的内容、格式、顺序可以根据企业实际情况统筹，除遵循重要性原则，有针对性和差异化、个性化的披露特殊性风险以及生产经营中的不确定性因素外，也要注意突出企业亮点的描述，包括业务模式、经营特点、核心竞争力、所处行业特点及自身地位。

鼓励企业家用平实易懂的语言（包括大白话）撰写公司业务部分；鼓励律师、会计师发挥专业能力，可撰写相关内容；鼓励主办券商回归投行业务本质，帮企业提供更多的增值服务，包括挂牌并发行股票。

四、请主办券商、律师、会计师等中介机构出具的报告精练、专业，避免冗长、表述模糊、逻辑不清和避重就轻。

五、请企业家、经营管理层、董秘/信息披露负责人和财务负责人秉持与投资者当面沟通的心态，在公开转让说明书撰写完毕后拨冗通读，检查信息披露是否真实、全面、合规，力求投资者见书即可见公司整体面貌。

引 言

一、致公司

贵公司申请在全国中小企业股份转让系统挂牌的材料已经受理。截至本意见出具之日，包括贵公司在内，我们对主办券商推荐的多个项目集中出具了首次反馈意见。主办券商对于贵公司的反馈意见的组织落实情况、完成质量、回复速度将直接影响我们对贵公司项目的审查进度。因此，我们建议贵公司作为信息披露第一责任人，除积极安排董事长/总经理、董秘/信息披露负责人及财务负责人等相关人员参与、配合主办券商落实反馈意见之外，务必督促主办券商与其他中介机构及时、准确、完整地做出回复。

二、致主办券商

贵公司同期推荐申报多个项目，请内核/质控部门牵头组织和督促承做推荐业务部门、各项目负责人、律师及会计师等中介机构逐项落实反馈意见。请内核/质控部门撰写反馈督查报告，并作为反馈回复的附件一并提交。项目负责人及其成员要积极配合内核/质控部门的督查工作。前述人员请做好接受我司质询的准备。

除上述问题外，请公司、主办券商、律师、会计师对照《全国中小企业股份转让系统挂牌条件适用基本标准指引（试行）》及《公开转让说明书内容与格式指引》补充说明是否存有涉及挂牌条件、信息披露以及影响投资者判断决策的其他重要事项。

请你们在10个工作日内对上述反馈意见逐项落实，并通过全国股份转让系统业务支持平台上传反馈意见回复材料全套电子版（含签字盖章扫描页），反馈督查报告作为反馈回复附件提交。若涉及对公开转让说明书的修改，请以楷体加粗说明。如不能按期回复的，请及时向我司提交延期回复的申请。

经签字或签章的电子版材料与书面材料具有同等法律效力，在提交电子版材料之前请审慎、严肃地检查报送材料，避免全套材料的错误、疏漏、不实。

我司收到你们的回复后，将根据情况决定是否再次向你们发出反馈意见。如发现中介机构未能勤勉尽责开展反馈工作，我们将采取自律监管措施。

二〇一四年十一月十七日

通过上文可以看出：

给出的反馈答复是10个工作日，也就是10个工作日必须反馈给新三板公司。

新三板公司语气非常客气。用到了“温馨提示”这样的词语，很贴心。

有一句话引起了啃哥的注意，“鼓励企业家用平实易懂的语言（包括大白话）撰写公司业务部分”，可以看出，新三板公司是非常追求文字效果的，鼓励能让人看懂的描述，别用太多看不懂的专有名词，甚至鼓励大白话。这样的理念已经很前卫了。

（2）收到的同意挂牌的函如下：

全国中小企业股份转让系统文件

股转系统函〔2015〕23号

关于同意　　　　　　股份有限公司股票在全国中小企业股份转让系统挂牌的函

　　　　股份有限公司：

你公司报送的《　　　　　　股份有限公司关于股票在全国中小企业股份转让系统挂牌的申请报告》(　　　〔2014〕第12号）及相关文件收悉。根据《中华人民共和国公司法》、《中华人民共和国证券法》、《国务院关于全国中小企业股份转让系统有关问题的决定》、《非上市公众公司监督管理办法》、《全国中小企业股份转让系统业务规则（试行）》等有关法律法规、部门规章及相关业务规则，经审查，现同意你公司股票在全国中小企业股份转让系统挂牌。

你公司申请挂牌时股东人数未超过200人，按规定中国证监会豁免核准你公司股票公开转让，你公司挂牌后纳入非上市公众公司监管。请你公司按照有关规定办理挂牌手续。

2015年1月7日

（3）收到同意挂牌的函的同时，会收到缴费通知函。要求缴纳初始挂牌费以及首年挂牌费。

编号：20150019

缴费通知单

______股份有限公司：

根据《关于全国中小企业股份转让系统有限责任公司有关收费事宜的通知》（股转系统公告〔2013〕7号）的相关规定，以及双方共同签署的《全国中小企业股份转让系统挂牌协议》的相关约定，贵公司挂牌首日总股本为______股，应缴挂牌初费80,000元、本年度挂牌年费33,333.33元，合计¥113,333.33元，大写人民币拾壹万叁仟叁佰叁拾叁元叁角叁分。

请贵公司于收到本通知单10日内将上述款项划转至我公司账户，账户具体信息如下：

开户名：全国中小企业股份转让系统有限责任公司

开户行：建设银行北京复兴支行

账户号：11001046500053013355

注：若挂牌首日公司总股本增加，应按规定补缴挂牌初费及挂牌当年年费；若因挂牌首日推迟导致多缴挂牌当年年费的，多缴部分在下一年应缴挂牌年费中予以抵扣。

2015年1月8日

（通知单一式三联，第一联挂牌公司留存）

（4）同时拿到同意股票挂牌　　时采用协议转让方式的函。

全国中小企业股份转让系统文件

股转系统函〔2014〕　　号

关于同意股票挂牌时采取协议转让方式的函

股份有限公司：

你公司报送的《关于股票采取协议转让方式的申请》收悉。根据《全国中小企业股份转让系统业务规则（试行）》、《全国中小企业股份转让系统股票转让细则（试行）》、《全国中小企业股份转让系统股票转让方式确定及变更指引（试行）》等相关规定，同意你公司股票挂牌时采取协议转让方式。

2014年11月6日

股东人数超过200人的挂牌审查流程

申请挂牌人数股东超过200人的股份公司直接向证监会受理窗口提交材料，由证监会公众公司部负责审核，经审核同意后，企业向全国股份转让系统公司提交挂牌申请材料。

股东人数超过200人的股份公司向证监会提交的审查材料目录详见《非上市公众公司监管指引第2号——申请文件》。

经中国证监会核准以后向全国股份转让系统公司提交的申请文件目录详见《全国中小企业股份转让系统申请文件内容与格式指引（试行）》附录2。

全国股份转让系统公司主要对公司申请文件齐备性和完善性进行审查，审查完成后直接履行签批审核程序，出具同意挂牌的函，不做重复审查。

取得全国股份转让系统公司出具的同意挂牌的函后，申请挂牌公司凭同意挂牌函办理信息披露、股份初始登记等挂牌手续。

Ken Zhang 啃哥有话说

上述情况属于股东人数超过200人，那么需要证监会审核，也就是新三板公司把审核完全交给证监会，自己不参与。如果证监会通过了，那么新三板公司“只对申请文件齐备性和完善性进行审查，不做重复审查”。清楚划分了新三板和证监会的责任范围，避免了扯皮。

股东人数未超过200人的挂牌审查工作

挂牌审查理念是什么？

全国股份转让系统挂牌审查的基本理念为：坚持以信息披露为核心，倡导市场化选择机制。

（1）坚持以信息披露为核心。申请挂牌公司作为信息披露的第一责任人，要遵守《全国中小企业股份转让系统公开转让说明书（试行）》、《全国中小企业股份转让系统挂牌公司信息披露细则（试行）》等信息披露规则的要求，保证信息披露的真实性、完整性和及时性，要重点披露投资者关心的信息，强调个性化和针对性，客观如实地描述和分析企业的成长性、创新性，同时也要充分揭示风险及其风险管理举措。

主办券商、律师、会计师等中介机构要归位尽责、提高尽职调查质量，强化内部质量控制，在围绕挂牌条件等内容发表专业意见时要注意合规性、有效性和逻辑性。

Ken Zhang 啃哥有话说

上面两段有几个重要信息："申请挂牌公司作为信息披露的第一责任人"，即公司还是信息披露承担最主要责任的一方；信息披露要"强调个性化和针对性，客观如实地描述和分析企业"，即要用企业自己的语言客观描述自己，不要用假大空的套话官话写一些东西，那真没有必要。用自己的，个性化和针对性的语言描述，这样才能说得最清楚。啃哥觉得这样的理念非常务实，非常接地气，因此最有生命力。

（2）倡导市场化选择机制。公司是否能够得到市场的认可，并不取决于全国股份转让系统，而是取决于公司本身。一方面，主办券商作为市场的卖方，除最基本的业务推荐质量控制以外，还应当着眼于建立自身的企业遴选标准，着眼于销售定价，为企业做好融资（挂牌同时发行或挂牌后发行）、做市、持续督导等服务；另一方面，投资者基于公司的信息披露文件，对公司的投资价值进行自主判断并作出投资决策，充分发挥市场对企业的选择作用。申请挂牌公司在做好自身规范发展的同时，要积极做好被市场选择的准备，包括融资、交易的规划安排。

Ken Zhang 啃哥有话说

新三板公司倡导市场化选择机制。并详细解释了什么是市场化选择机制。

一方面，依赖于主办券商，

作为市场的"卖方"，这主要是从做市商的角度出发考虑。企业股份的转让很大程度上依赖券商的包装和介绍，因此，券商能力的高低直接决定企业股份转让的成败，因此券商必须"建立自身的企业遴选标准，着眼于销售定价，为企业做好融资、做市、持续督导"。如果券商做得不好，企业可以换能力强的券商，这样就加大了券商间的竞争。

另一方面，打铁还需自身硬，企业自身要健康发展，同时积极准备好被市场选择。也就是将自己的优点，估价基础等进行比较充分的总结归纳，同时有较充分的支持性材料，充分证明自身确实是有实力，让投资者相信。

第一句话说得很好，"公司是否能够得到市场的认可，并不取决于全国股份转让系统，而是取决于公司本身"，这是一个双向选择的过程，将企业的好坏交给市场评判，才是一个合理的机制。

将上述两点结合起来看，新三板挂牌审查理念就是：企业充分、真实地披露，然后信息交给市场，让市场给一个公允的价格，当然在这个过程中还需要一个给力的券商进行整理和宣传。

挂牌审查审什么?

全国股份转让系统挂牌审查工作坚持公开透明原则，强化信息为核心的审查理念，主要围绕挂牌条件和信息披露的合规性、有效性展开：

（1）按照《公司法》、《证券法》、《非上市公众公司监督管理办法》、《全国中小企业股份转让系统挂牌条件适用保准指引（试行）》，关注申请挂牌公司是否符合挂牌基本条件，这是对挂牌公司的最基本要求。

（2）按照《全国中小企业股份转让系统公开转让说明书内容与格式指引（试行）》和《全国中小企业股份转让系统挂牌公司信息披露细则（试行）》等规则，关注申请挂牌公司信息披露的真实性、准确性、完整性和及时性。

（3）关注主办券商、律师和会计师事务所等中介机构是否归位尽责，是否严格履行尽职调查、质控/内核等必备程序，并围绕挂牌条件和信息披露等如实客观、逻辑清晰地发表专业意见，同时也鼓励中介机构在遵守现有法律法规、部门规章和业务规则的前提下，为企业提出创新性、建设性和可操作性的解决方案或规范措施，提高服务实体经济的专业水平。

Ken Zhang 啃哥有话说

审什么，首先，当然是审“是否符合挂牌条件”，即之前说的新三板上市的六大条件，当然，绝大多数企业都会符合，因为条件很宽松。其次，就是审披露是否真实、准确、完整、及时。但是在此环节，很多时候新三板公司没办法判断，只能依赖中介机构。因此，审查中介机构的归位尽责情况就显得尤其重要。

上面说的都是大的逻辑。通过阅读新三板公司的反馈意见，以及啃哥自身经历回答新三板公司的反馈意见，新三板公司更多关注的是中介机构到底做了哪些核查工作，核查是否充分，是否确定。审查时，新三板公司反馈意见很多都是给券商的，要求明确对于某类问题到底做了哪些工作，也就是上面说的“归位尽责”情况。

例如，基本所有企业披露的反馈意见都有这么一条：“控股股东与实际控制人认定问题。请主办券商、律师核查控股股东、实际控制人认定的理由和依据，并对认定依据是否充分、合法发表意见。请公司补充披露。”

很明显，上述问题是在询问中介机构的具体工作内容，确保尽职到位。

审查过程中如何沟通？

（1）企业挂牌申请材料在完成审查任务分配后，主办券商和申请挂牌公司可从报送系统查询审查员姓名和联系方式。当然，为确保审查员能及时与相关人员取得联系，也请申请挂牌公司等务必在申请文件《申请挂牌公司基本情况和联系表》中留下完整的项目负责人、申请挂牌公司董秘/信息披露负责人以及签字律师、签字会计师的电话和邮箱，保持通讯方式的畅通。

（2）挂牌审查期间，主办券商项目负责人及项目组成员或申请挂牌公司董秘/信息披露负责人均可直接通过电话、邮件、传真等方式，与审查人员就反馈问题、在审期间的重大变化及其他或有事项等进行沟通；需要当面沟通的，请与审查员联系约定时间，在正式办公场所进行沟通，并由审查人员做好记录存档。需提请注意：

一是项目负责人要切实履行全面职责，杜绝只签字不负责的现象；

二是主办券商项目组成员、签字律师、签字会计师以及其他参与人员在沟通时要有针对性，不得无故干扰审查工作，影响审查质量和效率；

三是在沟通中如遇存有分歧的问题，要坚持平等原则，采取直接积极沟通方式，避免信息不对称；

四是审查中如果申请文件内容（包括信息披露文件公开后所发生的应披露而未披露事项）有变化，应及时反映，确保在挂牌时信息披露文件的真实、准确、完整；

五是沟通中若存在不顺畅的情形，可直接向挂牌业务部咨询电话（010-63889583）反映，将予以认真处理和协调；

六是对于严重干扰审查的人员，挂牌业务部将予以备案登记。

（3）在审企业的基本情况信息（含审查进度）已在新三板公司网站（www.neeq.com.cn或www.neeq.cc）公开，可根据需要自行查询；随着电子化报送审查系统的上线，主办券商已可随时在新三板公司网站查询所推荐企业的相关信息（含反馈意见、反馈意见回复等）。如有其他问题，主办券商可直接和审查人员联系沟通。

Ken Zhang 啃哥有话说

图2.4显示在新三板系统中，资料提交受理后，系统会提供2个审核员的姓名和联系方式，并将审核员的姓名和座机告诉券商和企业，以便随时咨询。

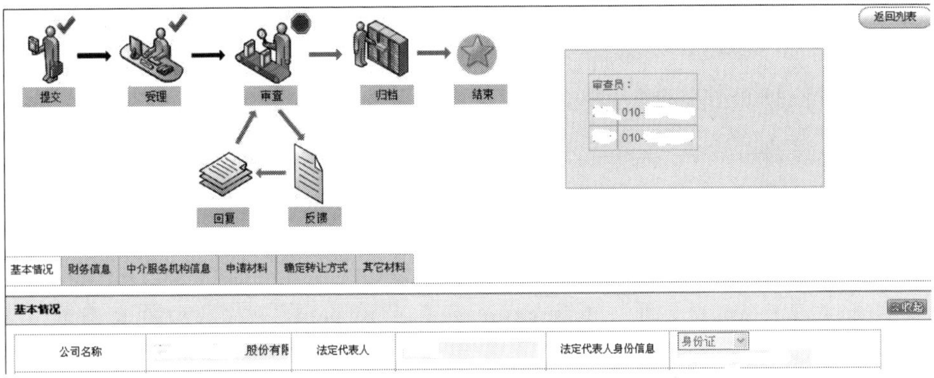

图 2.4　在审企业基本情况信息页面示意图

挂牌审查全公开内容是什么?

一是审查流程公开。股份公司申请在全国股份转让系统挂牌要经过申请材料受理、审查反馈、落实反馈意见和审查会议（质控会）讨论和出具同意/不同意挂牌的函等几个阶段，详见《股份公司申请在全国中小企业股份转让系统公开转让、定向发行股票的审查工作流程》。

二是审查标准公开。全国股份转让系统挂牌审查工作主要围绕挂牌条件和企业信息披露的合规性、有效性展开，一方面是审查企业是否符合挂牌条件，信息披露的真实性、准确性、完整性和及时性；另一方面是中介机构是否归位尽责，以及执业质量。

三是审查进度公开。在审企业基本情况含审查进度每周更新并在全国股份转让系统网站公示。

四是审查过程公开。首先，企业申请材料接受后就会在全国股份转让系统网站信息披露栏目披露。其次，企业反馈意见和反馈意见回复实现了公开。最后，通过全国股份转让系统业务支持平台报送的项目，在审查任务分工确认后，主办券商可从业务支持平台查询审查员姓名和电话。审查过程中，申请挂牌公司和中介机构可就专业问题随时通过邮件、电话或预约会谈的方式与审查人员进行沟通。

Ken Zhang 啃哥有话说

新三板“四公开”，即上文所指。也许读者在读了之后不觉得什么。但是，要知道，这四方面公开是A股完全做不到的。目前，A股在“审查流程公开”、“审查标准公开”、“审查进度公开”、“审查过程公开”这四个方面，基本处于不公开阶段。这也能从另一个方面看出新三板的先进性。

图2.5截取的是全国中小企业股份转让系统网站关于“信息审查公开”的某家企业的信息。可以看到，新三板公司的反馈意见，第二次反馈意见，以及企业的两次回复，都清晰地显示在新三板公司的主页上。

图2.5　审查信息公开页面示意图

挂牌准入常见问题

可以中途更换主办券商吗？

企业在申请挂牌前，可以更换主办券商。

报送申请文件后要更换主办券商怎么办？

报送申请文件后，如果需要更换主办券商，则申请挂牌公司需出具终止审查的申请，说明终止审查的原因，将申报文件撤回。待新的主办券商重新履行尽职调查、内核程序后再申报。

啃哥有话说

可以看出，申报材料后更换主办券商，是要“终止审查”并将文件撤回的。也就是说是要重新申报，这个工作量将非常大，因此企业通常不会申报材料后再更换主办券商，确实伤不起。在申报材料前，也就是确定中介机构时，确定合适的券商，这是非常非常重要的事情。啃哥在这里提请企业注意，合作伙伴是成功的关键因素，真正是“不怕神一样的对手，就怕猪一样的队友”。

报送申请文件后要更换签字会计师或会计师事务所、签字律师或律师事务所等其他中介机构怎么办?

报送申请文件后，如果需要更换签字会计师或者签字律师，则需要会计师事务所或者律师事务所出具更换签字会计师、签字律师的说明，并确定由新的签字会计师、签字律师承担申请文件中相应的法律责任。

如果会计师事务所、律师事务所仅名称发生变更，则需要会计师事务所、律师事务所出具说明和名称变更的相关文件。

如果企业更换了会计师事务所、律师事务所，则需要申请终止审查，将申报文件撤回。由新的会计师事务所、律师事务所履行尽职调查和内部质量控制程序后，出具相关申请文件，重新申报。

啃哥有话说

上文的内容包括：

- 更换签字律师、签字会计师，只要中介机构出具说明文件就行。因为律师事务所，会计师事务所人员流动是一件很平常的事情。
- 更换律师事务所、会计师事务所，而且又是在申报材料之后，影响是很大的。也是需要将申报材料撤回。

从上述可以看出，企业一旦申报了材料，在上新三板前，其实是非常被动的，不能更换中介机构，否则一切要重新来过。基本上没有哪个企业会傻到递交申报材料了还要换中介机构的，这是自找苦吃。

公司已经在区域市场挂牌，如何申请在全国股份转让系统挂牌？

根据《国务院关于全国中小企业股份转让系统有关问题的决定》（以下简称《国务院决定》）的相关规定，在符合《国务院关于清理整顿各类交易场所切实防范金融风险的决定》（国发〔2011〕38 号）要求的区域性股权转让市场进行股权非公开转让的公司，符合挂牌条件的，可以申请在全国股份转让系统挂牌公开转让股份。

对于在已通过国务院清理整顿各类交易场所部际联席会议检查验收的区域性股权转让市场挂牌的公司，申请在全国股份转让系统挂牌前须暂停其股票转让（或摘牌）；取得全国股份转让系统公司出具的同意挂牌的函后，必须在办理股份初始登记前完成在区域性股权市场的摘牌手续。

对于在《国务院决定》发布之前，已在尚未通过国务院清理整顿各类交易场所部际联席会议检查验收的区域性股权转让市场挂牌的公司，须在申请挂牌前完成摘牌手续，由主办券商和律师核查其在区域性股权市场挂牌期间是否符合国发〔2011〕3 号文件的规定，并发布明确意见。

对于在《国务院决定》发布之后，在尚未通过国务院清理整顿各类交易场所部际联席会议检查验收的区域性股权转让市场挂牌的公司，全国股份转让系统公司将在该区域性股权转让市场通过国务院清理整顿各类交易场所部际联席会议检查验收后受理其挂牌公开转让的申请。

对于在区域市场挂牌期间的企业合法规范经营情况，全国股份转让系统公司主要要求由主办券商和律师进行尽职调查，并发表是否合法规范和是否符合挂牌条件的专业意见。

Ken Zhang 啃哥有话说

上面解决的是一个非常特殊的问题：区域性股权交易市场（四板）中的企业如何在新三板挂牌。因涉及企业不多，故不再详细描述。

办理挂牌手续相关事宜

审核完成后的工作流程和时间节点有哪些？

申请挂牌公司接到领取同意挂牌的函的通知后，应按照如下步骤准备办理挂牌手续（关于同意挂牌的函，参见“挂牌审查工作流程”）：

（1）在全国股份转让系统公司领取同意挂牌函、代码和简称通知书、转让方式的函。

（2）向全国股份转让系统公司申请办理并取得《股票初始登记明细表》。

（3）于取得代码和简称通知的当日或第二个转让日披露公开转让说明书等首次信息披露文件。

（4）申请挂牌公司及主办券商应不迟于取得证券简称和代码的第二个转让日，向中国证券登记结算有限责任公司北京分公司（以下简称“中国结算北京分公司”，北京市西城区金融大街 26 号金阳大厦 5 层）报送股份初始登记预审文件。根据中国结算北京分公司的安排现场办理登记手续，领取《股份登记确认书》。

（5）取得中国结算北京分公司出具的《股份登记确认书》等文件当日，确定挂牌日期（通常为取得股份登记确认书后的第二个转让日），向全国股份转让系统公司挂牌业务部递交《公开转让记录表》、《股份登记确认书》等文件的扫描件，办理挂牌手续。

（6）于挂牌日前一个转让日披露挂牌提示性公告。详细内容详见《全国中小企业股份转让系统股票挂牌业务操作指南（试行）》。

Ken Zhang 啃哥有话说

上文详细介绍了整个挂牌过程。大家不用担心，如果企业真的到了这一步，会有券商指导完成上述工作的，其实并不复杂。

可能有读者不太明白什么是**中国结算公司**，啃哥在这里解释一下。中国结算公司全称为中国证券登记结算有限责任公司（以下简称公司），公司总资本为人民币12亿元，上海、深圳证券交易所是该公司的两个股东，各持50%的股份。公司总部设在北京，下设上海、深圳和北京三家分公司。证监会是公司的主管部门。

2001年3月30日，按照《证券法》关于证券登记结算集中统一运营的要求，经国务院同意，证监会批准，公司成立。同年9月，中国结算上海、深圳分公司正式成立。从2001年10月1日起，中国结算公司承接了原来隶属于上海和深圳证券交易所的全部登记结算业务，标志着全国集中统一的证券登记结算体制的组织架构已经基本形成。按照《证券法》和《证券登记结算管理办法》的相关规定，中国结算公司履行下列职能：证券账户、结算账户的设立和管理；证券持有人名册登记及权益登记；证券和资金的清算交收及相关管理；受发行人的委托派发证券权益；依法提供与证券登记结算业务有关的查询、信息、咨询和培训服务；证监会批准的其他业务。

取得挂牌函后如何进行首次信息披露？

1. 首次信息披露文件

取得证券简称和代码当日或第二个转让日，主办券商应协助申请挂牌公司通过全国股份转让系统业务支持平台进行首次信息披露操作。挂牌前首次信息披露文件包括：

（1）公开转让说明书；

（2）财务报表及审计报告；

（3）补充审计期间的财务报表及审计报告（如有）；

（4）法律意见书；

（5）补充法律意见书（如有）；

（6）公司章程；

（7）主办券商推荐报告；

（8）股票发行情况报告书（如有）；

(9) 全国股份转让系统公司同意挂牌的函；

(10) 中国证监会核准文件（如有）。

上述文件系统将自动提取反馈回复的最后一稿，无须主办券商再次上传。（啃两句：上述文件是必须公告的内容，其中最核心的当然是“公开转让说明书”。）

2. 首次信息披露操作流程

主办券商登录业务支持平台，在确认申请挂牌文件已归档后，进入首次信息披露模块，找到待披露的项目，打开并点击“处理”即可进入传送公告页面。

在该页面，系统将自动抓取上述（1）～（7）列示的文件，券商需要上传同意挂牌函等其他披露文件；确认无误后，选择披露日期，点击“披露”，系统将在可转让日的15:30后在www.neeq.com.cn或www.neeq.cc上进行披露。（啃两句：这是主办券商在其与新三板公司对接的操作系统操作的内容，外部是无法看到的。）

3. 更正公告

文件披露后，不得随意更改、替换或撤销。如确需修改，申请挂牌公司和主办券商可通过全国股份转让系统业务支持平台，提交申请挂牌公司出具的更正公告、更正后的信息披露文件、主办券商出具的情况说明（如涉及法律意见书更正的，由律师事务所出具说明；涉及审计报告及财务报表更正的，由会计师事务所出具说明），上述文件均需加盖公章；经挂牌业务部确认后，发布更正公告及更正后的信息披露文件。

Ken Zhang 啃哥有话说

错误是难免的，但是更正公告很严肃，需要中介机构同时出具说明。这就进一步加大了中介机构认真把关的力度。

如何办理股份登记？涉及外籍股东的，如何办理股份登记？

申请挂牌公司及主办券商应不迟于取得证券简称和代码的第二个转让日，向中国结算北京分公司报送股份初始登记预审文件。根据中国结算北京分公司的安排，现场办理登记手续，领取《股份登记确认书》。

外资股东办理证券账户和登记结算业务应遵照中国证券登记结算有限公司《关于外国战略投资者开A股证券账户等有关问题的通知》、《中国结算北京分公司发行人业务指南》等有关政策规定。

Ken Zhang 啃哥有话说

外籍股东也可以参与，但需要满足《关于外国战略投资者开A股证券账户等有关问题的通知》。啃哥去查了这个规定，对于外籍人士而言也不复杂。

原文摘录如下：

关于外国战略投资者开立A股证券账户等有关问题的通知

为了落实商务部、中国证监会、国家税务总局、国家工商行政管理总局、国家外汇管理局联合发布的《外国投资者对上市公司战略投资管理办法》的有关规定，现就外国投资者以及我国香港特别行政区、澳门特别行政区、台湾地区的投资者（以下简称“投资者”）对上市公司进行战略投资取得A股股份，办理A股证券账户（以下简称“证券账户”）开立及股份登记等事项通知如下：

一、投资者因合法持有上市公司A股股份，应当直接向本公司上海、深圳分公司申请开立证券账户。投资者申请开户应当提交以下材料：

1. 投资者的有效商业注册登记证明文件及复印件或其他与商业注册登记文件具有同等法律效力的可证明其机构设立的文件及复印件；

2. 投资者董事会或者其董事、主要股东及其他有权人士对经办人的授权委托书，能够证明授权人有权授权的文件，授权人的有效身份证明文件复印件；

3. 经办人有效身份证明文件及复印件；

4. 商务部和中国证监会出具的同意投资者对上市公司进行战略投资的相关批准文件及复印件或者上市公司出具的持股证明；

5. 证券账户注册申请表；

6. 证券账户自律管理承诺书（格式见附件）。

在上市公司首次公开发行上市前持有公司股份的投资者为自然人的，除提供有效身份证明文件及复印件外，还需提供本条第一款第4、5、6项规定的材料。

上述文件以外文提供的，需提供中文译本。

二、前条所指批准文件和持股证明包括以下几种情形：

1. 通过上市公司定向发行方式进行投资的，投资者需提供商务部同意投资者对上市公司进行战略投资的批准文件以及中国证监会的定向发行核准文件；

2. 通过协议转让方式进行投资的，投资者需提供商务部的批准文件，涉及上市公司收购的还需提供中国证监会的核准文件；

3. 对于上市公司首次公开发行上市前持有股份的投资者，需提供上市公司出具的首次公开发行前持有股份的证明；

4. 国家法律、法规以及中国证监会规定的其他情形。

三、投资者开立证券账户后，本公司根据投资者合法持有上市公司A股股份的证明文件，按照股份登记的有关业务规则为其办理股份登记；并根据相关规定对投资者持有的A股股份进行限售处理。

四、投资者持有A股股份限售期满，由投资者通过上市公司提交股份解除限售申请，经证券交易所核查后，本公司根据证券交易所的确认文件办理A股股份解除限售手续。

五、投资者持有A股股份限售期满前，因其破产、清算、质押等特殊原因需要转让其股份的，需提供商务部等有权机关出具的批准文件，并按照股份转让的有关规定办理过户登记手续。

六、投资者已开立证券账户的，不得重复开立证券账户。国家法律、法规以及中国证监会另有规定的除外。

七、本通知未规定的事项，按照本公司证券账户管理、股份登记等有关业务规定办理。

八、本通知所指投资者不包括合格境外机构投资者，合格境外机构投资者申请开立证券账户等事项按照合格境外机构投资者相关规定办理。

九、本通知自发布之日起执行。

中国证券登记结算有限责任公司

二〇〇六年二月十四日

通过上文可以看出，其实外国战略投资者主要是上市之前持有股份，在上市时登记，需要一些证明文件而已。流程不复杂，并且是2006年的文件，可见对外国战略投资者还是比较宽松的。

如何申请挂牌仪式?

申请挂牌公司拟举办挂牌仪式的，需要填写《全国股份转让系统公司挂牌仪式申请》，发邮件至：guapaiyishi@neeq. org. cn，与全国股份转让通公司信息研究部（010-63889731）沟通具体事宜。详细内容请见《全国中小企业股份转让系统股票挂牌业务操作指南（试行）》。

Ken Zhang 啃哥有话说

啃哥参加了挂牌仪式，有两种可供选择。一种是免费的“集体挂牌仪式”，一种是收费的“专场挂牌仪式”。

■ 集团挂牌仪式。

集体挂牌仪式是在金融街的全国中小企业股份转让系统公司中举办，十家左右的新三板挂牌企业一起完成，每家企业人数最多不可以超过6人，时间为90分钟。分为以下几大部分：

14:00 来宾签到（股转系统公司西大门）嘉宾在挂牌大厅入座观看暖场视频；

14:30 仪式开始，主持人介绍出席嘉宾；

14:35～15:00 嘉宾致辞（地方领导1～2名，企业代表2～3名，券商代表1家）；

15:00～15:08 挂牌企业高管共同敲响开市宝钟，并合影留念；

15:20 来宾退场。

▩ 专场挂牌仪式。

专场挂牌仪式是收费的，价格 3 万～5 万元，时间为 90 分钟，专场的意思就是只有一家单独敲钟，适合于比较大的企业，起到答谢领导以及对外宣传的作用。一般比较高调的公司更倾向于举行专场仪式。

申请挂牌同时股票发行的有何注意事项？

全国股份转让系统是公开市场，为提高投融资对接的效率，满足申请挂牌公司的融资需求，申请挂牌公司可在申请挂牌时或挂牌审查期间提出股票发行申请，履行董事会、股东大会审议程序，自主决定发行方式、发行价格和发行比例。申请挂牌同时股票发行后股东不超过 200 人的，中国证监会豁免核准。

（1）披露发行意向。申请挂牌同时发行股票且尚未确定认购对象的，可在报送申请挂牌材料后向全国股份转让系统公司挂牌业务部申请，在 www. neeq. com. cn 或 www. neeq. cc 披露股票发行意向。

（2）披露公开转让说明书等文件。取得证券简称和代码后，申请挂牌公司按照前述“挂牌前首次信息披露”流程办理《公开转让说明书》等文件的信息披露事宜。

（3）报送备案材料。在完成股票认购、验资后，参照《全国中小企业股份转让系统股票发行业务细则（试行）》及其指引的有关规定，申请挂牌公司通过业务支持平台向全国股份转让系统公司受理窗口报送备案材料；取得全国股份转让系统公司出具的股份登记函。

（4）办理股份登记。取得股份登记函后，申请挂牌公司、主办券商持股份登记函及其他材料前往中国结算北京分公司办理股份初始登记，初始登记的股份为发行完成后的全部股份。

（5）披露发行股份挂牌公开转让的公告等文件。取得《股份登记确认书》后，申请挂牌公司披露《关于公司挂牌同时股票发行的股票将在全国股份转让系统挂牌公开转让的公告》等文件。

（6）披露工商变更登记公告。申请挂牌公司完成工商变更登记后，发布《关于完成工商变更登记的公告》。

（7）通过股票发行持有公司股份的股东投资权限。根据《全国中小企业股份转让系统投资者适当性管理细则（试行）》的规定，通过申请挂牌同时股票发行持有公司股份的股东，如不符合参与挂牌公司公开转让条件，只能买卖其持有或曾持有的挂牌公司股票。

（8）挂牌日后完成股票发行的。申请挂牌公司拟挂牌日后完成股票发行的，其发行程序及投资者适当性要求按照已挂牌公司股票发行的规定办理。

Ken Zhang 啃哥有话说

目前，挂牌同时发行股票的现象越来越普遍，毕竟发行股票融资，拿到钱才是最最重要的。

首先，可以披露发行意向，让市场知道这个信息，便于挂牌同时融资。这也就是为什么近期中科招商上新三板同时定向募集90亿元的消息被市场炒得沸沸扬扬的原因。信息被传播得越广，才越能找到合适的购买者。

需要注意的是，根据新三板的规定，发行股份一次最多不得超过35人，详见第4章“融资与并购业务”之“股票发行制度”。

PORE OVER
THE NEW
OTC MARKET

03

投资交易业务

终于要开始啃投资交易业务了。其实对于很多个人投资者来说，他们并不关心企业如何挂牌，大家更关注的是如何在新三板购买股票。这里将给出明确的说明。

资本市场的一项重要功能就是通过交易发现价值、兑现价值，进而引导社会资源的流动和配置。股票的市场价格作为企业融资、并购重组、股权期权激励等资本市场行为的重要依据，其公允性的形成，需要有良好的市场流动性的保障。流动性是证券市场赖以存在与运行的基石，也是评价市场活力的重要指标。所谓流动性，指的是金融资产的变现频率，其影响因素很多，主要包括交易机制、信息披露制度、企业流通股本规模与股权分散程度、投资者群体规模与多元化的风险管理需求、企业发展水平与成长预期，等等。

资本市场众多功能的实现都与交易密不可分。交易形成的价格为融资、并购等活动的定价提供有力参考，而融资带来的股权分散提高会进一步促进交易的活跃程度，并购行为反过来也会对股票二级市场价格造成影响。一级、二级市场相互影响、相互促进，具有联动效应。数据显示，交易活跃的挂牌公司融资较多，发生过融资的挂牌公司交易也更为活跃。

Ken Zhang 啃哥有话说

第一句很重要，因为常有人问我“资本市场有啥用”，而我一直未能给出非常明确的答案。这里给出了最简洁的答案——“是通过交易发现价值、兑现价值，进而引导社会资源的流动和配置”。方式是交易，核心也是交易，同时，股权越分散交易的活跃程度越高。

全国股份转让系统根据中小微企业的特点，创新设计了协议、做市、竞价三种交易方式，以满足数量众多的挂牌公司多元化的股票转让需求，同时也很好地顺应了市场建设和发展的基本规律。通常，市场的发展演进至少分为四个阶段。第一个阶段为搜寻市场，即投融资双方自行寻找对手方。由于信息不对称，搜寻与谈判的成本较高，成功的交易具有偶发性。我国中小微企业多、可投资金多，但同时中小企业融资难，资金投资难的问题也非常突出，为解决投融资对接中信息搜寻及配对问题便产生了对经纪人市场的需求。经纪人掌握买卖双方的信息，作为居间人为投融资双方牵线搭桥，帮助买卖双方达成意向并形成交易。市场发展的第三阶段是做市商市场。做市商掌握资金和证券，因而可以双向对接买卖双方，通过持续双向报价引导市场价格发现并提供交易对手方，进而解决了估值定价和流动性难题，提升了市场交易效率。第四阶段为拍卖市场，即价优者得的竞价市场，交易成本低，市场流动性增强。

Ken Zhang 啃哥有话说

这段话啃哥觉得有意思，首先，它明确了新三板的三种交易方式（其中竞价交易暂时还没有推出），然后，详细介绍了市场发展分为四个阶段。这四个阶段有点意思——搜寻市场、经纪人市场、做市商市场、拍卖市场。这是一个逐步完善，最后达到完美的过程。看了这个过程，啃哥在想，A股市场是如何发展过来的呢？好像从来没有出现过“做市商市场”这个阶段。这是否也可以部分解释A股为什么怎么改也改不好的原因呢？

全国股份转让系统以服务实体经济为使命，把提高投融资和资本运作效率作为制度设计的出发点，着力建设以机构投资者为主体、以融资为主要目的的中小微企业综合金融服务平台。为充分包容中小微企业创新、创业过程中的风险，市场设置了较高的投资者适当性标准。而大量暂未满足投资者适当性的个人投资者可以通过证券投资基金、证券公司资产管理计划、银行理财产品、集合信托计划等产品参与投资。

Ken Zhang 啃哥有话说

第一句话非常到位，“以服务实体经济为使命，把提高投融资和资本运作效率作为制度设计的出发点”。“服务”、“使命”、“出发点”，对比一下A股，什么时候说过这样的话呢？啃哥是没有印象的。

第二句，明确了新三板是一个“以机构投资者为主体、以融资为主要目的的中小微企业综合金融服务平台”。这句话啃哥建议可以背下来，这个定义绝对具有教科书意义。

第三句，说到投资者适当性，明确了因为风险高，所以设定了较高投资者门槛。同时也明确了如果散户想购买新三板股票，只能通过基金完成。啃哥提醒，美国资本市场85%是机构投资者，而中国A股85%是散户。（参考《啃碎新三板：新三板政策法规之透彻啃读》第2篇“一次精彩且富有深意的领导讲话”）散户代表着不理智，因此才搅和得A股忽上忽下，缺乏价值发现。而新三板在推出的时候已充分考虑到这个问题，借鉴A股市场存在的问题，对新三板提高投资门槛，希望是“以机构投资者为主体”，这样从理论上来说就不会那么不理智了。啃哥还想说，那些想着新三板尽快降低投资门槛的人，可以先歇歇了。上面文字表达的意思很清楚了：新三板之所以高门槛，就是希望把散户排除在外，或者说散户只能通过购买基金的方式间接投资新三板，从而确保新三板投资者的理性化，避免重蹈A股的覆辙。从这个角度看，啃哥认为新三板在短期内没有必要也不可能降低投资者门槛，因为事实证明，高投资门槛确实已将散户拦在了新三板之外，同时新三板也运行得非常好。

投资者的适当性

全国股份转让系统投资者类别

全国股份转让系统都有哪些类型的投资者权限？

全国股份转让系统的投资者权限包括买卖挂牌公司股票，买卖两网公司及退市A类股票和退市公司B类股票。全国股份转让系统对投资者权限实行分类管理。

Ken Zhang 啃哥有话说

买卖的股票，可以是新三板挂牌的股票，可以是两网公司的股票。关于两网公司的定义，参见第1章中的“全国股份转让系统是试点期间‘新三板’的凤凰涅槃（新三板名称考）”。还可以是A股和B股退市的股票。关于A股和B股退市的股票，当然这是理想状态下的。因目前的情况是，A股B股目前退市的非常少，即使严重亏损但壳仍然非常有价值。

什么样的投资者适合在全国股份转让系统投资?

参与挂牌公司股票公开转让的投资者应当符合《全国中小企业股份转让系统投资者适当性管理细则（试行)》(以下简称《投资者适当性管理细则》) 的要求，熟悉相关规定及规则，了解挂牌公司股票风险特征，能够结合自身风险偏好确定投资目标，客观评估自身的心理承受能力、风险识别能力及风险控制能力，从而审慎决定是否参与挂牌公司股票公开转让等业务。（啃两句：其实就一句话，只要能够自己承担投资损失风险，就适合进行新三板投资。）

境外机构和个人可以在全国股份转让系统投资吗?

全国股份转让系统公司是经国务院批准设立的全国性证券交易场所，境外投资者可根据商务部、中国证监会、国家税务总局、国家工商局、国家外汇局制定的《外国投资者对上市公司战略投资管理办法》等有关规定，在全国股份转让系统投资。

Ken Zhang 啃哥有话说

还是一句话：允许境外机构和个人投资新三板，但是要符合《外国投资者对上市公司战略投资管理办法》的相关规定。

本着啃到底的态度，啃哥去读了上面这个《管理办法》，这是2005年12月31日颁布的，距今即将有十年了，不可谓不久。啃哥第一感觉就是，时隔这么久的一个规定，现在还适用吗？而且，这个规定主要是对外国投资机构的一些限制，比如高盛、凯雷这样的大牌私募投资机构。啃哥理解，其实，外国个人很难购买中国的新三板公司股份，只有通过外资投资机构投资新三板才是可行的。

参与公开转让的投资者准入门槛

参与挂牌公司股票转让的准入门槛有哪些?

全国股份转让系统公司于 2013 年 2 月 8 日实施了《投资者适当性管理细则》，并于 2013 年 12 月 30 日进行了修订，明确下列投资者可参与挂牌公司股票公开转让：

（1）注册资本 500 万元人民币以上法人机构或实缴出资总额 500 万元人民币以上的合伙企业；

（2）投资者本人名下前一交易日终证券类资产市值 500 万元人民币以上，证券类资产包括客户交易结算资金、在沪深交易所和全国股份转让系统挂牌的股票、基金、债券、券商集合理财产品等，信用证券账户资产除外。且应具有两年以上证券投资经验，或具有培训经历的自然人。

集合信托计划、证券投资基金、银行理财产品、证券公司资产管理计划，以及由金融机构或者相关监管部门认可的其他机构管理的金融产品或资产，可以申请参与挂牌公司股票公开转让。

Ken Zhang 啃哥有话说

上文详细解释了 500 万元门槛问题。对于机构的准入门槛，是注册资本达到 500 万元的法人机构，实缴 500 万元的合伙企业。对于个人的准入门槛，是开户时点 500 万元市值的证券类投资资产。

这里面是有学问的，即对于法人只要 500 万元注册资本就行，至于这些注册资本到底到位了多少其实并不那么重要；但是对于合伙企业，必须是实缴 500 万元；对于个人，前一交易日证券资产市值 500 万元即可。由此也可以看出，对个人来说虽然也是 500 万元，但是只要确实在资本市场有这么多资产就行，不用全是现金。

注册资本为 500 万元人民币以上，但实缴注册资本不足 500 万元人民币的法人机构是否可以申请参与挂牌公司股票公开转让?

《投资者适当性管理细则》第三条第一款明确指出“注册资本 500 万元人民

币以上的法人机构”可以申请参与挂牌公司股票公开转让，对注册资本的构成和缴纳情况并无要求，但法人机构注册资本的构成和缴纳等应当符合《公司法》、《公司登记管理条例》等相关法律、法规的规定。

啃哥有话说 Ken Zhang

这个问题其实是接着上一个问题的。这里很明确，对于法人，“对注册资本的构成和缴纳情况并无要求”。举例来说，可以实际缴纳10万元，认缴490万元设立公司，进行新三板投资。这样看来门槛其实没那么高。

如何认定合伙企业的实缴出资总额达到500万元人民币以上？

在充分考虑合伙企业经营特征和监管安排的基础上，合伙企业实缴出资总额，依据会计师事务所为其出具的最近一期审计报告或缴纳出资证明文件认定。

啃哥有话说 Ken Zhang

这个问题是接着前一个问题的：明确合伙企业实缴出资500万元拿什么证明——既可以是验资报告也可以是审计报告。因为2014年开始全国取消了公司设立验资的要求，所以很多新设企业都没有验资报告，在这种情况下使用审计报告也可以，只要能够证明注册资本是500万元。

啃哥想到另一个问题，为什么合伙企业必须“实缴”出资500万元，而法人只要注册资本500万元（其中可以“认缴”大部分）？啃哥想，也许是因为合伙企业基本上是无限责任，相对于法人单位的有限责任风险更高，因此才要求出资更多。

《投资者适当性管理细则》第五条第二款规定“个人投资者的会计、金融、投资、财经类相关专业背景或培训经历”应如何理解？

对证券投资经验，或相关背景、培训经历提出要求，是为了审慎评估投资者的风险识别能力，引导投资和理性参与全国股份转让系统交易。在具体把握上，投资者与主办券商应厘清双方权责关系。投资者要主动提供有关会计、金融、投资、财经等相关专业的学历证书、考试合格证明文件、培训证书等材料，证明自身具备相关专业背景或培训经历，并接受主办券商的风险测评，确认自身具备参与市场的风险识别能力和风险承受能力。主办券商应做好风险揭示、风险测评和业务留痕工作。（啃两句：这条很难量化，因此容易达到。）

客户开通 A 股账户后交易经验已满两年，后又注销并撤销指定交易，如果客户再次开通 A 股账户，那么交易经验能否持续计算？

《投资者适当性管理细则》第五条第二款规定“投资经验的起算时间点为投资者本人名下账户在全国股份转让系统、上海证券交易所或深圳证券交易所发生首笔股票交易日”。因此，客户的交易经验应按第一次开户并发生首笔交易起算。

Ken Zhang 啃哥有话说

也就是说，即使中间发生过注销投资账户，也不影响累计计算交易经验。啃哥认为这样的规定已经非常宽松了。

开户要求的 500 万元证券类资产是否能包含开放式基金？

《投资者适当性管理细则》第五条第一款规定“证券类资产包括客户交易结算金、在沪深交易所和全国股份转让系统挂牌的股票、基金、债券、券商集合理财产品，信用证券账户资产除外”。其中，明确包含了基金类资产。

Ken Zhang 啃哥有话说

就是说，买的基金可认定为 500 万元证券类资产的一部分，只要是证券类资产都算在内，范围较广。

为何这样设定准入门槛？

全国股份转让系统挂牌公司多为处于初创期和成长早期的创新创业型中小微企业，新经济、新模式特征明显，面临较大的发展不确定性，要求投资者应当具备较高的风险识别和承受能力。

另外，全国股份转让系统作为一个全新的全国性证券交易场所，自设立之初即定位为以机构投资者为主的专业投资市场，因此对自然人设定了较高的投资门槛，为市场的理念、产品、制度创新预留空间。无法达到要求的投资者可以通过证券投资基金、资产管理计划等方式间接投资全国股份转让系统挂牌公司。

Ken Zhang 啃哥有话说

这里明确解释了为什么新三板设定投资者**高门槛的原因**。因为新三板的高风险，要求投资者具有较高的风险识别和承受能力，并且新三板就是给专业投资者设立的，避免散户过多时的不理性行为，理论上更有利于市场的发展。

定向发行的投资者门槛

定向发行的投资者门槛是什么?

《投资者适当性管理细则》第六条规定了参与挂牌公司股票定向发行的投资者准入标准：一是符合《非上市公众公司监督管理办法》第三十九条规定的投资者；二是符合参与挂牌公司股票公开转让条件的投资者。

Ken Zhang 啃哥有话说

《非上市公众公司监督管理办法》第三十九条规定："本办法所称定向发行包括向特定对象发行股票导致股东累计超过200人，以及股东人数超过200人的公众公司向特定对象发行股票两种情形。

前款所称特定对象的范围包括下列机构或者自然人：

（一）公司股东；

（二）公司的董事、监事、高级管理人员、核心员工；

（三）符合投资者适当性管理规定的自然人投资者、法人投资者及其他经济组织。

公司确定发行对象时，符合本条第二款第（二）项、第（三）项规定的投资者合计不得超过35名。

核心员工的认定，应当由公

司董事会提名，并向全体员工公示和征求意见，由监事会发表明确意见后，经股东大会审议批准。

投资者适当性管理规定由中国证监会另行制定。”

提请大家注意，这里有个非常关键的因素，即定向发行（我们常说的增发）人数合计是不能超过35人的。当然基金算作一个人看待。定向增发也是目前新三板市场最热门的一种方式。

投资者怎样参与挂牌公司的定向发行？

参与挂牌公司定向发行的投资者，应当按下列步骤操作：首先，确认自身符合《投资者适当性管理细则》第六条的规定；其次，关注新三板公司网站（www. neeq. com. cn或 www. neeq. cc）“信息披露”栏目下挂牌公司股票发行信息以及主办券商所提供的股票发行信息，并与意向投资项目联系人进行沟通；再次，积极参与意向投资项目的路演与询价，确定投资细节；最后，按照《全国中小企业股份转让系统股票发行业务指南》进行出资缴款，并办理股份登记。

Ken Zhang 啃哥有话说

很多人问啃哥，哪里能找到定向增发的信息？啃哥想说，全都在新三板公司网站上。但是如果对于个人投资者，肯定是很难参与进去的。一方面，个人没有精力天天盯着大盘看有没有定向增发的企业出现；另一方面，基本上所有的定向增发信息，在新三板公司网站公布那个时刻，其实已经基本完成，已无法参与进去了，所有参与的工作都是发生在信息对公众公开之前的。那么，因为机构拥有人员、信息、网络的便利条件，在非公开信息获取、提前参与新三板定增方面，比散户有更大的优势。因此，购买新三板基金，不失为一个很好的选择。基金，有种集腋成裘的感觉。同时，基金作为大的资金提供方，才是能和券商走得非常近的机构，可以第一时间获取挂牌前或挂牌后增发的最新信息，至于散户，新三板大部分时间只有看热闹的份。

其他几个常见的投资者适当性原则

挂牌公司原有股东不符合适当性要求怎么办?

挂牌公司原有股东如不符合投资者适当性要求，则只能买卖其持有或曾持有的挂牌公司股票。

Ken Zhang 啃哥有话说

上述是指，原有股东如果不符合上述的投资者适当性规则，并不是说不能买卖，而是说只能买卖其曾持有的股票。因为持有，确实有买卖需求，不管符不符合投资和适当性要求。

原中关村试点期间的投资者不符合适当性要求怎么办?

全国股份转让系统对原试点期间的投资者适当性管理制度进行了一定调整，对机构投资者设置了一定的财务指标要求，对自然人投资者从财务状况、投资经验等方面设置了准入要求。

根据《投资者适当性管理细则》第七条规定，已经参与挂牌公司股票买卖的机构投资者和自然人投资者如不符合现行投资者适当性管理要求的，在重新签署《买卖挂牌公司股票委托代理协议》和《挂牌公司股票公开转让特别风险揭示书》(以下简称《风险揭示书》)后，可以继续参与，且原有交易权限不变。(啃两句：此条很特殊，仅供参考。)

什么是全国股份转让系统受限投资者?受限投资者是否需要签署《买卖挂牌公司股票委托代理协议》和《风险揭示书》?

全国股份转让系统受限投资者是指不符合参与挂牌公司股票公开转让条件，只能买卖其持有的挂牌公司股票的投资者，主要包括公司挂牌前的股东、通过定向发行持有公司股份的股东等。受限投资者也需遵照《投资者适当性管理细则》第十条规定，与主办券商签署《买卖挂牌公司委托代理协议》和《风险揭示书》。

交易规则与投资操作基础知识

股票交易规则

全国股份转让系统可以提供哪几种转让方式?

全国股份转让系统共有三种股票转让方式，分别是协议转让、做市转让和竞价转让。

现阶段，由于竞价转让方式的相关条件尚未明确，挂牌公司股票实际上可以选择的只有做市转让方式和协议转让方式。考虑到竞价转让方式的实施需要一定的市场积累和技术准备，竞价转让的实施条件、竞价转让方式的确定及有关变更要求，将由全国股份转让系统公司另行规定。

Ken Zhang 啃哥有话说

啃哥之所以一直说“竞价交易”会推出，因为这确实是新三板公司的制度中这样规定的，白纸黑字。当然，新三板公司管理层也在多个场合表达了这层意思。竞价交易无疑会进一步引爆市场的交易量，同时未来选择竞价交易的企业一定会从目前的做市交易的企业中进行选择，竞价交易的基础是足够多的股份持有人，这样竞价才能活跃。这也就是为什么目前选择做市交易的企业拼命做市的道理，因为都在争取竞价交易推出时自己的股东足够多，满足竞价交易条件，成为第一批竞价交易的企业。

公司应如何选择交易方式?

申请挂牌公司或挂牌公司应根据其股票流动性需要确定股票采取协议转让或做市转让方式。在决策程序上，需由董事会向股东大会提交股票转让方式的决议，由股东大会进行表决。

Ken Zhang 啃哥有话说

在实际中，其实只有很少数的企业会在挂牌同时采取做市商交易。因为这样做的话前期工作量太大。在 2 100 多家挂牌的新三板企业中，此类企业不超过 10 家。绝大多数企业都是先协议成交方式挂牌新三板，之后再找做市商，转变成为做市交易模式。

是否能同时选择做市转让方式和协议转让？由谁决定？

做市转让与协议转让方式只能两者取其一。根据《全国中小企业股份转让系统股票转让方式确定及变更指引（试行）》，挂牌公司股票的交易方式由挂牌公司自主选择。

此外，根据《全国中小企业股份转让系统股票转让方式确定及变更指引（试行）》相关规定，公司在挂牌时申请股票采取做市转让方式的，需要有 2 家以上做市商愿意为挂牌公司提供做市报价服务，或者做市商同意退出做市。因此，在实践中，除要求申请挂牌的公司或挂牌公司向全国股份转让系统公司提交相关申请外，还需要做市商明确表明其同意做市或自愿退出做市的意见。

Ken Zhang 啃哥有话说

首先应该明确，不能同时选择两种交易方式。一般来说，企业刚开始挂牌时都是采用协议转让方式，之后再申请转变成做市转让方式。

全国股份转让系统股票交易时间、计价单位、最小交易单位、涨跌幅等方面的基本规定有哪些？

（1）转让时间。全国股份转让系统股票转让时间为每周一至周五 9:15 至 11:30，13:00 至 15:00。转让时间内因故停市，转让时间不作顺延。遇法定节假日和全国股份转让系统公司公告的休市日，全国股份转让系统休市。

（2）计价单位。股票转让的计价单位为“每股价格”，股票转让的申报价格最小变动单位为0.01元人民币。

（3）最小交易单位。股票买卖申报数量应为1 000股或其整数倍，卖出股票时，余额不足1 000股的，应当一次性申报卖出。此外，单笔申报最大数量不得超过100万股。

（4）涨跌幅限制。全国股份转让系统对股票转让不设涨跌幅限制。

Ken Zhang 啃哥有话说

上述4点，前3点与A股完全一样，唯一不同的是第4点，即新三板不设涨跌幅限制。没有这个限制，新三板企业就可以做很多事情了。这也是新三板非常大的一个特点。

投资者需要承担的交易税费有哪些?

投资者参与全国股份转让系统交易，需要缴纳转让手续费、佣金、交易印花税。

（1）转让经手费。全国股份转让系统按照成交额的0.5‰双边收取。

（2）佣金。根据中国证监会等联合下发的《关于调整证券交易佣金收取标准的通知》规定，主办券商向客户收取的佣金（包括代收的证券交易监管费和证券交易所手续费等）不得高于证券交易金额的3‰，也不得低于代收的证券交易监管费和证券交易所手续费，全国股份转让系统佣金标准适用此通知的上下限规定。

（3）交易印花税。根据《关于在全国中小企业股份转让系统转让股票交易印花税政策的通知》的要求，交易印花税应按实际成交金额的1‰由出让方缴纳。

Ken Zhang 啃哥有话说

A股是这样规定的：

■ 印花税：1‰（卖的时候才收取，此为国家税收，全国统一）。

■ 过户费：深圳交易所无此项费用，上海交易所收费标准为每1 000股收取1元，不足1 000股按1元收取。

■ 交易佣金：最高收费为

3‰，最低收费5元。各家券商收费不一，开户前可咨询清楚。

可见，佣金和交易印花税对于新三板和A股来说是一样的。新三板的转让手续费是0.5‰；而A股叫做过户费，深交所免费，上交所为1‰。对比发现，新三板和A股收费基本一样。

投资者持有全国股份转让系统挂牌公司股票，股息红利所得是否有优惠?

根据财政部、国家税务总局发布的《关于实施全国中小企业股份转让系统挂牌公司股息红利差别化个人所得税政策有关问题的通知》（财税〔2014〕48号）相关规定，个人及证券投资基金持有挂牌公司股票期限在1个月以内（含1个月）的，其股息红利所得金额全部计入应纳税所得额；持股期限在1个月以上至1年（含1年）的，暂按照50%计入应纳税所得额；持股期限超过1年的，暂减按25%计入应纳税所得额。上述统一适用20%的税率计征个人所得税。

Ken Zhang 啃哥有话说

参见《啃碎新三板：新三板政策法规的透彻啃读》第12篇“新三板差别化个人所得税政策分析”，啃哥对这个政策有详细的解读。目前，A股也是这样执行的，详细内容参见《关于实施上市公司股息红利差别化个人所得税政策有关问题的通知》（财税〔2012〕85号）。

投资者开户

投资者可否在多家券商申请参与挂牌公司股票公开转让?

投资者可以以同一证券账户在单个或多个主办券商的不同营业部买入股票。投资者卖出股票，须委托代理其买入该股票的主办券商办理。如需委托另一家主办券商卖出该股票，须办理股票转托管手续。

Ken Zhang 啃哥有话说

也就是说，个人可以在多个证券公司开户，但是卖出股票必须在其买入股票的券商处完成。

投资者是否可以非现场开户？

投资者开立证券账户应根据中国证监会和中国证券业协会有关规定办理。根据中国证券业协会发布的《证券公司开立客户账户规范》规定，证券公司可以通过见证、网上等非现场方式为投资者开立证券账户。

Ken Zhang 啃哥有话说

也就是说，投资者可以非现场开户。截至 2014 年 12 月 31 日，新三板个人投资者为 43 980 户，较 2013 年 12 月 31 日增长了 5 倍；机构投资者为 4 695 户，较 2013 年 12 月 31 日增长了 3.6 倍（数据来源：《2014 年度新三板市场深度总结》，安信研究）。

投资者开通交易权限当天是否能进行交易？

投资者申请开通权限，主办券商于当日 15:00～15:30 统一向全国股份转让系统公司上报合格投资者证券账户信息，全国股份转让系统公司汇总处理后于当日向各主办券商下发合格投资者证券账户和受限投资者证券账户信息。主办券商于当日设置完成投资者权限后，投资者于次一转让日开始交易。

投资者买卖股票

如何获取挂牌公司发行信息？

投资者可以在全国股份转让系统指定信息披露平台 www. neeq. com. cn 或 www. neeq. cc 上获得挂牌公司发行信息。

如何查询全国股份转让系统股票行情？

可通过各主办券商交易软件，通达信、大智慧、同花顺、Wind 等证券软件以及全国股份转让系统官方网站（www. neeq. com. cn 或 www. neeq. cc）的“市场数据——行情信息”栏目进行查询。在全国股份转让系统官方网站上发布的股票行情延迟时间为 15 分钟。

受限投资者持有的股票，卖出后还可以再买回吗？

《投资者适当性管理细则》第七条规定，受限投资者只能买卖其持有或曾持有的挂牌公司股票。因此，受限投资者持相关持股证明和身份证在主办券商处开立证券账户、资金账户，并办理好第三方存管后，可买卖其持有或曾持有的挂牌公司股票，全国股份转让系统不限制买卖方向。

Ken Zhang 啃哥有话说

也就是说，全国股份转让系统对于投资者持有或曾持有的挂牌公司股票不进行限制。

投资者当天买入的股票当天可以卖出吗？卖出股票后资金是否能用？

投资者买入的股票当天不可以卖出；卖出股票所得的资金当天可用来买入股票或其他证券产品，但不可从资金账户转账至对应的个人结算存款账户。（啃两句：这一点和A股完全相同。）

持有限售股份的股东如何进行转让？

限售股股东可向中国结算北京分公司申请通过继承、协助执法、离婚财产分割、协议转让（含行政划拨）、法人资格丧失、向基金会捐赠等方式，进行限售条件流通股的非交易过户，非交易过户需通过中国结算北京分公司办理。（啃两句：参见第6章中“新三板锁定期限制问题”的详细介绍。）

协议转让实务

全国股份转让系统协议转让方式下有什么委托类型？

协议转让方式包括意向委托、定价委托、成交确认委托三种委托类型。需要特别注意的是，目前全国股份转让系统交易支持平台仅支持定价委托、成交确认委托，意向委托在后续相关技术开发文成后实施。意向委托是指投资者委托主办券商按其确定价格和数量买卖股票的意向指令，意向委托不具有成交功能。意向委托应包括证券账户号码、证券代码、买卖方向、委托数量、委托价格、联系人、联系方式等内容。

定价委托是指投资者委托主办券商按其指定的价格买卖不超过指定数量股票的指令。定价委托包括证券账户号码、证券代码、买卖方向、委托数量、委托价格等内容。

成交确认委托指买卖双方达成成交协议，或投资者拟与定价委托成交，委托主办券商以指定价格和数量与指定对手确认成交的指令。成交确认委托应包括：证券账户号码、证券代码、买卖方向、委托数量、委托价格、成交约定号等内容；拟与对手方通过互报成交确认委托方式成交的，还应注明对手方交易单元代码和对手方证券账户号码。

Ken Zhang 啃哥有话说

这一部分是需要认真品读琢磨的。

第一种“意向委托”，其特别之处在于“意向”，即不是实际的委托，只是为了便于市场了解一种趋势和状态，由于不具有成交功能，因此其意义实在有限。因此很明确“意向委托在后续相关技术开发文成后实施”。

第二种“定价委托”，即在新三板系统中将计划要销售或者买入的股票按照数量、金额等信息公布在挂牌网上，使想买卖的人看到后点击确认完成交易，且在成交之前买卖双方是不知道对方是谁的。目前，新三板系统上更多的是卖出的信息，想买的人看到这些卖方信息，如果觉得合适就点击买入。

第三种是“成交确认委托”，即买卖双方在成交前先私下谈好价格和数量。在成交时通常需要录入“成交约定号”，这个号码只有交易双方知道，从而确保只有双方通过协议方式完成，而市场上其他人是无法参与进来的。

投资者以协议转让方式买卖股票的操作流程是什么?

协议转让主要有三种成交方式，对应的流程分别是：

一是点击成交方式，即投资者根据行情系统上的已有定价申报信息，提交成交确认申报，与指定的定价申报成交。

二是互报成交确认申报，即投资者通过其主办券商、全国股份转让系统指定信息披露平台等途径，寻找欲转让的交易对手方，双方协商好交易要素和约定号，然后双方均通过全国股份转让系统提交约定好一致的成交确认申报，全国股份转让系统对符合规定的申报予以确认成交。

三是投资者愿意以一定价格转让一定数量股份，则可以提交定价申报，除了盘中会与成交确认申报成交外，在每个转让日 15:00 收盘时，全国股份转让系统对价格相同，买卖方向相反的定价申报进行自动匹配成交。

协议转让的开盘价和收盘价怎么形成?

在协议转让方式下，开盘价为当日该股票的第一笔成交价格，收盘价为当日最后 30 分钟转让时间的成交量加权平均价格。最后 30 分钟无成交的，以当日成交量为权重计算的加权平均价格为收盘价，当日无成交的，以前收盘价为当日收盘价。

Ken Zhang 啃哥有话说

由于协议成交价格不连续，同时又没有涨跌幅限制，所以看到的交易曲线图就会是由无数个点组成的。价格变动也非常剧烈，一天之内就会出现既有 1 元成交的，又有 10 元成交的现象。因此需要确定开盘价和收盘价。

协议转让有无集合竞价环节?

协议转让无集合竞价环节。

Ken Zhang 啃哥有话说

啃哥在这里要明确一下，集合竞价是 A 股目前的交易模式。

集合竞价（call auction）是指对所有有效委托进行集中处理，深、沪两市的集合竞价时间为交易日上午 9:15 至 9:25。集合竞价由投资者按照自己所能接受的心理价格自由地进行买卖申报，电脑交易主机系统对全部有效委托进行一次集中撮合处理过程。若在集合竞价时间内的有效委托报单未成交，则自动进入 9:30 开始的连续竞价。通过集合竞价，可以反映出该股票是否活跃，如果是活跃的股票，集合竞价所产生的价格一般较前一日为高，表明买盘踊跃，股票有上涨趋势。而如果是非活跃股或冷门股，通过集合竞价所产生的价格一般较前一日为低，卖盘较少，股票则有下跌趋势。

协议转让过程中投资者应注意哪些问题?

投资者协议转让股票，需要注意：

（1）协议转让没有涨跌幅限制，因此定价申报时需要准确填写申报价格，谨防出现价格错误被对手点击成交；

（2）互报成交确认申报双方填写买卖方向相反、数量、价格、约定号等必须完全一致，否则会导致申报失效做撤单申请处理；

（3）对拟定价格申报的成交确认申报，如系统中无对应的定价申报，该成交确认申报会作撤单处理，不会留在系统中；

（4）定价申报方式可能会被任意投资者点击成交，因此，如投资者欲与确定对手方成交，请选择互报成交确认申报方式。

Ken Zhang 啃哥有话说

第一点非常重要，因为不设涨跌幅限制，如果投资者想卖股票，但误将 1 000 元少输入 1 个零，录成了 100 元，那么如果此时买方迅速点击确认，是可以买到的，这样卖方就亏了。同理，如果买方希望 10 元购入，结果多输入了 1 个零，写成了 100 元，此时卖方眼明手快，立即点击确认，也可以迅速成交的。根据新闻报道，个别散户就抓这样的漏单机会，赚取了上百万的利润。可见协议转让对系统操作人员的要求非常高，一旦错误，将追悔莫及。

第四点也比较重要，即不能选错了交易方式。如果是已确定交易对手方，一定选择“成交确认申报”，同时需要使用“成交约定号”，确保能够在约定好的双方完成交易。如果将“成交确认申报”误输入成“定价申报”，后果将不堪设想。因此这对于下单人员就有了相当高的要求。

客户采取协议转让成交确认申报方式的是否需要手动录入约定号?

投资者拟采取互报成交确认委托方式成交的，其成交确认委托应包括：证券账户号码、证券号码、买卖方向、委托数量、委托价格、成交约定号，并应注明对手方交易单元和对手方证券账户号码。其中，成交约定号由买卖双方约定，从 0 至 999 999（含）之间任意整数。

投资者通过成交确认委托方式与定价委托成交的，其成交约定号由系统自动分配，无需手动录入。（啃两句：虽然是系统自动生成，但是只有买卖双方知道，这就确保了交易只在约定好的买卖双方之间完成。）

是否可以通过互报成交确认方式成交不足 1 000 股的股票?

可以，卖方所持余股不足 1 000 股时，应一次性全部卖出。（啃两句：也就是说，互报成交对于小额的交易也是完全可以的。）

做市交易实务

做市交易是什么?

做市交易是指转让日内，做市商连续报出其做市证券的买价和卖价，若投资者的限价申报满足成交条件，则做市商在其报价数量范围内按其报价履行与投资者成交的义务。

Ken Zhang 啃哥有话说

其实，做市交易就是做市商需要履行不断向买卖双方持续报价的义务。一般是**每5分钟**必须有一次报价，并且每次买卖**价差不能超过5%**。市场上买卖双方都可以与做市商进行交易，做市商作为市场上唯一的交易对手方存在。

全国股份转让系统做市转让方式下有什么委托类型？如何成交？

做市转让方式下，投资者只可进行限价委托。限价委托是指投资者委托主办券商按其限定的价格买卖股票的指令，主办券商必须按限定的价格或低于限定的价格申报买入股票；限定的价格或高于限定的价格申报卖出股票。

限价委托包括证券账户号码、证券代码、买卖方向、委托数量、委托价格等内容。

全国股份转让系统对到价的限价申报即时与做市申报进行成交；如有2笔以上做市申报到价的，按照价格优先、时间优先原则成交。成交价以做市申报价格为准。

做市商更改报价使限价申报到价的，全国股份转让系统按照价格优先、时间优先原则将到价限价申报依次与该做市申报进行成交。成交价以做市申报价格为准。

到价是指限价申报买入价格等于或高于做市申报卖出价格或限价申报卖出价格等于或低于做市申报买入价格。

限价申报之间、做市申报之间不能成交。（啃两句：意思就是，购买者之间不能成交，做市商之间也不能成交。只有购买者和做市商才可以成交。）

挂牌公司选择做市交易方式有何利弊？

挂牌公司选择做市转让方式，需要有做市商愿意为其提供做市服务。一旦做市商愿意为其提供做市服务：

首先，表明了该做市商对挂牌公司的认可，因此会树立比较好的市场形象；

其次，相比于协议转让，做市转让的股票通常流动性会有较大幅度的提升，可增加其市场吸引力；

最后，随着股票流动性的提升，股票的定价会更为合理，更有利于挂牌公司后续推进发行融资、并购重组等事宜。

Ken Zhang 啃哥有话说

这里是在分析做市交易的好处。首先，能够找到做市商说明企业有一定实力；再者，可以树立良好的市场形象；股票流动性会大幅度提升，最终，为企业融资、并购重组打下了良好的基础。

那么协议成交真的就那么不好吗？啃哥认为，协议成交和竞价成交都各有利弊，适用于企业不同的发展阶段。上面分析了做市交易的好处，而协议成交最大的好处是价格可以双方谈定，为企业进行股权激励，调整股权等提供了便利。要知道，一旦进入做市交易阶段，交易的价格就不是企业能够决定的了，而是让给了做市商和市场决定。因此，没有哪个更好的问题，只有哪种交易模式更适合的问题。

挂牌公司如何找到和选择做市商？

公司挂牌时采取做市转让方式的，其主办券商必须为做市商之一。因此可以和主办券商协商选择转让方式，并由主办券商推荐其经常合作的券商作为做市商，或挂牌公司也可以自已联系筛选合适的主办券商作为做市商之一。

已挂牌公司欲由协议转让方式转为做市转让方式的，不强制要求其主办券商为其做市，挂牌公司既可以联系自己的主办券商由其寻找合作主办券商，也可以自行联系筛选合适的其他主办券商做市。

Ken Zhang 啃哥有话说

请注意，如果是挂牌同时采取做市转让方式的，其主办券商必须是做市商之一；而如果是已挂牌再由挂牌后的协议成交转变为做市成交的，主办券商不一定非要是做市商之一，企业就有了主动权。如何选择做市商？当然是发动关系去找了。一般来说，规模较大的券商目前都设立了做市业务部，有专人负责，对接起来并不复杂。

做市商初始股份获取及盈利模式

哪些机构能够申请成为做市商，成为做市商需要具备怎样的条件？

《全国中小企业股份转让系统做市商做市业务管理规定（施行）》对做市商的范围进行了明确，即“做市商是指经全国中小企业股份转让系统有限责任公司同意，在全国中小企业股份转让系统发布买卖双方报价，并在其报价数量范围内按其报价履行与投资者成交义务的证券公司或其他机构”。

但目前做市商主要为证券公司，证券公司申请在全国股份转让系统开展做市业务，应当具备下列条件：（1）具备证券自营业务资格；（2）设立做市专门部门，配备开展做市业务必要人员；（3）建立做市业务管理制度；（4）具备做市业务专用技术系统；（5）全国股份转让系统公司规定的其他条件。

根据证监会《关于证券经营机构参与全国股份转让系统相关业务有关问题的通知》，实缴注册资本1亿元以上，财务状况稳健，且具有与开展做事业务相适应的人员、制度和信息系统的基金管理公司子公司、期货公司子公司、证券投资咨询机构、私募基金管理机构等机构经证监会备案后，也将可以在全国股份转让系统开展做市业务。

Ken Zhang 啃哥有话说

上文告诉我们要成为做市商需要满足的条件。制度中明确规定，非常多的金融机构都可以成为做市商，只是目前仅对券商放开，这里的空间还是非常非常广阔。

做市商如何获得做市股份？

做市商的初始库存可以通过以下几种方式取得：（1）股东在挂牌前转让；

(2) 股票发行；(3) 在全国股份转让系统买入；(4) 其他合法的方式。(啃两句：更多的是通过股票发行，即定向增发的方式，拿到挂牌公司的股票，进行做市。)

做市商如何做市？如何盈利？

做市商在合理控制库存的情况下，主要通过买卖价差实现盈利，即低价买入投资者的证券，再卖给市场上的买家，其价差即为做市商的主要盈利来源。当然，如果库存控制不合理，且在单边市的情况下，做市商也有可能出现亏损。此外，做市商还可以在持有挂牌公司股票过程中，获得股票升值带来的资本利得和股息红利回报等。

Ken Zhang 啃哥有话说

做市商的**利润**来自两部分，一部分是买卖价差的盈利，另一部分是持有存货价格上涨的盈利。在市场初期阶段，主要利润来自于做市股票价格不断上涨所带来的库存股票升值。当价格上涨到位后，做市商的利润来源将主要为买卖价差。根据现有文件的规定，做市商每笔买卖价差不能超过5%，因此只有交易量达到一定规模，做市商才能赚取更高的利润。

做市商能否中途加入和退出？

做市商可以中途加入和退出做市，但需要满足一定条件。

挂牌时采取做市转让方式的股票，后续加入的做市商须在该股票挂牌满3个月后方可为其提供做市报价服务。后续加入的做市商应当向全国股份转让系统公司提出申请。

挂牌时采取做市转让方式的股票和由其他转让方式变更为做市转让方式的，其初始做市商为股票做市不满6个月的，不得退出为该股票做市；后续加入的做市商为股票做市不满3个月的，不得退出为该股票做市。做市商退出做市的，应当事前提出申请并经全国股份转让系统同意。做市商退出做市后，1个月内不得再次为该股票做市。

Ken Zhang 啃哥有话说

从上文规定可以看出，做市商是完全拥有权力退出做市的。因此当一个企业发展得越来越不好的时候，也许愿意为它做市的做市商将会越来越少，结果就是最终没有人为该企业做市，因而转变成为协议交易。

做市商相对于普通投资者有哪些优势？

做市商相较于投资者的优势在于：

（1）做市商能够获得较多的做市报价信息，包括做市股票实时最优 10 个档位限价申报价格和数量等信息，该股票其他做市商的实时最优 10 笔买入和卖出做市申报价格和数量等信息。

（2）做市商在做市转让撮合时间内试行 T＋0 回转交易。做市商做市买入的股票，买入当日可以卖出，降低了做市商的做市资金压力。

（3）做市商的盘后交易。每个转让日的 15：00 至 15：30，做市商之间可以采用成交确认申报方式调剂库存，做市商当日从其他做市商处买入的股票，买入当日不得卖出。

Ken Zhang 啃哥有话说

第一点，说明做市商可以看到别人的底牌，给自己决策做参考依据。

第二点，T＋0 交易模式，即当日买入当日可以卖出。而投资者是 T＋1 的模式的，即第二天才能卖出。

第三点，每天半个小时，做市商之间可以交易，调解各自手中的头寸，这类似于银行间调整头寸。

做市方式下的投资者保护

投资者与做市商交易需要注意哪些问题？

做市转让方式下成交价格均以做市商报价为准，投资者在下单前应参考做市商的报价信息，不宜以偏离做市商做市申报价格过多的委托价大量下单。因为，投资者到价订单即时与做市商申报撮合成交，若投资者以高价大量委托买入或低价大量委托卖出，当做市商申报数量全部成交后，做市商可能更改价格，此时投资者价格偏高的订单或价格偏低的订单可能以较为不利价格成交。

Ken Zhang 啃哥有话说

这里提出了一个很重要的观点，即买入时不宜高于做市商报价太多进行委托下单，或者低价太多委托下单。因为如果这样做，当做市商申报数量全部成交后，做市商就会更改价格，用与报价者相同的价格成交。所以说，如何报价也是一门学问。

在做市制度下，如何保护投资者利益?

为保护投资者利益，全国股份转让系统公司将对做市商的报价、库存股管理等行为进行实时监控与动态监管，并对可能出现的做市商违规报价、串通报价、利益输送、内幕交易等情形进行重点监察。

《全国中小企业股份转让系统做市商做市业务管理规定（试行）》对于做市商有可能滥用信息优势和资金优势侵害投资者利益进行了约束，包括：

（1）禁止做市商利用内幕信息进行投资决策和交易等活动；禁止其利用信息优势和资金优势，单独或通过合谋，以串通报价或相互买卖等方式制造异常价格波动。

（2）做市业务隔离制度，即做市商确保做市业务与推荐业务、证券投资咨询、证券自营、证券经纪、证券资产管理等业务在机构、人员、信息、账户、资金上的严格分离，有效防范可能产生的利益冲突和利益输送。

（3）内部报告与留痕制度，做市商应当明确业务运作、风险监控、合规管理及其他相关信息的报告路径和反馈机制。建立强制留痕制度，确保做市业务各项操作事后可查证。

（4）要求做市业务人员具备良好的诚信记录和职业操守。

Ken Zhang 啃哥有话说

第一，禁止内幕交易，这也是证券法的规定；第二，券商的做市交易业务部门必须与其他部门相互隔离开，例如不能用投A股的人员同时投新三板，必须另设单独的团队。

做市转让下的开盘价与收盘价怎么形成？

做市转让方式下，当日该股票的第一笔成交价为开盘价，当日该股票的最后一笔成交价为收盘价，当日无成交的，以前收盘价为当日收盘价。

特别交易事项及其监管

暂停转让及恢复转让

什么情形或导致股票暂停转让？如何操作？

根据《全国中小企业股份转让系统业务规则（试行）》（以下简称《业务规则》），挂牌公司发生下列事项，应当向全国股份转让系统公司申请暂停转让，直至按规定披露或相关情形消除后恢复转让：

（1）预计应披露的重大信息在披露前已难以保密或已经泄露，或公共媒体出现与公司有关传闻，可能或已经对股票转让价格产生较大影响的；

（2）涉及需要向有关部门进行政策咨询、方案论证的无先例或存在重大不确定性的重大事项，或挂牌公司有合理理由需要申请暂停股票转让的其他事项；

（3）向中国证监会申请公开发行股票并在证券交易所上市，或向证券交易所申请股票上市；

（4）向全国股份转让系统公司主动申请终止挂牌；

（5）未在规定期限内披露年度报告或者半年报告；

（6）主办券商与挂牌公司接触持续督导协议；

（7）出现依《公司法》第一百八十条规定解散的情形，或法院依法受理公司重整、和解、破产清算申请。

挂牌公司未按规定向全国股份转让系统申请暂停股票转让的，主办券商应当及时向全国股份转让系统公司报告并提出处理建议。

（啃两句：上述规定与A股基本相同。）

达到什么条件股票可以恢复转让？如何操作？

当导致挂牌股票暂停转让的事项已按规定披露或相关情形消除后，挂牌公司可以向全国股份转让系统申请恢复转让。

（啃两句：上述规定与A股基本相同。）

终止挂牌和重新申请挂牌

什么情形会导致股票终止挂牌？如何操作？

根据《业务规则》，挂牌公司出现下列情形之一的，全国股份转让系统公司终止其股票挂牌：

（1）中国证监会核准其公开发行股票并在证券交易所上市，或证券交易所同意其股票上市；

（2）终止挂牌申请获得全国股份转让系统同意；

（3）未在规定期限内披露年报或者半年度报告，自期满之日起两个月内仍未披露年度报告或半年度报告；

（4）主办券商与挂牌公司解除持续督导协议，挂牌公司未能在股票暂停转让之日起三个月内与其他主办券商签署持续督导协议的；

（5）挂牌公司经清算组或管理人清算并注销公司等级的；

（6）全国股份转让系统公司规定的其他情形。

出现上列情形之一的，其持续督导主办券商应当向全国股份转让系统公司报告，全国股份转让系统公司在核定之后终止该公司股票挂牌。

Ken Zhang 啃哥有话说

第一点为未来的新三板转板埋下伏笔。其他要点与A股基本相同，但是没有连续亏损的硬性财务指标，主要都是一些经营治理类的要求。

达到什么条件的企业可以申请重新挂牌？如何操作？

根据《业务规则》，导致公司终止挂牌的情形消除后，经公司申请、主办券商推荐及全国股份转让系统公司同意，公司股票可以重新挂牌。

（啃两句：与A股规定基本相同。）

挂牌公司除权与除息如何操作？

挂牌公司以股票股利分配给股东，也就是公司的盈余转为增资时，或进行配股时，就要对股价进行除权（XR）；挂牌公司将盈余以现金形式分配给股东，股价就要除息（XD）。

要办理除权手续的股份公司先要报全国股份转让系统公司核定，在准予除权后，该公司即可确定股权登记基准日和除权基准日。凡在股权登记日拥有该股票的股东，就享有领取或认购股权的权利，即可参加分红或配股。除权除息当日购入该公司股票的投资者不享有本次分红派息或配股权利。

（啃两句：除权、除息两个概念在资本市场会经常遇到，记住就好。）

异常交易监管

哪些行为算异常交易？

根据《股票转让细则》第一百三十条，可能影响股票转让价格或者股票成交量的异常转让行为包括：

（1）可能对股票转让价格产生重大影响的信息披露前，大量或持续买入或卖出相关股票。

（2）单个证券账户，或两个以上固定的或涉嫌关联的证券账户之间，大量或频繁进行反向交易。

（3）单个证券账户，或两个以上固定的或涉嫌关联的证券账户，大笔申报、连续申报、密集申报或申报价格明显偏离该证券行情揭示的最近成交价。

（4）频繁申报或撤销申报，或大额申报后撤销申报，以影响股票转让价格或误导其他投资者。

（5）集合竞价期间以明显高于收盘价的价格申报买入后又撤销申报，随后申报卖出该证券，或以明显低于前收盘价的价格申报卖出后又撤销申报，随后申报买入该证券。

（6）对单一股票在一段时间内进行大量且连续交易。

（7）大量或者频繁进行高买低卖交易。

（8）单独或者合谋，在公开发布投资分析、预测或建议前买入或卖出相关股票，或进行与自身公开发布的投资分析、预测或建议相背离的股票转让。

（9）申报或成交行为造成市场价格异常或秩序混乱。

（10）涉嫌编造并传播交易虚假信息，诱骗其他投资者买卖股票。

（11）全国股份转让系统公司认为需要重点监控的其他监管异常转让。

根据《股票转让细则》第一百一十四条，股票转让价格或者股票成交量明显异常的情形包括：

（1）同一证券营业部或同一地区的证券营部集中买入或卖出同一股票且数量较大。

（2）股票转让价格连续大幅上涨或下跌，且挂牌公司无重大事项公告。

（3）全国股份转让系统公司认为需要重点监控的其他异常转让情形。

此外，根据《全国中小企业股份转让系统股票异常转让实时监控指引（试行）》，采取协议转让方式的股票，投资者成交价格较前收盘价变动幅度超过50%时，全国股份转让系统公司将于相关情形发生后在其网站逐笔公布相关交易信息，内容包括：证券代码、证券简称、成交价格、成交数量、买卖双方证券账户名称、主办券商证券营业部或交易单元的名称等。

啃哥有话说

Ken Zhang

变动幅度超过50%的股票，在新三板网站上就很明显。列举2015年3月18日新三板网站信息如图3.1所示。

图3.1 2015年3月18日协议转让股票公开信息

异常交易行为的监管重点是什么?

《股票转让细则》第一百一十二条规定，全国股份转让系统公司对股票转让过程中出现的下列事项予以重点监控：

（1）涉嫌内幕交易、操纵市场等违法违规行为；

（2）可能影响股票转让价格或者股票成交量的异常转让行为；

（3）股票转让价格或者股票成交量明显异常的情形；

（4）买卖股票的范围、时间、数量、方式等受到法律、行政法规、部门规章、其他规范性文件、《业务规则》及全国股份转让系统其他规定限制的行为；

（5）全国股份转让系统公司认为需要重点监控的其他事项。

此外，《股票转让细则》第一百一十五条还明确了列入重点监控范围的做市商行为：

（1）不履行或不规范履行报价义务；

（2）频繁触发豁免报价条件；

（3）涉嫌以不正当方式影响其他做市商做市；

（4）库存股的数量异常变动；

（5）报价异常变动，或通过频繁更改报价涉嫌扰乱市场秩序；

（6）做市商之间涉嫌串通报价或私下交换交易策略、做市库存股票数量等信息以谋取不正当利益；

（7）做市商与特定投资者在一段时间内对特定股票进行大量且连续交易；

（8）其他涉嫌违法违规的行为。

同时，第一百一十六条明确，全国股份转让系统公司可根据监管需要，对主办券商相关业务活动中的风险管理、技术系统运行、做市义务履行等情况进行监督检查。

（啃两句：可以很明显地看出，监管的重点就是内幕交易。）

全国股份转让系统公司的监管形式有哪些？

全国股份转让系统可以根据单独或者联合其他有关单位，对异常转让行为等情形进行现场或非现场调查。相关主办券商和投资者应当予以配合。

全国股份转让系统公司在现场或非现场调查过程中，可以根据需要要求主办券商及其证券营业部、投资者及时、准确、完整地提供下列文件和资料：

（1）投资者的开户资料、授权委托书、资金账户情况和相关账户的转让情况等；

（2）相关证券账户或资金账户的实际控制人、操作人和受益人情况、资金来源以及相关账户间是否存在关联的说明等；

（3）对股票转让中重点监控事项的解释；

（4）其他与全国股份转让系统公司重点监控事项有关的资料。

（啃两句：也就是说，新三板公司有权力监管，有权力检查。）

全国股份转让系统公司的监管措施有哪些？

《股票转让细则》第一百一十九条规定，对第一百一十二条、第一百一十三条、第一百一十四条、第一百一十五条所述重点监控事项中情节严重的行为，全国股份转让系统公司可以视情况采取如下措施：

（1）约见谈话；

（2）要求提交书面承诺；

（3）出具警示函；

（4）限制证券账户转让；

（5）向中国证监会报告有关违法违规行为；

（6）其他自律监管措施。

《股票转让细则》第一百二十条明确，转让参与人及相关业务人员违反该细则的，全国股份转让系统公司可根据《业务规则》及全国股份转让系统其他相关业务规定，对其进行纪律处分，并记入诚信档案。

（啃两句：与A股基本相同，同时可以看出，其实新三板公司的监管措施还是非常有限的。）

两网及退市公司交易规则

两网及退市公司的交易方式是怎样的？

因为此类企业数量实在有限，情况非常特殊，故而在此不作详细描述。

两网及退市公司的投资者适用投资者适当性标准吗？

《投资者适当性管理细则》的规范对象为参与挂牌公司股票公开转让的投资者，两网及退市公司的投资者不适用此细则。对于两网及退市公司投资者，2013年2月8日发布的《全国中小企业股份转让系统两网公司及退市公司股票转让暂行办法》第十四条明确，投资者参与两网及退市公司股票买卖前，应到主办券商或其所属营业部阅读《风险揭示书》，在充分了解投资风险的基础上签署《风险揭示书》，并签订委托协议。

Ken Zhang 啃哥有话说

两网及退市业务不适用此规则。也就是说，两网及退市业务虽然也在新三板挂牌，却是一个单独的体系。

PORE OVER
THE NEW
OTC MARKET

04

融资与并购业务

这一章主要是写给已挂牌新三板企业的。当然，对于想要在新三板挂牌的企业，意义也非常重大。对普通投资者而言，此部分内容借鉴价值不大，做简单了解即可。

中小微企业是经济结构调整优化的重要生力军，但融资难、融资贵的问题一直是困扰中小微企业发展的重大难题。相关统计数据显示，中小微企业无论是在推动经济总量增长、促进就业、增加税收方面，还是在推动全社会技术创新方面，都做出了突出贡献，却只占有 20%左右的金融资源。究其原因，主要是因为我国的投融资体系不够健全。一方面，我国的金融体系以间接融资为主，所谓间接融资其实本质是媒介金融，以商业银行贷款为代表。而商业银行所运用的资金主要是客户存款，所以它是风险厌恶型的中介机构，从风险管理、审贷成本考虑，不愿意把资金借给透明度不高、风险较大的中小微企业，所以中小微企业很难获得商业银行的授信。在直接融资方面，无论主板、中小板、创业板还是银行市场，财务门槛很高，将大量的中小微企业排斥在外，因此中小微企业占比也很小。

Ken Zhang 啃哥有话说

啃哥想说，既然中小微企业是经济结构调整优化的重要生力军，那么，又为什么融资难、融资贵呢？这本身就是有问题的。之前政府一直没有解决，是不想花费力气解决，但是，在经济疲软、房地产不振的大环境下，这个问题终于被提上日程了。这确实是好事情。上面提到了一个“媒介金融”的概念，说到了点子上，正是银行的存在，或者说融资渠道银行一家独占，导致中小企业根本没法融到资金。而直接融资方面，财务门槛又非常高，所有中小微企业处于没有对应金融工具的尴尬局面。

为了更好地发挥金融对经济结构调整和持续升级的支持作用，缓解中小微企业融资难的问题，国务院设立全国股份转让系统，为创新、创业、成长型中小微企业提供股份转让、股权融资、债券融资、资产重组等服务。考虑到各阶段、各行业的企业有着不同的特点和需求，新三板公司努力打造综合性金融服务平台，为挂牌公司提供多元化的融资工具，目前已推出普通股、优先股，还将逐步推出公司债、中小企业私募债等证券品种。此外，新三板公司还与多家银行签署了战略合作协议，为挂牌公司拓宽简洁融资渠道提供便利。挂牌公司可在主办券商等中介机构的帮助下，结合公司实际情况，梳理公司短、中、长期的金融需求，充分利用相应的融资工具，实现跨越式发展。

Ken Zhang 啃哥有话说

正是因为存在上述问题，才有了新三板存在并发展的必要，上一段就是在详细描述这个过程。

资本市场另一个重要功能是并购重组。严格来说，并购重组并不是一个专业法律术语，只是市场中一种约定俗成的说法，通常是指企业收购、重大资产重组、回购、合并、分立等对公司股权结构、资产结构和负债结构、利润，以及业务产生重大影响的活动。全国股份转让系统挂牌公司的并购重组被拆解成了收购和重大资产重组两种主要活动。一方面，全国股份转让系统的挂牌公司可以被上市公司等战略投资者收购，顺利完成产业资本和金融资本的退出，实现股东的财富效应。另一方面，挂牌公司可以通过纵向并购重组拉长产业链，降低关联交易成本；通过横向并购重组拓展市场份额，减少和消除同业竞争；通过混合并购重组实现一主多辅、多元化经营，逐渐完成产业模式的切换。

Ken Zhang 啃哥有话说

上文给出了“并购重组”的定义。新三板的并购重组只包括“收购”和“重大资产重组”两部分内容。

全国股份转让系统是一个综合性金融服务平台，通过信息披露和股份公开转让，使企业获得公允定价，有效降低了投融资双方信息收集和谈判成本，为企业融资、并购创造了条件。

全国股份转让系统融资概况

全国股份转让系统的融资方式有哪些?

挂牌公司在全国股份转让系统可以进行股权融资和债权融资。目前主要的融资方式是发行普通股票。全国股份转让系统已推出优先股，并将择机推出债券类产品，丰富市场主体的投融资选择。

除发行证券进行直接融资外，公司挂牌后，还能在银行贷款能方面获得更大的便利。目前，全国股份转让系统已与多家商业银行签订了战略合作协议。商业银行将提供包括挂牌公司股权质押贷款在内的各项金融产品和服务。

Ken Zhang 啃哥有话说

简单地说，A 股所有的融资方式，在新三板现在和未来都是完全可以实现的。关于新三板公司与多家银行的金融产品，参见《啃碎新三板：新三板政策法规之透彻啃读》第 11 篇“可供选择的新三板银行融资产品”。

股票发行制度

如何对挂牌公司的股票发行进行管理?

挂牌公司股票发行有核准制和备案制两种管理方式。具体适用何种管理方式，取决于挂牌公司股东人数是否超过 200 人。

股东人数超过 200 人的挂牌公司发行股票，或者发行股票之后股东人数累计超过 200 人的，在发行前应向中国证监会申请核准。

发行后股东人数累计不超过 200 人的，仅在发行后向全国股份转让系统公司备案。

Ken Zhang 啃哥有话说

由于存在 200 人的限制，因此目前的新三板股票发行，都集中在定向增发，并满足每次定向增发人数不超过 35 人的限制要求。

挂牌公司股票发行有怎样的规则体系?

股票发行挂牌体系包括1个细则、4个指引和1个指南。其中《全国中小企业股份转让系统股票发行业务细则（试行）》是挂牌公司股票发行的基本业务规则。《全国中小企业股份转让系统股票发行业务指引》第1号至第4号，分别规定了股票发行的备案文件、股票发行方案及发行情况报告书、主办券商关于股票发行合法合规性意见和法律意见书等文件的内容与格式。《全国中小企业股份转让系统股票发行业务指南》规定了股票发行业务的办理流程。（啃两句：上述这1个细则、4个指引和1个指南，都是与A股类似的规定。）

上述业务规则中，服务中小微企业的“小额、便捷、灵活、多元”融资特点，主要体现在哪些方面?

第一，发行要求。挂牌公司可以在挂牌同时发行，也可以在挂牌后发行。对股票发行不设财务指标，没有强制时间间隔，也不限制融资规模。

第二，限售安排。新增股份不强制限售。

第三，信息披露。不强制披露募投项目的可行性分析、盈利预测等信息。

第四，发行定价。实行市场化定价，可以与特定对象协商谈判，也可以进行路演、询价。

第五，审查方式。事后备案，形式审查，十分便捷。正常情况下，出具备案函的时间在10个转让日左右。

Ken Zhang 啃哥有话说

通过上面的五点，可以看到新三板确实处处体现着“小额、便捷、灵活、多元”的特点，甚至明确了“10个转让日”这样精准的时间节点。试问，A股怎能不汗颜?

股票发行对象有什么要求?

股票发行对象包括：

（1）公司股东；

（2）公司的董事、监事、高级管理人员、核心员工；

（3）符合投资者适当性管理规定的自然人投资者、法人投资者以及其他经济组织。

公司确定发行对象时，除原股东外的新增股东合计不得超过 35 名。

核心员工的认定，应当由公司董事会提名，并向全体员工公示和征求意见，由监事会发表明确意见后，经股东大会审议批准。发行对象的具体规定如图 4.1 所示。

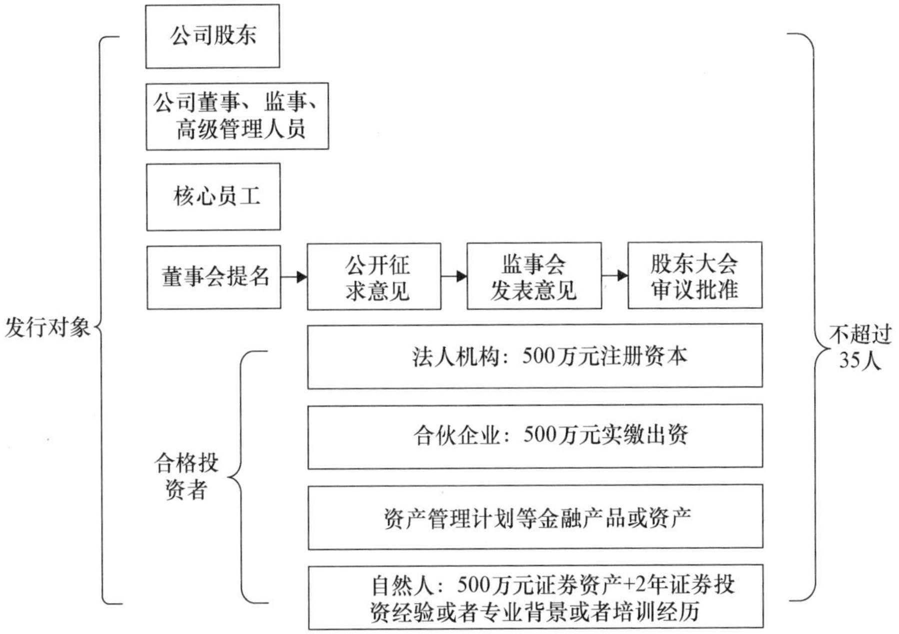

图 4.1　挂牌公司股票发行对象示意图

啃哥有话说

这里需要关注的是 35 人的要求，即每次定向增发的新股东不能超过 35 人次。其他要求很宽松，各方投资者，只要有钱都可以进入。要知道，A 股对新增股东的要求是不能超过 10 人的。这就是新三板的优势所在。

股票发行有哪些认购方式?

发行对象可以用现金或者非现金资金认购发行股票。其中，非现金资产为股权资产的，应该具有证券、期货等相关业务资格的会计师事务所审计。为非股权资产的，应当经具证券、期货等相关业务资格的资产评估机构评估。（啃两句：如果是通过股权认购的，多是采用并购重组中的方式。）

股票发行的流程是什么?

图 4.2 所展示的就是挂牌新三板的公司股票发行的流程：

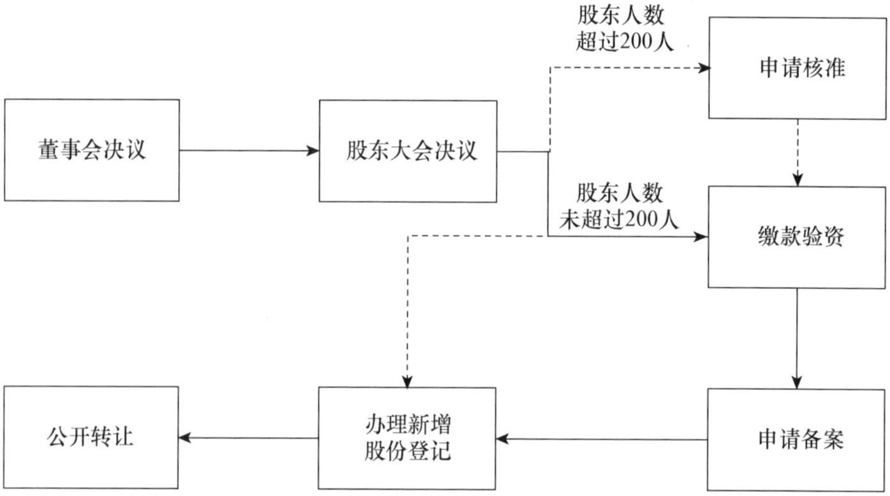

图 4.2　挂牌公司股票发行流程图

Ken Zhang 啃哥有话说

图 4.2 充分说明了股东人数不超过 200 人，不用申请审核这样一个便利的条件——大大缩短了时间，提高了融资效率。

股票发行的信息披露有何要求?

股票发行的信息披露要求分为两个部分：第一，挂牌公司董事会，股东大会通过关于发行股票的决议，应在 2 个转让日内披露。第二，与股票发行有关的披露时点，如表 4.1 所示。

表 4.1
挂牌公司股票发行披露时点要求

编号	文件类型	披露时点
1	股票发行方案	与董事会决议同时披露
2	审计结果、评估结果（如有）	最迟与召开股东大会通知同时披露
3	认购公告	最迟在缴款起始日前的两个转让日
4	股票发行情况报告书	办理股份登记前，新增股份转让前
5	主办券商的合法合规性意见	同上
6	律师事务所的法律意见书	同上
7	股票转让公告	同上

注册资本变更登记与新增股份登记的关系是什么?

注册资本变更登记属于工商行政管理部门对公司登记事项的管理范围，挂牌公司完成股票发行后，注册资本发生变化，需办理注册资本变更手续，按照工商行政管理部门的相关规定办理。

同时，挂牌公司作为非上市公众公司，股票登记在中国证券登记结算有限责任公司（以下简称“中国结算”）北京分公司。因此，挂牌公司发行股票导致股东持股变化的，应当在中国结算北京分公司办理新增股份登记。

Ken Zhang 啃哥有话说

一个是与工商有关的，一个是由于公司是公众公司，因此又需要在“中国结算”。参见第 2 章“挂牌审核”中关于“办理挂牌手续相关事宜”的分析。

挂牌公司在完成新增股份登记之前，是否可以使用募集资金?

挂牌公司在取得股份登记函之前，股票发行尚未完成，因此不能使用本次发行的募集资金。

挂牌公司股票发行，为什么规定了现有股东有权优先认购？股东放弃优先认购的，是否必须签订书面承诺？

规定现有阶段有权优先认购，主要基于以下两方面的考虑：第一，在目前挂牌公司股权高度集中的背景下，中小股东通过行使优先认购权，能够防止股权被稀释摊薄。第二，赋予股东优先认购权，有利于形成新老投资者之间的价格制衡机制，防止低价发行导致的利益输送。（啃两句：这两点总结太到位了，建议大家熟记于心。）

需要说明的是，优先认购是公司现有股东的权利，而非义务，因此股东可以自愿放弃优先认购。股东自愿放弃优先认购的，签订书面承诺或声明是方式之一，但并非唯一方式。出于尊重公司自治的原则，相关规则允许通过修改公司章程，直接排除优先认购的适用。此外，公司也可以在发行方案、认购办法等信息披露文件中说明，现有股东在缴款期限内未交款的，视为放弃优先认购。（啃两句：记住，优先认购是公司现有股东的权利，而非义务，可以自愿放弃。）

主办券商在挂牌公司股票发行中，有什么样的作用？

主办券商除了协助挂牌公司办理股票发行各项业务流程外，更重要的是以销售为核心，在路演询价、估值定价和投资者选择等方面为挂牌公司提供更专业的服务。（啃两句：在这一点上，券商越来越类似国外投行的角色了。）

主办券商协助公司发行股票是否需要收费？收费标准全国股份转让系统有无指导性意见？

股票发行的收费，完全由主办券商与挂牌公司之间协商确定，全国股份转让系统没有指导性意见。全国股份转让系统鼓励主办券商在路演询价等方面发挥专业优势，协助挂牌公司更好地向投资者销售股票、实现融资目的，从而获得合理报酬，不断优化市场生态环境。

Ken Zhang 啃哥有话说

这样的收费一定是和融资额　　直接挂钩的，最普遍的就是融资额的一定比例。目前 IPO 挂牌时按照融资额的5%～8%收取，未来的新三板也会是这个趋势，那么，券商岂不趋之若骛，巴不得为企业发行股票？要知道如果是融资 1 亿元，那收费就能达到 800 万元。这不是小数目，远远超过挂牌新三板的费用支出。

可否提供股票发行方面的操作案例?

目前，挂牌公司股票发行的发行方案、主办券商合法合规意见、律师事务所的法律意见书和发行情况报告书，均已在网上公开披露，可根据需要在全国股份转让系统官网（www. neeq. com. cn 或 www. neeq. cc“信息披露”栏目）查阅。

2014 年以来，出现了一些有特色的股票发行案例，例如：

（1）股票发行对象不确定。挂牌公司均信担保和新锐英诚在发行方案中确定了发行价格，但部分发行对象尚不确定。公司主要通过洽谈协商的方式，寻找到了合适的外部投资者。

（2）股权资产认购实现“换股”收购。挂牌公司北京了望通过发行股票，购买一家同行业公司 99%的股权，从而实现了换股收购。

（3）以股权资产和现金混合认购。挂牌公司同辉佳视和科胜石油公司股东发行股票，收购股东持有的其他公司股权，同时募集部分现金。

优先股制度

啃哥有话说

Ken Zhang

啃哥想说明，目前新三板的优先股还没有正式推出执行细则，截至 2015 年 3 月 18 日还没有发行优先股的挂牌企业。因此下面所有的内容均属于理论。大家先做了解，在此不做太详细的分析。

什么是优先股?

优先股是指其股份持有人优先于普通股股东分配公司利润和剩余财产，但参与公司决策管理等权利受到限制，在正常情况下不参与公司治理的特殊类型股票。

优先股有哪些主要类型?

相对于普通股，优先股的类型复杂很多，特殊条款很多。主要有以下几种类型：

（1）根据股息是否可以累积，分为累积优先股和非累积优先股；

（2）根据是否参与本期剩余盈利的分享，分为参与优先股和非参与优先股；

（3）根据能否转为其他品种股票，分为可转换优先股和不可转让优先股；

（4）根据能否由发行公司出价赎回，分为可赎回优先股和不可赎回优先股；

（5）根据股息率是否允许变动，分为股息率可调整优先股和股息率固定优先股。

优先股与债券、普通股有何区别?

优先股与债券、普通股的区别如表 4.2 所示。简单理解，优先股是介于股票和债券之间的产品，兼有股票和债券的特点。

表 4.2

优先股与债券、普通股的区别

项目	债券	优先股	普通股
产品属性	债券融资	权益/债务融资	权益融资
分配顺序	优于优先股和普通股	先于普通股，次于债券	次于债券和优先股
投资者权利	募集说明书约定的权利	正常情况下无表决权	公司法规定的股东权利
融资期限	约定期限	无期限或期限较长	一般无期限
收益支付	定期还本付息	定期分配股息	股息不固定，不还本
收益来源	息税前利润	税后利润	税后利润

优先股股东是否完全不参与公司经营决策?

优先股股东并非完全不参与公司经营决策，而是仅对特定事项享有表决权，包括：

（1）修改公司章程中与优先股有关的内容；

（2）一次或累计减少公司注册资本超过10%；

（3）公司合并、分立、解散或变更公司形式；

（4）发行优先股；

（5）公司章程规定的其他情形。

此外，公司累计3个会计年度或连续2个会计年度未按约定支付优先股股息的，股东大会批准当年不按约定分配利润的方案次日起，优先股股东有权出席股东大会与普通股股东共同表决，每股优先股股份享有公司章程规定的一定比例的表决权。（啃两句：也就是说，优先股股东在股东会只享有部分表决权。）

优先股有什么优缺点?

对发行人而言，优先股相比普通股的主要优点是不分散控制权，红利稀释较少。此外，会计处理也比较灵活。缺点是优先股股息不能税前扣除，可能会增加财务负担。

对于投资者而言，优先股能够满足长期稳定收益的投资需求，但收益较低，在极端情况下，也有违约的风险。（啃两句：优先股，其实更像是债券。投资者获得的是一种稳定的低风险收益。）

什么样的公司适合发优先股?

一是银行类金融机构，可以发行优先股补充一级资本，满足资本充足率的监管要求；二是资金需求量较大、现金流稳定的公司，发行优先股可以补充低成本的长期资金，降低资产负债率，改善公司的财务结构；三是创业期、成长初期的公司，股票估值较低，通过发行优先股，可在不稀释控股权的情况下融资；四是进行并购重组的公司，发行优先股可以作为收购资产换取股票的支付工具。

目前哪些主体可以发行优先股?

根据《国务院关于开展优先股试点的指导意见》（国发〔2013〕46号）及

《优先股试点管理办法》（中国证券监督管理委员会令第97号）等法规规章，上市公司的上证50指数公司，以公开发行优先股作为支付手段收购或吸收合并其他上市公司的公司，以减少注册资本为目的回购普通股的公司，可以公开发行优先股；其他上市公司、非上市公司（全国股份转让系统挂牌公司）和注册在境内的境外上市公司可以非公开发行优先股。优先股的发行和转让需在沪深交易所、全国股份转让系统内进行。

Ken Zhang 啃哥有话说

注意国发〔2013〕46号文件是国务院对新三板的规定，起点不可谓不高。足见中央从2013年开始就对金融行业予以高度重视。另需注意的是，大部分公司，包括新三板公司，都只能非公开发行优先股。

非上市公众公司非公开发行优先股有哪些条件和要求？

非上市公众公司非公开发行优先股的基本条件是：

（1）合法合规经营；

（2）公司治理机制健全；

（3）依法履行信息披露义务。

此外，《优先股试点管理办法》还对优先股发行规定了一些具体要求，主要包括：

（1）不存在该试点办法规定的禁止发行优先股的情形；

（2）相同条款的优先股应当具有同等权利，同次发行的相同条款优先股，发行的条件、价格和票面股息率等各项条款应当相同；

（3）不得发行在股息分配和剩余财产分配上具有不同优先顺序的优先股；

（4）已发行的优先股不得超过公司普通股股份总数的50%，且筹资金额不得超过发行前净资产的10%；

（5）非公开发行优先股的股票股息率不得高于最近两个会计年度的加权平均净资产收益率；

（6）优先股面值为100元。

Ken Zhang 啃哥有话说

证监会的《优先股试点管理办法》于2014年3月21日颁布后，新三板公司也很快推出了《优先股业务指引（试行）》，但是市场反应冷淡，甚至没有新三板挂牌企业选择发行优先股。啃哥认为，这是由于新三板管理层认为时机还不成熟，没有大力推动的必然结果。现在挂牌的企业，更多的是需要发行股份。什么时候股份发行得差不多了，才会考虑优先股。优先股存在的条件是有完善的债权融资市场和股权融资市场，因此在基础不完善的时候推出优先股，结果就是市场用脚投票，无人发行。

非公开发行优先股的发行对象有何规定?

第一，发行人数上，每次发行对象不得超过200人，且持有相同条款优先股的发行对象累计不得超过200人。

第二，只能向合格投资者发行优先股，合格投资者范围主要包括：

（1）金融机构，包括商业银行、证券公司、基金管理公司、信托公司和保险公司等；

（2）理财产品，包括但不限于银行理财产品、信托产品、投连险产品、基金产品、证券公司资产管理产品等；

（3）实收资本或实收股本总额不低于人民币500万元的企业法人；

（4）实缴出资总额不低于人民币500万元的合伙企业；

（5）合格境外机构投资者（QFII）、人民币合格境外机构投资者（RQFII）、符合国务院相关部门规定的境外战略投资者；

（6）除发行人董事、高级管理人员及其配偶以外的，名下各类证券账户、资金账户、资产管理账户的资产总额不低于人民币500万元的个人投资者；

（7）经中国证监会认可的其他合格投资者。

需要特别说明的是，挂牌公司发行优先股的合格投资者范围，与发行普通股存在以下差异：

(1) 发行人的董事、高管及其配偶可以认购本公司发行的普通股，但不能认购本公司非公开发行的优先股；

(2) 公司普通股股东、核心员工不符合 500 万以上证券资产标准的，可以作为合格投资者参与认购普通股，但不能作为合格投资者参与认购优先股。

Ken Zhang 啃哥有话说

因为一旦超过 200 人就属于公开发行了。因此上文提到少于 200 人，只能向“合格”投资者发行，也就是向有实力的投资者发行，不能向散户发行。

如果公司发行了优先股，在信息披露方面应当注意哪些问题？

发行优先股的挂牌公司，在年度报告、半年度报告等定期报告中，应当设专章披露优先股的相关情况；在日常信息披露中，涉及优先股付息、回售/赎回、转换、表决权恢复等特殊事项，应当发布专门的临时公告。

挂牌公司发行优先股，应当遵循哪些规定？

目前，国务院颁布的《关于开展优先股试点的指导意见》(国发〔2013〕46 号) 是优先股试点工作的基本规定。为落实该指导意见，证监会制定了《优先股管理办法》，对优先股的发行、交易 (转让)、信息披露等做了进一步具体规定。针对非上市公众公司发行优先股的特殊要求，证监会还颁布了《非上市公众公司信息披露内容与格式指引第 7 号——定向发行优先股说明书和发行情况报告书》、《非上市公众公司信息披露内容和格式准则第 8 号——定向发行优先股申请文件》。

为业务操作层面落实落实和执行上述法规，全国股份转让系统还指定颁布了《优先股业务指引 (试行)》和配套的信息披露内容和格式指引。

证监会颁布的两个关于非上市公众公司发行优先股的规定，有哪些主要内容和特点？

《非上市公众公司信息披露内容和格式准则第 7 号——定向发行优先股说明

书和发行情况报告书》、《非上市公众公司信息披露内容与格式准则第 8 号——定向发行优先股申请文件》两个准则，为非上市公众公司发行优先股指明了操作路径和监管要求，明确了试点期间优先股的发行主体、豁免核准、转让场所等问题，规范了优先股定向发行环节信息披露的内容、格式及申请文件。

Ken Zhang 啃哥有话说

任何金融产品的出现，都是政策先行。上文两个政策就是给优先股铺路的政策。

《优先股试点管理办法》规定非上市公众公司可以“非公开发行优先股”，而两个信息披露内容与格式准则使用了“定向发行优先股”的概念，二者是否存在差异?

《优先股试点管理办法》规定了非上市公众公司发行优先股的申请、审核（豁免）、发行等相关程序应按照《非上市公众公司监督管理办法》等相关规定办理。因此，为了与《非上市公众公司监督管理办法》规定的定向发行制度相衔接，非上市公众公司发行优先股的两个信息披露内容与格式准则，使用了“定向发行优先股”的概念，与《优先股试点管理办法》规定的非上市公众公司“非公开发行优先股”相比，仅是规则术语的不同，在规则内容上没有差异。

证监会和全国股份转让系统对挂牌公司发行优先股有怎样的管理分工?

挂牌公司优先股股东和普通股股东人数合并累计超过 200 人发行优先股的，由证监会核准。挂牌公司优先股股东和普通股股东人数合并累计不超过 200 人的，证监会豁免核准，由全国股份转让系统备案管理。

挂牌公司发行优先股与发行普通股在发行程序等方面是否有差异?

挂牌公司发行优先股的程序与发行普通股基本相同，按照《优先股业务指引（试行）》的规定，可以参照适用《股票发行业务细则（试行）》等文件的相关规定。

但需要注意的是，在信息披露文件的编制上，定向发行优先股说明书和发行情况报告书应当按照证监会颁布的内容与格式准则的规定编制。

非上市公众公司收购

什么是收购?

所谓收购，通常是指收购人通过合法途径取得公司控制权的行为。为规范非上市公众公司的收购，中国证监会制定并颁布了《非上市公众公司收购管理办法》(以下简称《收购办法》)及配套的格式指引，全国股份转让系统也出台了相应的配套规则。

目前，《证券法》和《收购办法》均未给出收购的明确定义。从《收购办法》的内容看，主要是对非上市公众公司控制权或第一大股东发生变化的情况进行了规定。需要特别说明的是，《收购办法》的“收购”，仅指非上市公众公司被收购的情形。

Ken Zhang 啃哥有话说

啃哥提请注意，收购的定义是“取得公司控制权”。因此，任何参股投资但不具有取得控制权的情况，都不属于收购行为。《非上市公众公司收购管理办法》于2014年7月23日颁布，其实就是证监会在给新三板铺路的政策。因为目前中国所谓的非上市公众公司，只有新三板，别无他店。

全国股份转让系统收购制度的主要特点是什么?

全国股份转让系统的收购制度主要有以下几个特点：

一是不设行政许可，以信息披露为核心。全国股份转让系统实行了较为严格的投资者适当性制度，投资者具有较强的风险识别与承受能力。因此《收购办法》不设行政许可，充分发挥市场约束机制，强化全国股份转让系统的自律监管职责，给市场和投资者更大的决策范围。

二是简化披露内容。除要约收购或者收购活动导致第一大股东或实际控制人发生变更的，其他收购只需要披露权益变动报告书，简要披露收购人的基本情况、持股数量和比例、持股性质、权益取得方式等信息，且不区分简式权益变动报告书和详式权益变动报告书。收购报告书和要约收购报告书也大幅减少披露内容，重点强化客观性事实披露，弱化主观性分析信息，较上市公司的相关要求减少超过一半。

三是加强责任主体的自我约束和市场自律监管。借鉴新股发行制度改革的做法，对于相关责任主体做出公开承诺的，要求同时披露未能履行承诺时的约束措施。全国股份转让系统对未能履行承诺的，及时采取自律监管措施。

Ken Zhang 啃哥有话说

可以看到，在新三板中进行的收购行为和过程会很简单，没有行政许可，完全交给市场完成。披露内容也比 A 股少了一半。因此可以预见，新三板中的收购案例将会频繁发生，因为它完全实现了市场化。

《收购办法》的主要内容是什么?

《收购办法》大体上可以分为两大制度体系，一是权益披露，二是收购类型。在此基础上，《收购办法》又对收购类型进行了细化规定，分为了控制权变动、要约收购等几种情况，并分别做出了规定。

权益披露的主要内容和功能是什么?具体有什么披露要求?

权益披露又被称为持股预警信息披露，是一种对于控制权变动的预警性披露。收购人在收购公司前，往往需要取得一部分的控制权，从而便利后续收购活动的开展。因此，每当公众公司股票大量、快速地聚集到个别股东手中的时候，都可能预示着一次潜在的收购行为。在出现这种情况时，为了使广大投资者和市场参与主体及时、公平地获取相关信息，就需要相关持股主体对持股情况进行披露，并限制其在一定时间内的交易权限。（啃两句：需要明确，权益收购是一种预警性披露，可以告诉市场一定信息。）

具体到挂牌公司的权益披露规则，主要包括以下要点：

（1）首次触发。根据《收购办法》的规定，投资者及其一致行动人持有挂牌公司的股票（拟）达到或者超过10%之时，就应该进行权益披露。相关信息披露主体应当自该事实发生之日起2日内编制并披露权益变动报告书，报送全国股份转让系统，并通知该挂牌公司。同时，自发生应当披露权益变动报告书的事实之日至披露后2日内，相关投资者及其一致行动人不得再买卖该挂牌公司的股票。需要特别提醒的是，该交易限制仅针对触发权益披露的个别投资者，公司股票并未被实施暂停转让，以下亦同。

Ken Zhang 啃哥有话说

达到10%的时候，不需要股票停牌，只需要详细披露该事项，让市场知道就好。在出现该情况后，利益相关的投资者就不能再购买这个股票，因为其存在利益关系，有使用内幕交易的嫌疑。

（2）持续触发。投资者及其一致行动人拥有权益的股份达到公众公司已发行股份的10%后，其拥有权益的股份占该公众公司已发行股份的比例每增加或减少5%（即其拥有权益的股份每达到5%的整数倍时），应当比照首次触发时的要求进行信息披露，即自该事实发生之日起2日内编制并披露权益变动报告书，报送全国股份转让系统，并通知该挂牌公司。同时，自发生应当披露权益变动报告书的事实之日至披露后2日内，相关投资者及其一致行动人不得再买卖该挂牌公司的股票。（啃两句：即超过10%后，每变动5%就需要披露一次。）

在挂牌公司收购中会涉及哪些主体?

一般来说，挂牌公司收购的主要参与主体有三大类：收购人、被收购公司及其股东、中介机构。

收购人即收购行为的发起人。在收购完成后，收购人将成为挂牌公司的第一大股东或实际控制人。

被收购对象即收购的对象，被收购对象的股东则是收购人的直接交易对手方。由于公司一般不能持有自己的股票，因此收购行为一般是收购人通过购买被收购公司股东的股票来完成的。

中介机构则是包括独立财务顾问、会计师事务所、律师事务所等在内的，可能参与到挂牌公司收购中的各类机构。其中，独立财务顾问是收购中作用最为显著的中介机构，《收购办法》中也明确规定“为公众公司收购提供服务的财务顾问的业务许可、业务规则和法律责任等，按照《上市公司并购重组财务顾问业务管理办法》的相关规定执行”。

收购挂牌公司的收购人需要满足什么条件?

为保护收购公司及其股东的合法权益，《收购办法》从正反两方面规定了收购人需要满足的条件。

一方面，《收购办法》明确规定，收购人及其实际控制人应当具有良好的诚信记录，收购人及其实际控制人为法人的，应当具有健全的公司治理机制；任何人不得利用公众公司收购损害被收购公司及其股东的合法权益。

另一方面，《收购办法》又列出了收购的否定条件，规定有下列情形之一的，不得进行公众公司收购：

（1）收购人负有数额较大债务，到期未清偿，且处于持续状态；

（2）收购人最近 2 年有重大违法行为或者涉嫌有重大违法行为；

（3）收购人最近 2 年有严重的证券市场失信行为；

（4）收购人为自然人的，存在《公司法》第一百四十六条规定的情形；

（5）法律、行政法规规定以及中国证监会认定的不得收购公众公司的其他情形。

Ken Zhang 啃哥有话说

可见，关于收购，不是说想收购就能收购的，还有很多限制条件。例如，收购人必须诚信，收购人负债不能过大，不能有违法行为等。

独立财务顾问是否必须要聘请？主要职责是什么？

对于收购方来说，原则上必须聘请，且独立财务顾问在收购完成后 12 个月内需要对收购方进行持续督导。可以不聘请独立财务顾问的例外情况包括：国有股行政划转或者变更、因继承取得股份、股份在同一实际控制人控制的不同主体之间进行转让、取得公众公司向其发行的新股、司法判决导致收购人成为或拟成为公众公司第一大股东或者实际控制人。

对于被收购的挂牌公司来说，没有聘请独立财务顾问的强制性要求。《收购办法》仅规定在要约收购中，被收购方可以聘请独立财务顾问；该财务顾问可以是为公司提供持续督导服务的主办券商，但存在影响独立性、财务顾问资格受限的情况除外；可以同时聘请其他机构担任独立财务顾问。

在功能方面，《收购办法》明确规定：收购人聘请的财务顾问应当勤勉尽责，遵守行业规范和职业道德，保持独立性，对收购人进行辅导，帮助收购人全面评估被收购公司的财务和经营状况；对收购人的相关情况进行尽职调查，对收购人披露的文件进行充分核查和验证；对收购事项客观、公正地发表专业意见，并保证其所制作、出具文件的真实性、准确性和完整性。在收购人公告被收购公司收购报告书至收购完成后 12 个月内，财务顾问应当持续督导收购人遵守法律、行政法规、中国证监会的规定、全国股份转让系统相关规则以及公司章程，依法行使股东权利，切实履行承诺或者相关约定。此外，财务顾问认为收购人利用收购损害被收购公司及其股东合法权益的，应当拒绝为收购人提供财务顾问服务。

什么是控制权变动？在控制权变动的情况下，收购人都需要履行哪些信息披露义务？收购取得的股份是否有限售要求？

根据《收购办法》的规定，控制权变动是指通过全国股份转让系统的证券转让，投资者及其一致行动人拥有权益的股份变动导致其成为公众公司第一大股东或者实际控制人；或者通过投资关系、协议转让、行政划转或者变更、执行法院裁定、继承、赠与、其他安排等方式拥有权益的股份变动导致其成为或拟成为公众公司第一大股东或者实际控制人且拥有权益的股份超过公众公司已发行股份的 10%。

挂牌公司如果发生控制权变动，相关投资者及其一致行动人需要在该事实发生之日起 2 日内编制收购报告书，连同财务顾问专业意见和律师出具的法律意见书一并披露，报送全国股份转让系统，同时通知挂牌公司。

同时需要注意的是，收购公众公司股份需要取得国家相关部门（如国资、外资管理部分等）批准的，收购人应当在收购报告书中进行明确说明，并持续披露批准程序进展情况。在限售要求方面，收购人成为挂牌公司第一大股东或者实际控制人的，收购人持有的被收购公司股份，在收购完成后 12 个月内不得转让。但是，收购人在被收购公司中拥有权益的股份在同一实际控制人的不同主体之间转让不受前述 12 个月的限制。

Ken Zhang 啃哥有话说

上文给出了“控制权变动”最严谨、最官方的解释。需要注意的是限售方面的内容，即收购人持有的被收购公司股份，在收购完成后 12 个月内不得转让。

什么是协议收购？协议收购有什么特别规定？

《收购办法》中并未给出协议收购的准确定义。

一般而言，协议收购即指通过协议的方式进行收购。例如，收购人与公司的原实际控制人签订协议，通过受让股权取得公司控制权，就是典型的协议收购。

除了需要遵守控股权变动的一般信息披露要求外，协议收购还涉及收购过渡期的特殊规定。根据《收购办法》，以协议方式进行公众公司收购的，自签订收购协议起至相关股份完成过户的期间为公众公司收购过渡期（以下简称过渡期）。在过渡期内，收购人不得通过控股股东提议改选公司董事会，确有充分理由改选董事会的，来自收购人的董事不得超过董事会成员总数的 1/3；被收购公司不得为收购人员及其关联方提供担保；被收购公司不得发行股票募集资金。

在过渡期内，被收购公司除继续从事正常的经营活动或者执行股东大会已经做出的决议外，被收购公司董事会提出拟处置公司资产、调整公司主要业务、担保、贷款等议案，可能对公司的资产、负债、权益或者经营成果造成重大影响的，应当提交股东大会审议通过。

Ken Zhang 啃哥有话说

上文详细介绍了什么是协议收购，其实很简单，即通过普通标准协议完成的股份转让，达到控制权的，就都属于协议收购。只是后面对过渡期还有一些具体规定，以避免过渡期过程中发生无法控制的风险。

什么是要约收购？要约收购有哪些类型？

所谓要约收购，即通过向公司所有股东发出要约购买其持有的公司股份的方式来进行的收购。

要约收购可以分为全面要约和部分要约两大类，区别主要在于收购股份的数量。全面要约是收购所有股东的所有股份，而部分要约则是收购所有股东的部分股份。需要特别注意的是，无论是全面要约还是部分要约，要约的对象都是公司的所有股东。

Ken Zhang 啃哥有话说

要约，是一个法律术语。其定义为：要约是当事人一方向对方发出的希望与对方订立合同的意思表示。发出要约的一方称要约人，接收要约的一方称受要约人。要约收购，即表示发出一个要收购的意思表示，是向全体股东发出的。

要约收购的具体流程是什么？

首先，以要约方式收购挂牌公司股份的，收购人应当聘请财务顾问，并编制要约收购报告书，连同财务顾问专业意见和律师出具的法律意见书一并披露，报送全国股份转让系统，同时通知该挂牌公司。要约收购需要取得国家相关部门批准的，收购人应当在要约收购报告书中进行明确说明，并持续披露批准程序进展情况。在这一环节，要约收购与控制权变动需要履行的程序基本一致。

在相关信息披露文件披露后，收购期限开始计算。收购要约约定的收购期限不得少于 30 日，并不得超过 60 日；但是出现竞争要约的除外。要约收购期限届满后 2 日内，收购人应当披露本次要约收购的结果。发出部分要约收购的收购人应当按照要约约定的条件购买被收购公司股东预受的股份，预受要约股份的数量超过预定收购数量后，收购人应当按照同等比例收购预受要约的股份；发出全面要约的收购人应当购买被收购公司股东预受的全部股份。要约收购流程具体可参见图 4.3。

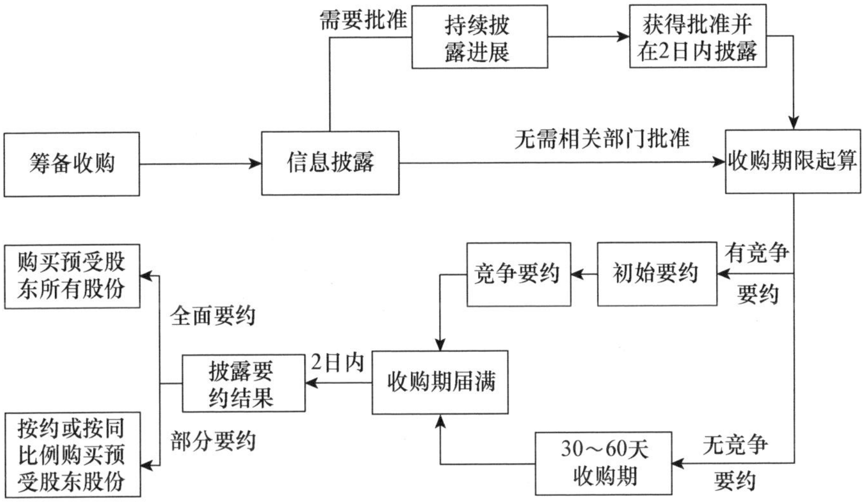

图 4.3 要约收购流程

啃哥有话说

可以看出，整个过程的关键在于要及时披露。此外，整个过程也没有审核环节，可见其操作的便利性。

对于要约收购，《收购办法》还有什么特别规定？

根据《收购办法》，要约收购预收的股份比例不得低于该公众公司已发行股份的 5%；收购人披露后至收购期届满前，不得卖出被收购公司的股票，也不得采取要约收购规定以外的形式和超出要约的条件买入被收购公司的股票。

此外，虽然《收购办法》中没有关于强制全面要约的规定，但同时要求公众公司应当在公司章程中约定公司被收购时收购人是否需要向公司全体股东发出全面要约收购，并明确全面要约收购的触发条件以及相应制度安排。根据公司章程规定需要发出全面要约收购的，同一种股票要约价格不得低于要约收购报告书披露日前6个月内取得该股票所支付的最高价格。

要约收购可以使用的支付手段包括哪些？有什么履约保障要求？

在要约收购中，收购人可以使用现金、证券、现金与证券相结合等合法方式支付。同时，必须提供至少一项履约保障：

（1）将不少于收购价款总额的20%作为履约保证金存入中国结算指定的银行等金融机构；收购人以在中国结算登记的证券支付收购价款的，在披露要约收购报告书的同时，将用于支付的全部证券向中国证券申请办理权属变更或锁定。

（2）银行等金融机构对于要约收购所需价款出具保函。

（3）财务顾问出具承担连带担保责任的书面承诺。如要约期满，收购人不支付收购价款，财务顾问应当承担连带责任，并进行支付。

需要注意的是，收购人以证券支付收购价款的，还应当披露该证券发行人最近2年经审计的财务会计报表、证券估值报告，并配合被收购公司或其聘请的独立财务顾问的尽职调查工作。收购人以未在中国结算登记的证券支付收购价款的，必须同时提供现金方式供被收购公司的股东选择，并详细披露相关证券的保管、送达被收购公司股东的方式和程序安排。

Ken Zhang 啃哥有话说

既然要收购，收购方就必须拿出诚意来，因此才有了上面所谈的履约保障的问题。

什么是竞争要约？对于竞争要约，《收购办法》有何特别规定？

在某些情况下，可能同时出现针对同一家公司发出多个收购要约，我们将第一个发出的要约称为初始要约，之后发出的要约统称为竞争要约。

《收购办法》规定，发出竞争要约的收购人最迟不得晚于初始要约收购期届满前15日披露要约收购报告书，同时需要履行相应的披露义务。在出现竞争要约的情况下，发出初始要约的收购人变更收购要约距初始要约收购期限届满不足15日的，应当延迟收购期限，延长后的要约收期间应当不少于15日，不得超过最后一个竞争要约的期满日，并按规定比例追加履约保证能力。

Ken Zhang 啃哥有话说

当出现多个收购方，就会变为竞争性要约收购。当然，对于被收购方而言，最终只能在多个收购方中选择一家。

重大资产重组实务

Ken Zhang 啃哥有话说

这是很现实的东西，“重大资产重组”这两年在资本市场非常热，还有下文的“实务”，那必然是干货了。中国号称已进入并购重组时代，是当今世界并购重组最频繁的市场（注意，没有之一）。因为中国大多数行业集中度不高，随着资本市场的健康发展，所带来的，就是金融健全后的报复性行业借助资本的力量迅速走向集中的一个过程。

什么是重大资产重组？

为规范上市公众公司的重大资产重组，中国证监会制定并颁布了《非上市公众公司重大资产重组管理办法》（以下简称《重组办法》）及配套的格式指引，全国股份转让系统也出台了相应的配套规则。

Ken Zhang 啃哥有话说

其实啃哥想说，只要带“非上市公众公司”字样的，就

100%是为新三板服务的。这个《重组办法》是2014年6月23日推出的，其实目的很明确，就是在政策上为新三板先扫清障碍。

根据《重组办法》，非上市公众公司的重大资产重组是指公众公司及其控股或者控制的公司在日常经营活动之外购买、出售资产或者通过其他方式进行资产交易，导致公众公司的业务、资产发生重大变化的资产交易行为。在判断标准方面，公众公司及其控股或者控制的公司购买、出售资产，达到下列标准之一的，构成重大资产重组：

(1) 购买、出售的资产总额占公众公司最近一个会计年度经审计的合并财务会计报表期末资产总额的比例达到50%以上；

(2) 购买、出售的资产净额占公众公司最近一个会计年度审计的合并财务会计报表期末净资产额的比例达到50%以上，且购买、出售的资产总额占公众公司最近一个会计年度经审计的合并财务会计报表期末资产总额的比例达到30%以上。

在具体应用中，针对不同的资产类型，需要按以下原则进行判断：

(1) 购买的资产为股权的，且购买股权导致公众公司取得被投资企业控股权的，其资产总额以被投资企业的资产总额和成交金额二者中的较高者为准，资产净额以被投资企业的净资产额和成交金额二者中的较高者为准；出售股权导致公众公司丧失被投资企业控股权的，其资产总额、资产净额分别以被投资企业的资产总额以及净资产额为准。

除前款规定的情形外，购买的资产为股权的，其资产总额、资产净额均以成交金额为准；出售的资产为股权的，其资产总额、资产净额均以该股权的账面价值为准。

(2) 购买的资产为非股权资产的，其资产总额以该资产的账面值和成交金额二者中的较高者为准，资产净额以相关资产与负债账面值的差额和成交金额二者中的较高者为准；出售的资产为非股权资产的，其资产总额、资产净额分别以该资产的账面值、相关资产与负债账面值的差额为准；该非股权资产不涉及负债的，不适用资产净额标准。

(3) 公众公司同时购买、出售资产的，应当分别计算购买、出售资产的相关比例，并以二者中的比较较高者为准。

（4）公众公司在12个月内连续对同一或者相关资产进行购买、出售的，以其累计数分别计算相应数额。已按照《重组办法》的规定履行相应程序的资产交易行为，无须纳入累计计算的范围。交易标的资产属于同一交易方所有或者控制，或者属于相同或者相近的业务范围，或者中国证监会认定的其他情形，可以认定为同一或者相关资产。

Ken Zhang 啃哥有话说

上文给出了判断重大资产重组的两条确定性标准。由于都是完全量化的，因此易于操作。

全国股份转让系统重大资产重组制度的主要特点是什么？

全国股份转让系统的重大资产重组制度主要有以下几个特点：

一是减少事前的行政干预。对于非上市公众公司的重大资产重组行为，不设事前行政许可，以信息披露为抓手。只有发行股份购买资产构成重大资产重组的情况方才涉及核准或备案要求。具体来说，公司发行股份购买资产构成重大资产重组，发行后股东人数累计超过200人的需要中国证监会核准，发行后股东人数累计不超过200人的需要向全国股份转让系统公司备案。

二是突出公司自治。对于一些涉及重组的具体事项，给予公司一定的自主权和选择空间。比如不限制支付手段定价、不强制要求对重组资产进行评估、不强制要求对重组做出盈利预测、不强制要求公司对重组拟购买资产的业绩进行承诺，但如果做出承诺的，应当披露相关承诺及未能履行承诺时的约束措施等。

三是简化要求，降低公司重组成本。比如：简化非上市公众公司重大资产重组程序，不设重组委；实现独立财务顾问与主办券商结合，降低公司重组中聘请中介的支出；精练信息披露内容，减少公司披露主观描述性的信息等。

四是强化中介机构的作用。主办券商持续督导是全国股份转让系统的市场特色之一。在公司重大资产重组减少行政干预的情况下，中介机构的作用更加突出。为此，《重组办法》对独立财务顾问的职能、权利与义务做了明确的规定，并原则规定了主办券商与独立财务顾问的“捆绑”，体现出突出主办券商制度、强化中介机构作用的立法思路。同时，《全国中小企业股份转让系统非上市公众公司重大资产重组业务指引（试行）》中也明确规定，为公司提供持续督导的主办券商未担任公司独立财务顾问的，应当遵守《全国中小企业股份转让系统业务规则（试行）》的规定，履行持续督导义务。

五是加强投资者保护。尽管全国股份转让系统有较高的投资者准入标准，但在整套重大资产重组制度中，对投资者权益的保护依然是立法重点之一。例如，《重组办法》中就明确规定，股东人数超过200人的挂牌公司进行重大资产重组的，应当对出席会议的持股比例在10%以下的股东表决情况实施单独计票；同时，退市公司进行重大资产重组的，其股东大会应当提供网络投票等方式，便利中小股东参会。

Ken Zhang 啃哥有话说

上述五点概括了新三板重大资产重组的特点，对比A股重大资产重组管理办法可以看出，在A股还处于减少负担、减少行政干预的阶段，新三板其实在一开始就已将行政的力量降到了最小。完全依靠公司自治和强化中介机构的作用，推动着重大资产重组健康发展。这方面新三板确实起到了表率的作用。

挂牌公司进行重大资产重组需要满足什么条件?

根据《重组办法》的规定，挂牌公司如需进行重大资产重组，需要同时满足以下四项条件：

第一，重大资产重组所涉及的资产定价公允，不存在损害公众公司和股东合法权益的情形。

第二，重大资产重组所涉及的资产权属清晰，资产过户或者转移不存在法律障碍，相关债权债务处理合法；所购买的资产，应当为权属清晰的经营性资产。

第三，实施重大资产重组后有利于提高公众公司资产质量和增强持续经营能力，不存在可能导致公众公司重组后主要资产为现金或者无具体经营业务的情形。

第四，实施重大资产重组后有利于公众公司形成或者保持健全有效的法人治理结构。

（啃两句：其实上述四项都是很基础的条件，绝大多数公司是完全符合的。）

在什么情况下，重大资产重组需要进行核准或者备案

根据《重组办法》的规定，只有挂牌公司发行股份购买资产构成重大资产重组时，才涉及核准或者备案要求。具体来说，发行后股东人数不超过 200 人的，在验资完成后 10 个转让日内应当向全国股份转让系统申请备案；发行后股东人数超过 200 人的，应当在股东大会结束后向中国证监会申请核准。需要注意的是，备案和核准的时间节点及文件要求均有差异。

Ken Zhang 啃哥有话说

当股东人数超过 200 人，就不属于新三板公司管辖范围了，因此需要证监会核准。只要在 200 人以内，新三板公司基本不管，只要完成重大资产重组，在新三板公司备案就行，充分放权。啃哥觉得，这是因为 200 个股东以内的公司，即使出事情，影响也有限，因此不用太严格管理。但是股东人数一旦超过 200 人，如果出事情了，波及面就会比较广，因此需要严格管理。不过，199 人和 201 人能有多大差别呢？也许就是为了划清新三板公司和证监会的权限范围，因此人为地设定了一个数字而已。

挂牌公司重大资产重组对于财务顾问有什么要求？

与收购不同，挂牌公司进行重大资产重组，必须要聘请财务顾问，且应当聘请为其提供督导服务的主办券商为独立财务顾问，但存在影响独立性、财务顾问业务受到限制等不宜担任独立财务顾问情形的除外。挂牌公司也可以同时聘请其他具有资质的机构共同担任重大资产重组的财务顾问。

Ken Zhang 啃哥有话说

与收购不同，挂牌公司进行重大资产重组时，必须要聘请财务顾问。啃哥认为，原因是重大资产重组比收购更复杂。收购行为是一种简单的取得控股权的行为，而重大资产重组却是在主业之外进行收购，甚至带来业务模式变化的行为，相对较为复杂。因此需要更多的参与方（不一定是高手）集思广益，这才强制要求必须聘请财务顾问。

重大资产重组交易进程备忘录是什么？有什么具体的制作要求？

重大资产重组交易进程备忘录是挂牌公司进行重大资产重组的重要证明文件。

根据《重组办法》的规定，公众公司筹划重大资产重组事项，应当详细记载筹划过程中每一具体环节的进展情况，包括商议相关方案、形成相关意向、签署相关协议或者意向书的具体时间、地点、参与机构和人员、商议和决议内容等，制作书面的交易进程备忘录并予以妥当保存；参与每一具体环节的所有人员应当即时在备忘录上签名确认。

Ken Zhang 啃哥有话说

即**业务留痕**，也就是啃哥经常讲的雷锋的故事。试问如果雷锋不是天天写日记，谁会知道他做过那么多事情，又怎么能成为“雷锋”呢？同样的道理，在重大资产重组备忘录环节也是完全适用的。

重大资产重组的主要流程有哪些？

一般来说，重大资产重组大致可以分为现金购买资产和发行股份购买资产两种情况。在股东大会召开前，两种情况下重大资产重组需要履行的程序基本是一致的，都包括了申请暂停转让、提交内幕信息知情人相关资料、召开首次董事会、信息披露、全国股份转让系统审查、申请恢复转让、召开股东大会等。

在召开股东大会后，如果是现金购买资产的情形，公司就可以继续推进重组程序，完成资产过户；如果是发行股份购买资产的情形，则需要向中国证监会申请核准或向全国股份转让系统申请备案，详细流程见图 4.4、图 4.5。

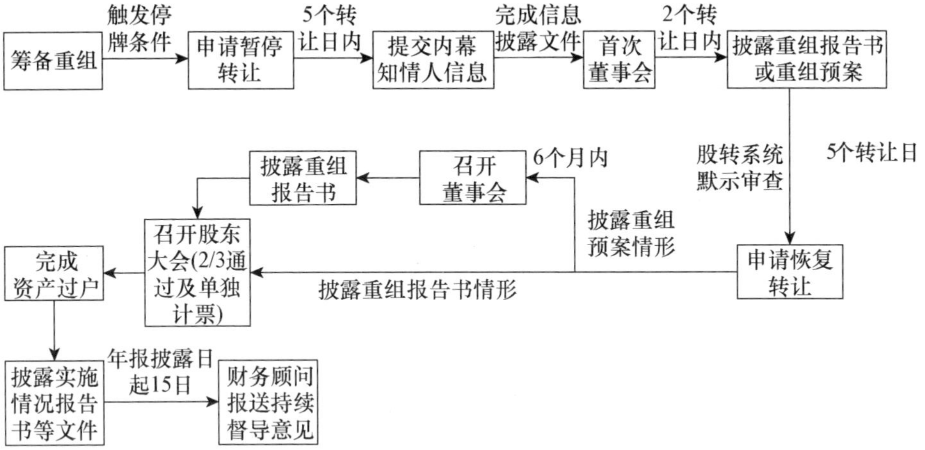

图 4.4　重大资产重组流程示意（现金认购）

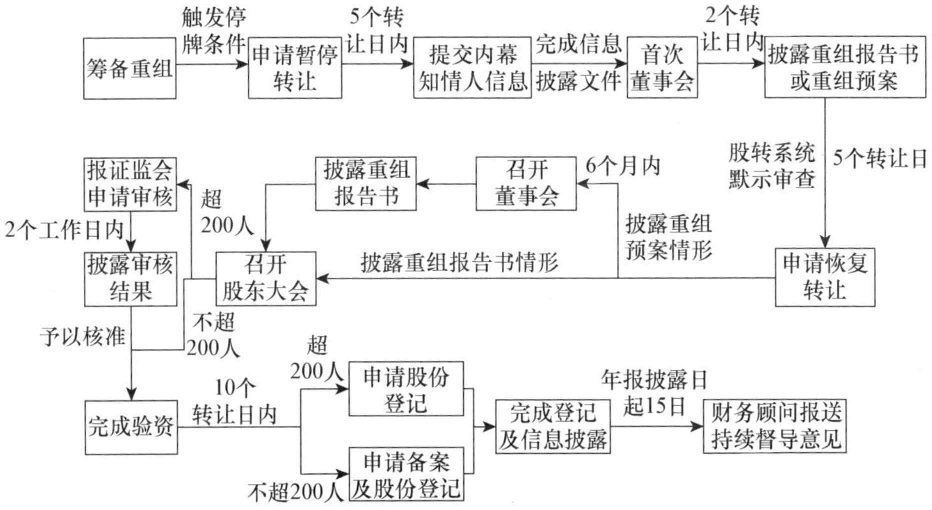

图 4.5　重大资产重组流程示意（发行股份购买资产）

啃哥有话说

Ken Zhang

上文说到的现金购买资产，顾名思义，就是使用现金购买对方资产；而发行股股份购买资产，即通过增发股份购买对方的资产。

这是重大资产重组最普遍的两种形式。

收购行为和重大资产重组环节，都是必须要停牌的。因为确实会对公司整体利润情况影响重大，进而影响到公司股价。同时，由于重大资产重组中的发行股份购买资产的情形，是需要增加股东人数的，又会涉及 200 人的问题。

挂牌公司进行重大资产重组时，在什么情况下需要申请证券暂停转让？有什么需要注意的事项？

根据全国股份转让系统的相关业务规则，挂牌公司出现下列情形之一的，须立即向全国股份转让系统公司申请公司证券暂停转让：

（1）交易各方初步达成实质性意向。

（2）虽未达成实质意向，但在相关董事会决议公告前，相关信息已在媒体上传播或者预计该信息难以保密或者公司证券转让出现异常波动。

（3）本次重组需要向有关部门进行政策咨询、方案论证。

除挂牌公司申请证券暂停转让的情形外，全国股份转让系统有权在必要情况下对挂牌公司证券主动实施暂停转让。

特别需要注意的是，在申请暂停转让时，挂牌公司必须通过全国股份转让系统设置的专用传真机（010-63889872），在转让日收市后 15 时 30 分至 16 时 30 分之间发送暂停转让申请。在公司证券暂停转让前，全国股份转让系统不接受任何关于挂牌公司重大资产重组的咨询，也不接收任何相关材料。

Ken Zhang 啃哥有话说

因为重大资产重组需要停牌，那么什么时候停又成为关键。核心是不能有内幕信息知情人知道了类似信息，购买公司股票。也就是重大资产重组信息被知道之前赶紧停牌。最后一句也是股转公司为了自身不介入到内幕的自保措施。

根据全国股份转让系统的业务规则，挂牌公司在申请暂停转让时要确定最晚恢复转让日，该日期有什么具体要求？挂牌公司证券暂停转让的最长时限是多少？

该最晚恢复转让日由公司自主确定，但暂停转让时间原则上不应超过 3 个月，且最晚恢复转让日与首次董事会召开日之间的时间间隔不少于 9 个转让日。暂停转让时间需超过 3 个月的，应当向全国股份转让系统公司说明理由，并在取得全国股份转让系统公司的同意后发布关于公司证券需长期暂停转让的公告。

同时，挂牌公司申请证券暂停转让后，应当每月披露一次重大资产重组进展情况报告，说明重大资产重组的谈判、批准、定价等事项进展情况和可能影响重组的不确定因素。

挂牌公司需要在什么时间报送内幕信息知情人的相关信息？具体需要报送什么资料？全国股份转让系统将如何审查上述资料？

根据全国股份转让系统的相关业务规则，挂牌公司应当在证券暂停转让之日起 5 个转让日内，向全国股份转让系统公司提交内幕信息知情人的相关资料。公司暂停转让日距离首次董事会召开之日不足 5 个转让日的，应当在申请暂停转让的同时报送上述材料。

需要报送的文件包括：挂牌公司重大资产重组内幕信息知情人登记表、相关人员买卖公司证券的自查报告、公司重大资产重组交易进程备忘录及公司全体董事对内幕信息知情人报备文件真实性、准确性和完整性的承诺书。

全国股份转让系统在收到上述材料后，将对内幕信息知情人在公司证券暂停转让前六个月的交易记录进行调查，对自查报告进行核实。

Ken Zhang 啃哥有话说

最后一句很关键，将对内部信息知情人前 6 个月的交易信息进行调查，看是否提前埋伏了。当然也包括家属的股票交易信息。因此看来还是很严格的。

公司在召开董事会后进行信息披露时，都需要披露什么文件？如果在首次董事会召开前相关资产的审计评估工作尚未完成，应该如何处理？

根据《重组办法》的规定，公司应当在披露董事会决议的同时，披露本次重大资产重组报告书、独立财务顾问报告、法律意见书以及重组涉及的审计报告、资产评估报告（或资产估值报告）等文件。

如果公司在首次召开董事会前本次重组相关资产尚未完成审计等工作，公司应当在披露首次董事会决议的同时披露重大资产重组预案及独立财务顾问对预案的核查意见。在披露重大资产重组预案后6个月内，公司应当完成审计工作，并再次召开董事会，在披露董事会决议时一并披露重大资产重组报告书、独立财务顾问报告、法律意见书以及本次重大资产重组涉及的审计报告、资产评估报告（或资产估值报告）等文件。

Ken Zhang 啃哥有话说

需要披露的文件都是标准型的那一套：重大资产重组报告书、独立财务顾问报告、法律意见书以及重组涉及的审计报告、资产评估报告等。

公司进行首次信息披露后，全国股份转让系统公司将如何对信息披露文件进行审查？

在公司信息披露后，全国股份转让系统将在5个转让日内对信息披露的完备性进行审查；全国股份转让系统未对信息披露提出异议的，公司应当在审查期满后向全国股份转让系统申请证券恢复转让。

发现信息披露存在完备性问题的，全国股份转让系统有权要求公司对存在问题的信息披露内容进行解释、说明和更正；公司预计在原定最晚恢复转让日仍无法恢复转让的，应当在接到公司股份转让系统关于信息披露异议的同时，申请延后最晚恢复转让日。发现公司重大资产重组信息披露存在重大瑕疵的，全国股份转让系统有权采取自律监管措施并向中国证监会报告，公司应当同时申请证券持续暂停转让。

Ken Zhang 啃哥有话说

这里新三板公司自己给自己设定了限制。5个转让日完成审查，自己逼迫自己，这是难能可贵的。

挂牌公司发行股份购买资产构成重大资产重组的，除一般的信息披露外，还需要在验资后向全国股份转让系统公司报送什么文件？

根据全国股份转让系统的相关业务规则，涉及发行股份购买资产构成重大资产重组的挂牌公司，如果发行后股东人数不超过200人，需要在验资完成后10个转让日内向全国股份转让系统公司申请备案；如果发行后股东人数超过200人，则需要在验资完成后10个转让日内向全国股份转让系统申请出具新增股份登记函。具体需提交的文件可参见《全国中小企业股份转让系统重大资产重组业务指南第2号：非上市公众公司发行股份购买资产构成重大资产重组文件报送指南》。

Ken Zhang 啃哥有话说

对于发行股份购买资产，其实就是股份增发。那么又会带来股东人数是否超过200人的问题。如果没超过，那么很好办，只要在验资完成后10个转让日内向全国股份转让系统公司申请备案；如果超过了，就需要走复杂的证监会流程。

重大资产重组完成后，挂牌公司需要披露什么文件？独立财务顾问如何对公司进行持续督导？

根据《重组办法》的相关规定，公司重大资产重组完成相关批准程序后，应当及时实施重组方案，并在本次重大资产重组实施完毕之日起2个工作日内，编制并披露实施情况报告书及独立财务顾问、律师的专业意见。

独立财务顾问应当按照中国证监会的相关规定，对实施重大资产重组的公司履行持续督导职责。持续督导的期限自公司完成本次重大资产重组之日起，应当不少于一个完整会计年度。独立财务顾问应当结合公司重大资产重组实施当年和实施完毕后的第一个完整会计年度的年报，自年报披露之日起15日内，对重大资产重组实施的下列事项出具持续督导意见，报送全国股份转让系统，并披露：

（1）交易资产的交付或者过户情况；

（2）交易各方当事人承诺的履行情况及未能履行承诺时相关约束措施的执行情况；

（3）公司治理结构与运行情况；

（4）本次重大资产重组对公司运营、经营业绩影响的状况；

（5）盈利预测的实现情况（如有）；

（6）与已公布的重组方案存在差异的其他事项。

在发行股份购买资产构成重大资产重组的情形中，对于在发行中取得的新股有什么限售要求？

根据《重组办法》的规定，特定对象以资产认购而取得的挂牌公司股份，自股份发行结束之日起6个月内不得转让；属于下列情形之一的，12个月内不得转让：

（1）特定对象为挂牌公司控股股东、实际控制人或者其控制的关联人。

（2）特定对象通过认购本次发行的股份取得挂牌公司的实际控制权。

（3）特定对象取得本次发行的股份时，对其用于认购股份的资产持续拥有权益的时间不足12个月。

Ken Zhang 啃哥有话说

限售条件需要了解，发行股份购买资产的，拿到股份的对象有锁定期的要求。存在6个月和12个月两种情况。

POURE OVER
THE NEW
OTC MARKET

05

公司治理与信息披露

公司治理与信息披露，将是新三板公司非常重要的一件事情，因为新三板上市公司基础可能比较薄弱，公司治理存在欠缺。因此挂牌前及挂牌后都需要不断加强治理与监管。新三板公司对挂牌企业提出了很多要求，描述清晰明了，啃哥不再做进一步分析展开，仅供感兴趣的朋友了解、查询使用。

公司在成长过程中，特别是从非公众公司走向公众公司，需要经历一系列“基因改造”流程，公司规范治理是其中最重要的环节之一。从公司内部生长角度来看，公司摆脱“人合”的组织架构，逐步走向“资合”，开始建立现代企业法人治理结构，成为公司走向成熟、稳健发展的起点。企业为了获得发展也需要突破内源融资的依赖，转向外源融资。引入外部资金和职业经理人的过程不可避免地会产生委托代理问题，从而对公司治理和信息对称问题等提出要求。规范的公司治理结构有助于公司提升经营决策的有效性、科学性以及风险防控能力。例如，有效的公司治理结构可以避免家族企业因“一言堂”带来的经营风险，能有效保证投资者资金的安全和运用到位，达到投资安全和增值的目的。作为公众公司治理的一个重要方面，挂牌公司需要进行持续信息披露，以便及时准确、全面地向市场展开自身治理结构的规范性，以及经营优势、风险等信息，从而确保市场参与各方能对挂牌公司运行情况及时了解，增强挂牌公司对外部投资者的吸引力。为此，挂牌公司需要依法制定公司章程，建立高效运转的、兼顾公司特点的股东大会、董事会、监事会和管理层（即三会一层）的架构体系，激励相容的内部管理和控制制度，权责明晰、有效制衡的管理机制，注重信息披露和投资者关系管理，切实提升公司治理水平和透明度。

与此同时，全国股份转让系统作为全国性公开证券交易场所，其挂牌交易的各类证券同上市公司发行的证券一样，对发行主体不确定性和运营风险非常敏感，挂牌公司相关信息的披露，将对挂牌公司发行的各类证券交易定价产生直接甚至决定性的影响，并据此引导社会资源的配置。因此，为确保市场具有高效的价格发现功能，推动社会资源的有效配置，提升挂牌公司对外部资源的吸引力，全国股份转让系统特别强调公司的持续信息披露职责，要求挂牌公司在主办券商的持续督导下，及时、准确、完整地披露半年报和年报，以及其他重大事项。

公司治理

作为公众公司，全国股份转让系统挂牌公司在公司治理机制方面有无特殊规定?

挂牌公司应当有健全的公司治理机制。公司应按规定建立由股东大会、董事会、监事会和高级管理层组成的公司治理架构，按照《公司法》、《非上市公众公司监督管理办法》（以下简称《非公办法》）及《非上市公众公司监督指引第3号——章程必备条款》（详见：全国股份转让系统官方网站 www.neeq.com.cn 或 www.neeq.cc“法律法规”一栏）等规定建立相应的公司治理制度，并能规范有效运行，保证股东权益。

全国股份转让系统对挂牌公司章程的制定有无特殊规定？

全国股份转让系统对挂牌公司章程的制定有具体的规定。挂牌公司除应依照《公司法》等相关规定制定公司章程外，还应遵照《非上市公众公司监管指引第3号——章程必备条款》的要求。

如章程应当载明保障股东享有知情权、参与权、质询权和表决权的具体安排；公司为防止股东及其关联方占用或者转移公司资金、资产及其他资源的具体安排；公司控股股东和实际控制人的诚信义务；明确提交股东大会审议的重大事项的范围；载明公司的利润分配制度等。（详见：全国股份转让系统官方网站 www.neeq.com.cn 或 www.neeq.cc“法律规则”一栏）

全国股份转让系统对挂牌公司董、监、高任职资格方面有无特殊规定？

全国股份转让系统对挂牌公司董、监、高任职资格方面无特殊要求，董、监、高应当遵守法律、行政法规和公司章程的相关规定，对公司负有忠实义务和勤勉义务。挂牌公司应当在挂牌时向全国股份转让系统报备董事、监事及高级管理人员的任职、职业经历及持有挂牌公司股票情况。依照《公司法》第一百四十六条的有关规定，有下列情况之一的，不得担任公司的董事、监事、高级管理人员：

（1）无民事行为能力或者限制民事行为能力。

（2）因贪污、贿赂、侵占财产、挪用财产或者破坏社会主义市场经济秩序，被判处刑罚，执行期满未逾五年，或者因被剥夺政治权利，执行期满未逾五年。

（3）担任破产清算公司、企业的董事或者厂长、经理，对该公司、企业的破产负有个人责任的，自该公司、企业破产清算完结之日起未逾三年。

(4) 担任因违法被吊销营业执照、责令关闭的公司、企业的法定代表人，并负有个人责任的，自该公司、企业被吊销营业执照之日起未逾三年。

(5) 个人所负数额较大的债务到期未清偿。

持续信息披露

持续信息披露义务

根据《全国中小企业股份转让系统挂牌公司信息披露细则（试行）》（以下简称《信息披露细则》）相关规定，挂牌公司信息披露包括挂牌前的信息披露及挂牌后持续信息披露，其中挂牌后持续信息披露包括定期报告和临时报告。

挂牌公司应当披露的定期报告包括年度报告、半年度报告，鼓励但不强制披露季度报告；临时报告是指除定期报告以外的公告，例如股东大会决议公告、董事会决议公告、监事会决议公告以及对外投资公告等。

信息披露义务人主体

信息披露义务人包括申请挂牌公司、挂牌公司及其董事（会）、监事（会）、高级管理人员、股东、实际控制人、收购人及其他相关信息披露义务人。

挂牌公司及其信息披露义务人应及时、公平地披露所有对公司股票及其他证券品种转让价格可能产生较大影响的信息，并保证信息披露内容真实、准确、完整，不存在虚假记载、误导性陈述和重大遗漏。

企业、大股东与董、监、高的职责

《公司法》、《证券法》、《非公办法》、《全国中小企业股份转让系统业务规则（试行）》（以下简称《业务规则》）、《信息披露细则》等规定：

挂牌公司应当按照法律、行政法规、部门规章、全国股份转让系统相关业务规定完善公司治理，确保所有股东特别是中小股东享有平等地位，充分行使合法权利；应当根据《公司法》及有关非上市公众公司章程必备条款的规定制定公司章程并披露，依照公司章程的规定，规范重大事项的内部决策程序。

挂牌公司与控股股东、实际控制人及其控制的其他企业应实行人员、资产、财务分开，各自独立核算、独立承担责任和风险。

控股股东、实际控制人及其控制的其他企业应切实保证挂牌公司的独立性，不得利用其股东权利或者实际控制能力，通过关联交易、垫付费用、提供担保及其他方式直接或者间接侵占挂牌公司资金、资产，损害挂牌公司及其他股东的利益。

公司的董事、监事、高级管理人员应当忠实、勤勉地履行职责，保证公司披露信息的真实、准确、完整、及时。董事、监事、高级管理人员不得利用职权收受贿赂或者其他非法收入，不得侵占公司财产。

挂牌公司、控股股东及董事、监事和高级管理人员作为信息披露义务人，应当按照法律、行政法规和中国证监会的规定，真实、准确、完整、及时地披露信息，并应向所有投资者同时披露信息，不得有虚假记载、误导性陈述或者重大遗漏。

信息披露负责人的主要职责

根据全国股份转让系统《信息披露细则》、《业务规则》等相关规定，挂牌公司设有董事会秘书的，由董事会秘书负责信息披露管理事务；未设董事会秘书的，挂牌公司应指定一名具有相关专业知识的人员负责信息披露管理实务，并向全国股份转让系统报备。上述人员离职无人接替或因故不能履行职责的，公司董事会应当及时指定一名高级管理人员负责信息披露事务并披露。

挂牌公司董事会秘书或信息披露事务负责人应按照全国股份转让系统相关规定编写公告文稿，并准备备查文件。负责信息披露管理实务的人员应列席公司的董事会和股东会。

主办券商等中介机构的职责

根据《非公办法》、《业务规则》的相关规定，主办券商、律师事务所、会计师事务所及其他证券服务机构，应当勤勉尽责、诚实守信，认真履行审慎核查义务，按照依法制定的业务规则、行业执业规范和执业道德准则发表专业意见，保证所出具文件的真实性、准确性和完整性，并接受中国证监会的监管。

主办券商应对挂牌公司拟披露的信息披露文件进行审查，履行持续督导职责。

信息披露的操作流程

根据2014年12月31日发布的《全国中小企业股份转让系统持续信息披露业务指引（试行）》相关规定，挂牌公司董事会秘书或者信息披露事务负责人应当通过编制端编制信息披露文件，编制工具里没有明确给出模板的临时公告，由挂牌公司根据规定自行编制。挂牌公司准备好披露文件后，应当将包括加盖董事会章的公告纸质文件及相应电子文档，其中电子文档包括定期报告或临时公告文件及相应的XBRL文件（自行编制的除外）送达主办券商。主办券商对拟披露文件进行事前审查，使用“全国中小企业股份转让系统数字证书”通过报送端报送披露文件，披露文件包括文件正文（PDF格式）及XBRL文件（自行编制的除外）；信息披露系统在规定的时间段中将披露文件的正文自动发送至全国股份转让系统指定信息披露平台。具体操作流程如图5.1所示。

全国股份转让系统对信息披露的监管

全国股份转让系统对挂牌公司的日常监管主要是“以信息披露为核心”、依托主办券商持续督导的自律监管。具体方式为：主办券商对挂牌公司的信息披露和业务办理事先审查和把关，全国股份转让系统进行事后审查和监管。在监管实践中，全国股份转让系统探索出了由监管员对挂牌公司进行日常监管的方法。

日常监管主要包括四个方面：一是以主办券商来划分监管员对挂牌公司的监管公告。每个监管员负责几家主办券商推荐并持续督导的挂牌公司日常监管工

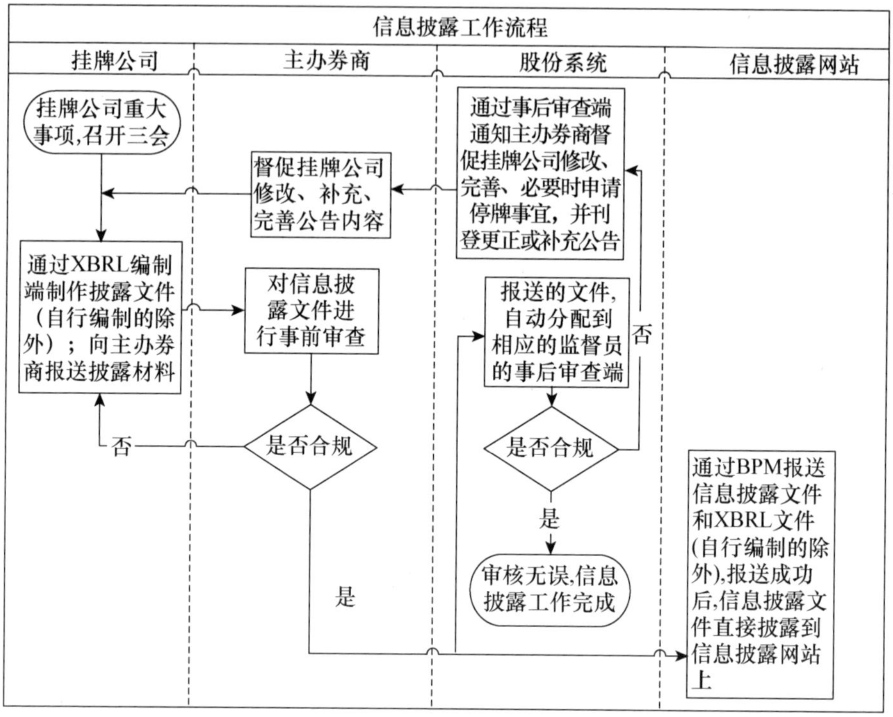

图 5.1　信息披露操作流程示意图

作，以利于保持监管的连续性和稳定性，提高监管和沟通的效率。二是通过监管员对挂牌公司信息披露文件事后审查的方式，对信息披露文件中涉及重大事项以及风险外溢程度较高的挂牌公司进行监管。三是主要通过引导、培训、督促的方式，对挂牌公司进行规范和监督。四是通过内部晨会及日志的形式及时将监督情况进行汇总，并联系到每个监督员；在对重点事项及重点公司处理后，及时形成监管案例，并建立标准化的处理程序。

定期报告披露实务

需要披露的定期报告种类

挂牌公司应当披露的定期报告包括年度报告、半年度报告。全国股份转让系统鼓励但不强制要求挂牌公司披露季度报告。

定期报告的披露时限要求

挂牌公司应当在每个会计年度结束之日起四个月内编制并披露年度报告，在每个会计年度的上半年结束之日起两个月内披露半年度报告；披露季度报告的，公司应当在每个会计年度前三个月、九个月结束后一个月内披露，且第一季度报告的披露时间不得早于上一年的年度报告。

定期报告的主要内容及审计要求

挂牌公司的年度报告须参照全国股份转让系统发布的《全国中小企业股份转让系统挂牌公司年度报告内容与格式指引（试行）》（以下简称《年报内容和格式指引》）的要求进行披露，主要内容包括重要提示、目录与释义，公司简介，会计数据和财务指标摘要，管理层讨论与分析，重要事项，股本变动及股东情况，董事、监事、高级管理人员及核心员工情况，公司治理及内部控制，财务报告，备查文件目录等十个章节。

挂牌公司年度报告中的财务报告必须经具有证券期货相关业务资格的会计师事务所审计。

半年度报告的主要内容及审计要求

挂牌公司的半年度报告须参照全国股份转让系统发布的《全国中小企业股份转让挂牌公司半年度报告内容与格式指引（试行）》（以下简称《半年报内容与格式指引》）要求进行披露，主要内容包括公司半年大事记、声明与提示、目录、正文及备查文件目录等。正文包括基本信息、财务信息和非财务信息。

挂牌公司半年度报告中的财务报告无须经审计，若挂牌公司自愿进行审计，需聘请具有证券相关业务资格的会计师事务所审计。

全国股份转让系统对定期报告的审查标准和流程

全国股份转让系统对定期报告的审查标准是按照《信息披露细则》、《年报内容与格式指引》以及《半年报内容与格式指引》等规则中对定期报告的要求制定的。

全国股份转让系统对定期报告进行事后审查，对在信息披露平台已经披露的定期报告进行审查。挂牌公司及相关信息披露义务人应该确保定期报告中所包含内容真实、准确、完整，不存在虚假记载、误导性陈述或重大遗漏。具体流程如下：

（1）监管员按照全国股份转让系统对年报及半年报的相关要求对已披露的年报及半年报进行内容与格式审查；

（2）对需要调查、了解情况或问题的公司，通过指定邮箱发给主办券商，请主办券商和挂牌公司进行说明；

（3）对主办券商和挂牌公司关于反馈意见的回复进行核查及讨论，必要情况下，可要求主办券商和挂牌公司进行进一步说明；

（4）得出关于年报审查的结论性意见，需要更正的，提请主办券商督导挂牌公司及时更正年报。

全国股份转让系统对定期报告不规范行为的处理

全国股份转让系统对定期报告进行事后审查，确保定期报告的真实、准确、完整。对于审查中发现的定期报告披露不规范行为，情节较轻者，全国股份转让系统公司将会与主办券商和挂牌公司沟通，要求其对定期报告进行更正，并更新相应的定期报告；情节较为严重者，除要求其对定期报告进行更正外，还将会针对挂牌公司及相关主体在信息披露过程中和券商持续督导过程中的违规行为，根据《业务规则》中的相关规定，对相应的责任人采取自律审查或纪律处分措施，违规行为达到中国证监会稽查标准的，将及时移交中国证监会处理。

对定期报告的修改和补充

定期报告在全国股份转让系统网站披露后，挂牌公司或主办券商如发现有重大错误或遗漏需要更正或补充的，挂牌公司依照《全国中小企业股份转让系统挂牌公司持续信息披露业务指南（试行）》的规定发布更正或补充公告，并重新披露相关公告。原已披露的公告不做撤销。

临时报告披露原则

应当披露的重大信息

应当披露的重大信息是指对挂牌公司股票及相关产品转让价格可能产生较大影响的事项。董事会认为对股票及相关产品价格可能产生较大影响的信息，公司也应作为重大信息进行披露。

挂牌公司控股子公司发生的对挂牌公司股票及相关产品转让价格可能产生较大影响的信息，视同挂牌公司的重大信息。

需要披露临时报告的情形

（1）挂牌公司召开董事会会议，会议内容涉及应当披露的重大信息，公司应当以临时公告的形式及时披露；决议涉及根据公司章程规定应当提交股东大会审议的收购与出售资产、对外投资（含委托理财、委托贷款、对子公司投资等）等事项，公司应当在决议后及时以临时公告的形式披露。

（2）挂牌公司召开临时监事会会议，涉及应当披露的重大信息，公司应当以临时公告的形式披露。

（3）挂牌公司召开股东大会，应当在会议结束后两个转让日内将所有相关决议以临时公告的形式披露。

（4）除日常关联交易之外的其他关联交易，挂牌公司应当经过股东大会审议并以临时公告的形式披露。

（5）挂牌公司对涉案金额占公司最近一年经审计净资产绝对值 10%以上的重大诉讼、仲裁事项应当以临时公告的形式披露。

（6）挂牌公司应当在董事会审议通过利润分配或资本公积转增股本方案后，

以临时公告的形式披露方案的具体内容，并于实施方案的股权登记日前披露方案的实施公告。

（7）股票转让被全国股份转让系统认定为异常波动的，挂牌公司应当于次一股份转让日披露异常波动公告。

（8）公共媒体传播的信息可能或者已经对公司股票转让价格产生较大影响的，挂牌公司应当及时向主办券商提供有助于甄别传闻的相关资料，并决定是否发布澄清公告。

（9）实行股份激励计划的挂牌公司，应当严格遵守全国股份转让系统有关规定并履行披露义务。

（10）限售股份在解除转让限制前，挂牌公司应披露相关公告。

（11）在挂牌公司中拥有的权益份额达到该公司总股本5%及以上的股东，其拥有权益份额变动达到全国股份转让系统规定标准的，该股东应当按照要求及时通知挂牌公司并披露权益变动公告。

（12）挂牌公司和相关信息披露义务人披露承诺事项的，应当严格披露承诺事项。

（13）全国股份转让系统对挂牌公司实行风险警示或做出股票终止挂牌决定后，公司应当及时披露。

（14）挂牌公司出现以下情形之一的，应当自事实发生之日起两个工作日内以临时公告的形式披露：

①控股股东或实际控制人发生变更；

②控股股东、实际控制人或者其关联方占用资金；

③法院裁定禁止有控制权的大股东转让其所持公司股份；

④任一股东所持公司5%以上股份被质押、冻结、司法拍卖、托管、设定信托或者被依法限制表决权；

⑤公司董事、监事、高级管理人员发生变动，董事长或者总经理无法履行职责；

⑥公司减资、合并、分立、解散及申请破产的决定，或者依法进入破产程序、被责令关闭；

⑦董事会就并购重组、股利分派、回购股份、定向发行股票或者其他证券融资方案、股权激励方案形成决议；

⑧变更会计师事务所、会计政策、会计估计；

⑨对外提供担保（挂牌公司对控股子公司担保除外）；

⑩公司及其董事、监事、高级管理人员、公司控股股东、实际控制人在报告期内存在受有权机关调查、司法纪检部门采取强制措施、被移送司法机关或追究刑事责任、中国证监会稽查、中国证监会处罚、证券市场禁入、认定为不适当人选，或收到对公司生产经营有重大影响的其他行政管理部门处罚；

⑪因前期已披露的信息存在差错、未按规定披露或者虚假记载，被有关机构责令改正或者经董事会决定进行更正；

⑫主办券商或全国股份转让系统认定的其他情形。

公司三会决议的披露情况

董事会决议涉及应当披露的重大信息的，应当以临时公告形式及时披露；决议涉及根据公司章程应提交股东大会审议的收购与出售资产、对外投资等事项，公司应在决议后及时以临时公告形式披露。

监事会决议涉及应当披露的重大信息的，应当以临时公告形式及时披露。

挂牌公司的股东大会决议在会议结束后两个转让日内进行披露。

披露临时报告的时间要求

挂牌公司应当披露临时报告所涉及的重大事项最先触及下列任一时点后及时履行首次披露义务：

（1）董事会或者监事会作出决议时。

（2）签署意向书或者协议（无论是否附加条件或者期限）时。

（3）公司（含任一董事、监事或者高级管理人员）知悉或者理应知悉重大事件发生时。

对挂牌公司股票转让价格可能产生较大影响的重大事件正处于筹划阶段，虽然尚未触及上述时点，但出现下列情形之一的，公司亦应履行首次披露义务：

①该事件难以保密。

②该事件已经泄露或者市场出现有关该事件的传闻。

③公司股票及其衍生品种交易已发生异常波动。

挂牌公司应该及时履行信息披露义务，所谓“及时”是指自起算日或触及《信息披露细则》规定的披露时点起两个转让日内，另有规定的除外。

全国股份转让系统临时报告的审查标准和流程

目前，临时报告的审查标准按照《业务规则》及《信息披露细则》等有关规定制定。

全国股份转让系统对挂牌公司及其他信息披露义务人已披露的临时公告信息进行审查，具体流程及审查重点如下：

（1）信息披露审查人员按照《业务规则》、《信息披露细则》以及临时公告模板的要求审查临时公告的合规性，信息披露的及时性、真实性、准确性及完整性。

（2）对需要调查、了解情况或问题的公司，要求主办券商和挂牌公司进行说明。

（3）对确定不符合信息披露相关规定、存在较大错误或遗漏的，通知主办券商督促挂牌公司进行更正或补充处理。对于情节较为严重的，将对挂牌公司及相关责任人采取自律监管措施。

全国股份转让系统临时报告不规范行为的处理

全国股份转让系统对临时报告进行事后审查，确保临时报告的真实、准确、完整。对于审查中发现的临时报告披露不规范行为，情节较轻者，全国股份转让系统公司将与主办券商和挂牌公司进行沟通，要求其对临时报告进行更正，并更新相应的临时报告；情节较为严重者，除要求其临时报告进行更正外，还将会针对挂牌公司及其相关主体在信息披露过程中和券商持续督导过程中的违规行为，根据《业务规则》中的相关规定，对相应的责任人采取自律监管措施或纪律处分措施，违规行为达到中国证监会督查标准的，将及时移交中国证监会处理。

对临时报告的修改和补充

目前，临时报告在全国股份转让系统网站披露后，挂牌公司或主办券商如发现有重大错误或遗漏需要更正或补充的，挂牌公司应依照《全国中小企业股份转让系统挂牌公司持续信息披露业务指南（试行）》的规定发布更正或补充公告，并重新披露相关公告。原已披露的公告不做撤销。

全国股份转让系统发布的临时公告模板是否强制适用?

全国股份转让系统 2014 年 7 月 21 日公布了修订的《全国中小企业股份转让系统公告及模板》（详见：全国股份转让系统官方网站 www. neeq. com. cn 或 www. neeq. cc“法律法规”下的“服务指南”一栏），挂牌公司应当按照模板规定的内容及公司具体情况，规范披露临时公告。

PORE OVER
THE NEW
OTC MARKET

06

新三板热点问题补充

新三板锁定期限制

很多人问啃哥，关于新三板锁定期是如何规定的。其实，关于新三板股份的锁定期规定是散落在各个具体规定当中的。不久前啃哥在微信中读到一篇文章《“新三板”挂牌业务之股份转让限制规定》（作者：禹龙国律师），分析得非常透彻全面，在此摘录部分内容，并加入啃哥自己的体会，对大家感兴趣的问题予以解答。

最主要的依据是两个条款，《公司法》第一百四十一条和《全国中小企业股份转让系统业务规则（试行）》第二章 2.8 条第一款：

《公司法》第一百四十一条规定：“公司公开发行股份前已发行的股份，自公司股票在证券交易所上市交易之日起一年内不得转让。公司董事、监事、高级管理人员应当向公司申报所持有的本公司的股份及其变动情况，在任职期间每年转让的股份不得超过其所持有本公司股份总数的百分之二十五；所持本公司股份自公司股票上市交易之日起一年内不得转让。上述人员离职后半年内，不得转让其所持有的本公司股份。”

《全国中小企业股份转让系统业务规则（试行）》第二章 2.8 条第一款规定：“控股股东、实际控制人在挂牌前直接或间接持有的股票分三批解除转让限制，每批解除转让限制的数量均为其挂牌前所持股票的三分之一，解除转让限制的时间分别为挂牌之日、挂牌期满一年和两年。”

发起人持股的转让限制

根据现行《公司法》第一百四十一条规定，“发起人持有的本公司股份，自公司成立之日起一年内不得转让”。而《全国中小企业股份转让系统业务规则（试行）》（以下简称《业务规则》）将公司“依法设立且存续满两年”作为申请挂牌的条件之一，若有限责任公司按原账面净资产值折股整体变更为股份有限公司的，存续时间可以从有限责任公司成立之日起计算。因此，若挂牌公司股改后未满一年的，发起人所持公司股份不得转让。

啃哥有话说 Ken Zhang

如果企业基础很好，假设在2015年3月完成股改，根据公司法的规定，股改后所有股份12个月内是不能转让的。也就是说，假设公司在2015年10月新三板挂牌，一直要到2016年3月，根据公司法，公司股东持有的股票是不允许转让的，但是，如果需要增资扩股当然可以。也就是说，在公司股改前有转让部分股份改善生活的需求的，需要提前完成老股转让工作。因为一旦股改完成，将在随后的12个月内无法进行老股转让。

控股股东和实际控制人持股转让限制

根据《业务规则》第2.8条规定，挂牌公司控股股东和实际控制人直接或间接持有股票转让限制解除规定可简单总结为“两年三批次”。即挂牌公司控股股东及实际控制人在挂牌前直接或间接持有的股票在挂牌后分三批解除转让限制，每批解除转让限制的数量均为其挂牌前所持股票的三分之一，解除转让限制的时间分别为挂牌之日、挂牌期满一年和两年。

需要说明的是，公司股票在挂牌前12个月以内控股股东及实际控制人直接或间接持有的股票进行过转让的，该股票转让限制解除同样适用“两年三批次”的规定，但主办券商为开展做市业务取得的做市初始库存股票除外。

从上述转让限制规定可以看出，新三板对控股股东和实际控制人股票转让限制较主板市场而言较为宽松，主板上市公司的控股股东及实际控制人所持股票在公司上市之日起至少锁定36个月。

啃哥有话说 Ken Zhang

这个“两年三批次”务必记住。同时，实际控制人最多可以在挂牌时流通其持股的33%；当然，大多数公司实际控制人为了和其他持股的董监高保持一致，会选择流通25%，而不是33%。

控股股东、实际控制人以外的其他股东持股转让限制

对新三板挂牌公司控股股东、实际控制人以外的其他股东持股转让限制而言，《业务规则》并未做出限制规定，即只要该股东并非股份公司发起人或虽作为发起人但股份公司设立已经满一年的，该股东股份转让不受任何限制。同样与主板上市公司对比而言较为宽松，主板上市公司其他股东所持股票在公司上市之日起至少锁定 12 个月。

董监高持股转让限制

《业务规则》并未专门对董监高持股转让限制作出规定。适用《公司法》第一百四十一条规定，即：公司董事、监事、高级管理人员应当向公司申报所持有的本公司的股份及其变动情况，在任职期间每年转让的股份不得超过其所持有本公司股份总数的 25%，上述人员离职半年内，不得转让其所持有的本公司股份，公司章程可以对公司董事、监事、高级管理人员转让其所持有的本公司股份做出其他限制性规定。

对挂牌前 12 个月内增资部分股份的转让限制

对挂牌前 12 个月内公司增资部分股份转让是否限制，《业务规则》并未进行明确。但在新三板中关村试点期的“代办系统”业务规则中有明确的限制，《证券公司代办转让系统中关村科技园区非上市股份有限公司股份转让试点办法》第十七条规定：“挂牌前十二个月内挂牌公司进行过增资的，货币出资新增股份自工商变更登记之日起满十二个月可进入代办系统转让，非货币财产出资新增股份自工商变更登记之日起满二十四个月可进入代办系统转让。”由于《业务规则》系在代办系统规则的基础上发展而来，由此可见，该限制规定已经被取消。即挂牌前 12 个月内增资部分股份的转让不受限制。

外商投资股份公司发起人转让股份限制

外资企业发起人股份的流转也是一个值得关注的问题，目前各地商务审批部

门对于外商投资股份公司的法律适用多以原对外贸易经济合作部发布的《关于设立外商投资股份公司若干问题的暂行规定》(对外贸易经济合作部令 1995 年第 1 号，以下简称《暂行规定》) 作为审批的主要依据。根据《暂行规定》第八条规定，“发起人股份的转让，须在公司设立登记 3 年后进行，并经公司原审批机关批准”。如前所述，《业务规则》对于发起人股票锁定期没有规定，仍然应当遵守《公司法》一年转让限制期限的规定。由此可见，对外资企业在新三板挂牌后其发起人的股份转让限制，目前存在法律适用的选择问题。

啃哥认为，应当适用《公司法》第一百四十一条对股份公司发起人股份的限售期为一年而非《暂行规定》中的三年的规定。理由如下：首先，现行《公司法》系 2013 年修订后施行，根据“新法优于旧法”的原则，应当适用《公司法》的规定。其次，《暂行规定》仅是部门规章，而非法律，所以不适用“特别法优于一般法”的原则。根据《公司法》的规定，“外商投资的股份有限公司适用公司法；有关外商投资的法律另有规定的，适用其规定”。但作为规范外商投资的《中外合资经营企业法》、《中外合作经营企业法》、《外资企业法》并未规定外商投资企业可采取股份有限公司形式，也就没有关于股份有限公司股票限售期的规定。作为部门规章的《暂行规定》显然不能作为特别法。

挂牌公司发行新股的转让限制

对于挂牌公司发行新股的转让限制，除了遵守前述一般性限制规定外，根据《全国中小企业股份转让系统股票发行业务细则（试行)》第九条的规定，若发行对象承诺对其认购股票进行转让限制的，应当遵守其承诺，并予以披露。

并购重组中收购人获得的股份转让限制

新三板挂牌公司作为非上市公众公司，根据《非上市公众公司监督管理办法》第十六条规定，在公众公司收购中，收购人持有的被收购公司的股份，在收购完成后 12 个月内不得转让。

根据中国证监会制定并颁布的《非上市公众公司重大资产重组管理办法》的规定：“特定对象以资产认购而取得的挂牌公司股份，自股份发行结束之日起 6

个月内不得转让；属于下列情形之一的，12 个月内不得转让：

……

（4）特定对象为挂牌公司控股股东、实际控制人或者其控制的关联人；

（5）特定对象通过认购本次发行的股份取得挂牌公司的实际控制权；

（6）特定对象取得本次发行的股份时，对其用于认购股份的资产持续拥有权益的时间不足 12 个月。”

因非转让原因获得的股票转让限制

对因司法裁决、继承等原因获得的股份，若获得该股份时该股份仍然处于限售期的，后续持有人应继续执行股票限售规定。

新三板定向增发规定

新三板挂牌时定向增发，或者挂牌后定向增发，机构参与的话可以获得一个不错的价格，转手再卖掉，可以赚取其中的巨大利润。因此很多人对此十分关注。其实，关于新三板定向增发规定前文已经做了介绍。但是为了充分解释，此处特别进行详细阐述[1]。

新三板定向增发，又称新三板定向发行，是指申请挂牌公司、挂牌公司向特定对象发行股票的行为，其作为新三板股权融资的主要功能，对解决新三板挂牌企业发展过程中的资金瓶颈发挥了极为重要的作用。

定向发行制度

挂牌的同时可以进行定向发行

《业务规则》第 4.3.5 条规定：“申请挂牌公司申请股票在全国股份转让系统

［1］ 以下内容部分引自：姜慧清．新三板：定向增发法律实务解析（董秘必备）［N/OL］．证券时报，2014-11-21.

挂牌的同时定向发行的，应在公开转让说明书中披露”，该条明确了企业在新三板挂牌的同时可以进行定向融资。

允许挂牌企业在挂牌时进行定向股权融资，凸显了新三板的融资功能，缩小了与主板、创业板融资功能的差距；同时，由于增加了挂牌时的股份供给，可以解决未来做市商库存股份来源问题。另外，挂牌的同时可以进行定向发行，并不是一个强制要求，拟挂牌企业可以根据自身对资金的需求来决定是否进行股权融资，避免了股份大比例稀释的情况出现。

与企业仅挂牌不同时定向发行相比，同时增发的企业需在公开转让说明书中披露以下内容：

（1）在公开转让说明书第一节基本情况中披露“拟发行股数、发行对象或范围、发行价格或区间、预计募集资金金额，同时，按照全国股份转让系统公司有定向发行信息披露要求，在公开转让说明书‘公司财务’后增加‘定向发行’章节，披露相关信息”。

（2）在公开转让说明书中增加一节“定向发行”，主办券商应如实披露本次发行股票的数量、价格、对象以及发行前后企业相关情况的对比。

储架发行

储架发行是指一次核准，多次发行的再融资制度。该制度主要适用于定向增资需要经中国证监会核准的情形，可以减少行政审批次数，提高融资效率，赋予挂牌公司更大的自主发行融资权利。

《非上市公众公司监督管理办法》（以下简称《监管办法》）第四十一条规定，公司申请定向发行股票，可申请一次核准，分期发行。自中国证监会予以核准之日起，公司应当在3个月内首期发行，剩余数量应当在12个月内发行完毕。超过核准文件限定的有效期未发行的，需重新经中国证监会核准后方可发行，首期发行数量应当不少于总发行数量的50%，剩余各期发行的数量由公司自行确定，每期发行后5个工作日内将发行情况报中国证监会备案。

储架发行制度可在一次核准的情况下为挂牌公司一年内的融资留出空间。如：挂牌公司在与投资者商定好500万元的增资额度时，可申请1 000万元的发行额度，先完成 500 万元的发行，后续 500 万元的额度可与投资者根据实际经营情况再行商议是否发行，并可重新商议增发价格。该制度除了能为挂牌公司节约大量的时间和成本外，还可以避免挂牌公司一次融资额度过大，造成股权过度稀释或资金使用效率低下。

Ken Zhang 啃哥有话说

储架发行制度减少了审核的频率，绝对提高了效率。一次核准，分期发行。此处针对需要证监会核准的股东人数超过 200 人的情形。

小额融资豁免

《监管办法》第四十二条规定，公众公司向特定对象发行股票后股东累计不超过 200 人的，或者公众公司在 12 个月内发行股票累计融资额低于公司净资产的 20%的，豁免向中国证监会申请核准，但发行对象应当符合本办法第三十六条的规定，并在每次发行后 5 个工作日内将发行情况报中国证监会备案。

由此可见，挂牌公司必须在上述两个条件均突破时，才需要向证监会申请核准。

在豁免申请核准的情形下，挂牌公司先发行再进行备案。一般流程为：参与认购的投资者缴款、验资后两个工作日内，挂牌公司向系统公司报送申请备案材料；系统公司进行形式审查，并出具《股份登记函》；挂牌公司《股份登记函》（涉及非现金资产认购发行股票的情形，挂牌公司还应当提供资产转移手续完成的相关证明文件）在中国证券登记结算有限责任公司办理股份登记后，次一个转让日发布公告；挂牌公司将股份登记证明文件及此前提交的其他备案材料一并交由中国证监会整理归档；新增股份进入股份转让系统进行公开转让。

目前，绝大多数新三板挂牌公司的股东人数离 200 人还有较大差距，这些公司在股东人数突破 200 人之前的所有定向增发都不需要向中国证监会申请核准，只需在定向发行完后，及时备案即可。即使因为定向增发导致股东人数超过 200

人，也仅在同时触发“12个月内发行股票累计融资额超过挂牌公司净资产的20%”的条件时，才需要向证监会申请核准。这种便捷的发行通道使挂牌公司基本可以实现定向融资的“随时用随时发”。

Ken Zhang 啃哥有话说

小额融资豁免非常关键。小额是豁免审核的。也就是新三板定向增发只要股东人数不超过200人，同时不触发“12个月内发行股票累计融资额超过挂牌公司净资产的20%”的条件，是不需要证监会核准的，同时新三板公司也只做“形式审查”，这样的结果是提高了发行的便利程度，做到“随用随发”。要知道，这在A股市场是完全做不到的。

A股定向增发规定如下：“定向增发是指上市公司向符合条件的少数特定投资者非公开发行股份的行为，目前规定要求发行对象不得超过10人，发行价不得低于公告前20个交易日市价的90%，发行股份12个月内（大股东认购的限售期为36个月）不得转让。”

对比之下，A股要求不超过10人，锁定期为12个月，而新三板是35人，无锁定期，这是新三板定向增发的优势所在。

定向增资无限售期要求

最新的业务规则中不再对新三板增资后的新增股份限售期进行规定，除非定向增发对象自愿做出关于股份限售方面的特别约定，否则，定向增发的股票无限售要求，股东可随时转让。

无限售期要求的股东不包括公司的董事、监事、高级管理人员所持新增股份，其所持新增股份应按照《公司法》第一百四十二条的规定进行限售：公司董事、监事、高级管理人员应当向公司申报所持有的本公司的股份及其变动情况，在任职期间每年转让的股份不得超过其所持有本公司股份总数的25%；所持本公司股份子公司股票上市交易之日起一年内不得转让。上述人员离职后半年内，不得转让其所持有的本公司股份。

Ken Zhang 啃哥有话说

这点非常关键，A 股定向发行股份 12 个月内（大股东认购的限售期为 36 个月）不得转让。足可见其优势所在。

定向增发对象

1. 人数不得超过 35 人

《监管办法》第三十六条规定：本办法所称定向发行包括向特定对象发行股票导致股东累计超过 200 人，以及股东人数超过 200 人的公众公司向特定对象发行股票的两种情形。

前款所称特定对象的范围包括下列机构或者自然人：

（1）公司股东；

（2）公司的董事、监事、高级管理人员、核心员工；

（3）符合投资者适当性管理规定的自然人投资者、法人投资者及其他经济组织。

公司确定发行对象时，符合本条第 2 款第 2 项、第 3 项规定的投资者合计不得超过 35 人。

核心员工的认定，应当由公司董事会提名，并向全体员工公示和征求意见，由监事会发表意见后经股东大会审议批准。

这一规定调整了发行对象范围和人数限制。首先，公司在册股东参与定向发行的认购时，不占用 35 名认购投资者数量的名额，相当于扩大了认购对象的数量；其次，将董事、监事、高级管理人员、核心员工单独列示为一类特定对象，暗含着鼓励挂牌公司的董、监、高级核心人员持股，将董、监、高级核心人员的利益和股东利益绑定，降低道德风险；最后，将核心员工纳入定向增资的人员范围，明确了核心员工的认定方法，使得原本可能不符合投资者适当性管理规定的核心员工也有了渠道和方法成为公司的股东，且增资价格协商确定，有利于企业灵活进行股权激励，形成完善的公司治理机制和稳定的核心业务团队。在此必须提请注意的是，在新三板的定向增资中，要求给予在册股东 30％以上的优先认购权。在册股东可放弃该优先认购权。

（啃两句：这点非常关键，A 股是不得超过 10 人，这是新三板的又一优势所在。）

2. 合格投资者认定

机构投资者：（1）注册资本 500 万元人民币以上的法人机构；（2）实缴出资总额 500 万元以上的合伙企业。

金融产品：证券投资基金、集合信托计划、证券公司资产管理计划、保险资金、银行理财产品，以及由金融机构或监管部门认可的其他机构管理的金融产品或资产。

自然人投资者：投资者本人名下前一交易日日终证券资产市值 500 万元人民币以上，证券资产包括客户交易结算资金、股票、基金、债券、券商集合理财产品等；且具有两年以上证券投资经验，或具有会计、金融、投资、财经等相关专业背景或培训经历。

出资真实性

发行对象用非现金资产认购发行股票的，还应当说明交易对手是否为关联方、标的资产审计情况或资产评估情况、董事会关于资产定价合理性的讨论与分析等。

非现金资产应当经过具有证券、期货相关业务资格的会计师事务所、资产评估机构审计或评估。非现金资产若为股权资产，应当提供会计师事务所出具的标的资产最近一年一期的审计报告，审计截止日距审议该交易事项的股东大会召开日不得超过六个月；非现金资产若为股权以外的其他非现金资产，应当提供资产评估事务所出具的评估报告，评估基准日距审议该交易事项的股东大会召开日不得超过一年。

资产交易价格以经审计的账面价值为依据的，挂牌公司董事会应当结合相关资产的盈利能力说明定价的公允性。

资产交易根据资产评估结果定价的，在评估机构出具资产评估报告后，挂牌公司董事会应当对评估机构的独立性、评估假设前提和评估结论的合理性、评估方法的适用性、主要参数的合理性、未来收益预测的谨慎性等问题发表意见。

定向增发的投资者与定价

专业投资机构热情参与新三板定向发行

从目前来看，大多数新三板挂牌公司的发行对象集中在公司高管及核心技术人员。但是，专业股权投资机构正在成为新三板定向发行的主要力量，近3年有超过一半的定向发行募集资金来源于创投机构，全国股转机构董事长杨晓嘉在前几日即表示，今年新三板将大力发展多样化的机构投资者，其中之一便是加强与PE/VC[1]的对接。

PE参与新三板的方案主要有：(1) 以定向增资的方式进入。新三板不断成长的优秀企业，其不断上升的IPO预期，是推动投资者入驻的主要原因。(2) 以直接投资押宝转板。即通常所说的Pre-新三板。按照新三板目前的发展趋势，未来退出将非常容易。(3) 为挂牌企业提供产业链服务。相比中小板、创业板企业，新三板企业不仅仅缺钱，更缺企业资源，为投资的企业提供相应的产业辅导助推其成长也是PE的功能之一。(4) 在协议转让，以及做市转让环节参与新三板的投资。

Ken Zhang 啃哥有话说

除了PE机构，资产管理计划、信托计划、基金子公司、公募基金专户产品等都可以参与这个市场，足可见需求的旺盛。基本上市场上所有机构的所有产品，都可以参与新三板挂牌时和挂牌后的定向增发，并且没有锁定期（A股有至少12个月的锁定期），挂牌时定向增发也没有价格限制。那么，想一想，新三板的定向增发能不火吗?

定价依据

Ken Zhang 啃哥有话说

由于缺少足够的交易，新三板定向增发的价格主要是谈出来

[1] PE，即Private Equity，私募股权投资；VC，即Venture Capital，风险资金投资。

的，尤其是挂牌的同时定向增发。由于之前交易很少，并没有价格。目前市场一般以 10 至 15 倍净利润作为估值基础。不像 A 股，使用过去 20 个交易日的均价那么透明。

新三板投资者如何赚钱

现在大家非常关注新三板。私募股权投资机构、基金公司、信托公司等都在发行新三板专户产品，因为大家都觉得新三板将会很赚钱。

那么，新三板公司如何赚钱呢?

赚钱的逻辑，新三板略胜一筹

对于新三板投资者——散户和机构投资者，这两类投资者的投资逻辑是不同的。散户一般都是短线，且赚钱的少，赔钱的多。机构呢，稍微好点，它们做中长线。但是，需要注意的是，新三板的投资赚钱逻辑，在目前阶段与 A 股市场是完全不同的。

简单来说，赚钱的逻辑就是低买高卖。对于 A 股市场是这样，对于新三板呢，当然也是这样。那么，大家赚取的钱从哪里来呢？由于股票市场是一个零和博弈的市场，啃哥认为，赚取的钱来自两方面：

(1) 市场中同一个时点有人赚钱、有人赔钱，赚钱的人赚取的是赔钱的人的钱，这是一个成熟稳定市场的应有表现。

(2) 在一个快速成长的市场中，外部不断有新人开户，有新的资金进入，带来的结果就是所有人都在赚钱，因为不断有新人加入，新加入的人会“送钱”进来给原有的人。这个过程中就是一个大盘指数不断上涨的过程。但是，到了一定阶段，没有新的人加入了，也没有新的资金加入了，再假设没有人抽出资金的前提下，就会出现一部分人赚钱而另一部分人赔钱的局面。同时大盘指数将保持稳定。而极端的情况是：假设股市中大部分都是追求高利润的资金，那么，当没有新人新资金加入，股市开始平稳的时候，那些追求高利润的资金套现离场，导致股市开始下跌。

因此，回到刚才的问题，为什么说A股与新三板是两个完全不同的市场呢?仅仅从发展阶段就可以看出，A股市场发展成熟，开户数已有上亿人。而目前新三板的开户数还不足十万人，很明显，A股已是一个相对成熟的市场；而新三板完全是一个新兴的市场，正因为如此，新三板还会不断有新人加入开户，带来新的资金，所以说长期看来，新三板确实是有着比A股更大赚钱效应的，现在新三板赚取的是新加入人的钱。很残酷，但现实就是这么残酷。

机构赚钱的方式

对于散户投资者，交易方式无非就是要么自己开户交易，要么购买新三板基金赚取收益。

那么，机构怎么赚钱呢？总体来说，目前机构有如下五种赚钱方式：

- 在企业未挂牌新三板前先进入，作为战略投资人持股，等企业挂牌新三板后赚取上市价格上涨的巨大收益。
- 企业挂牌时同时定向增发，以及挂牌后定向增发。
- 与“协议交易”方式的挂牌企业充分沟通，协商好价格，通过“协议交易”中的“约定协议交易”，即“成交确认委托”方式购买股份（通过双方输入约定号的方式成交）；等到企业转为做市交易，增加流动性了，赚取价格上涨的利润。
- 通过“协议交易”方式，在二级市场直接购买挂出来的协议交易的股票（定价委托）；等到企业转为做市交易，增加流动性了，赚取价格上涨的利润。
- 直接在二级市场购买做市交易的股票。

通过上述五点不难看出，赚取利润最丰厚的方式是在企业挂牌新三板前就持有企业股份。

但是，并不是所有机构都可以同时开展上述五项业务。证监会颁布的《非上市公众公司监管指引第4号——股东人数超过200人的未上市股份有限公司申请行政许可有关问题的审核指引》指出："以私募股权基金、资产管理计划以及其他金融计划进行持股的，如果该金融计划是依据相关法律法规设立并规范运作，且已经接受证券监督管理机构监管的，可不进行股份还原或转为直接持股。"

其实，我们可以这么理解：

（1）私募股权投资机构（PE）、资产管理计划，是可以通吃的。上述五点业务全部可以进行。

（2）其他如基金公司专户产品、信托公司产品，挂牌前投资入股是不能参与的。因此只能做上述四点业务。而谁都知道，上市前提前入股才是最有价值的。

因此，私募股权投资机构又迎来了一轮好机会。但是对于庞大的市场，当然需要多方参与者，因此其他类型的产品也还是很火爆。从目前新三板产品的热销态势就完全可以看出来。

短期来看，由于目前新三板交易量还是比较小（一天 10 亿元左右），二级做市商市场或者协议转让的市场无法容纳如此大额的新三板基金。因此，新三板基金必然要认购新三板挂牌公司的定向增发股份，只有定向增发才是最能够容纳股票的方式。从而带来目前定向增发市场的异常火爆，结果就是水涨船高，定向增发的股票价格一路上扬。

投资机构拿到企业定向增发的股票后，就可以静静等着股票价格上涨，在合适的点位售出，赚取利润。或者有人会问，那怎么保证新三板基金拿到定向增发的股票后，其价格就一定会涨呢？啃哥说当然无法保证。因此，一方面，定向增发时机构需要分析其增发价格是否已处于一个可购买的合理价位；另一方面，就是市场本身是否处于新资金不断涌入的阶段，如果是，那么结果就必然是大多数定向增发后的股票价格上涨（当然前提是该股票是做市的股票，有较强的未来流通性增强的预期）。

对新三板指数的再探讨

2015 年 2 月 13 日，新三板公司发布的《关于发布全国中小企业股份转让系统系列指数的公告》（股转系统公告〔2015〕13号）中说明了指数编报的具体规则，包括两类：全国中小企业股份转让系统成分指数编制方案，全国中小企业股份转让系统做市成分指数编制方案。

在公告中，全国股转公司副总经理隋强介绍，指数编制工作于2014年5月正式启动，首批指数委托中证指数公司进行编制，经过前期研究论证和模拟运行，目前推出的条件已经成熟。首批指数充分考虑了市场特点，“三板成指”以覆盖全市场的表征性功能为主，包含协议、做市等各类转让方式股票，并考虑到目前协议成交连续性不强，该指数拟每日收盘后发布收盘指数；“三板做市”则聚焦于交投更为活跃的做市股票，兼顾表征性与投资功能需求，并于盘中实时发布。

2015年3月18日，新三板公司在官方网站上发布了新三板成指和新三板做市指数。

Ken Zhang 啃哥有话说

请注意，“三板成指”于每日收盘后发布收盘指数；“三板做市”则于盘中实时发布。也就是说，三板成指一天只有一个指数数字，是不连续的；而三板做市是实时发布，是连续的。当然，这是由于成指中包括了协议交易的股票，而协议交易的价格是不连续的，因此每天只会有一个指数数字。

成分指数编制规则

根据编制规则，成分指数编制方案大致如下（内容来自：全国中小企业股份转让系统成分指数编制方案）：

一、指数名称与代码

指数名称：全国中小企业股份转让系统成分指数

指数简称：三板成指

英文名称：NEEQ COMPONENT INDEX

英文简称：NEEQ COMPONENT

指数代码：899001

二、指数基日与基点

该指数以 2014 年 12 月 31 日为基日，以该日收盘后所有样本股的调整市值为基期，以 1 000 点为基点。

（啃两句：大家注意，也就是说 2014 年 12 月 31 日是 1 000 点，目前看到的指数都是以这个为基础的。）

三、样本选取方法

1. 样本空间

样本空间由同时满足以下条件的全国中小企业股份转让系统挂牌公司组成：股票挂牌以来有成交；流通股本不为零。

Ken Zhang 啃哥有话说

意思是说，如果要成为指数样本必须之前有成交，同时不能没有流通股本。事实上，新三板的上市股票有近一半挂牌后没有成交，因此只有一半左右的挂牌股票满足这个条件；至于流通股本不能为零的条件，基本股本都是有流通股的，因此这个条件基本都满足。

2. 选样方法

首先，按照过去三个月日均成交金额，过去三个月日均总市值进行排名，所得排名相加得到综合排名。

其次，根据综合排名降序排列，按照市值覆盖全部挂牌公司总市值 85%来确定样本数量；并根据全国中小企业股份转让系统挂牌公司行业分类二级行业来分配各行业的样本。各行业公司的分配比例如下：

$$\frac{\text{第 i 行业分配}}{\text{公司数量}}=\frac{\text{85\%总市值覆盖}}{\text{确定的样本数量}}\times\frac{\text{第 i 行业公司数量}}{\text{全部挂牌公司数量}}$$

Ken Zhang 啃哥有话说

这两点非常重要。根据过去 3 个月日均成交金额，过去 3 个月日均总市值排名，覆盖公司总市值的 85%，确定了各个行业总覆盖率达到85%。

至于行业的分类，到底新三板中有哪些行业，又是如何分类的，可以参见新三板公司2015年3月18日发布的《关于发布挂牌公司行业分类指引及行业分类结果的公告》（股转系统公告〔2015〕23号），其中有详细的规定。

四、指数计算

指数计算公式为：

$$\text{报告期指数}=\frac{\text{报告期成分股的调整市值}}{\text{除数}}\times 1\,000$$

其中，调整市值＝∑（股价×流通股本数×权重上限因子），权重上限因子使得单个二级行业权重上限为25%，个股上限为5%。

五、指数调整

该指数每季度调整一次，样本股调整实施时间为：

表6.1

样本股调整实施时间

月份	日期
3月	第二个星期五收盘后的下一个转让日
6月	第二个星期五收盘后的下一个转让日
9月	第二个星期五收盘后的下一个转让日
12月	第二个星期五收盘后的下一个转让日

啃哥有话说

Ken Zhang

通过上述详细描述可以看出，其实选入指数中的公司是会被定期调整的，并且每季度调整一次。同时可以看到，该指数做到了85%市值覆盖，也确实可以反映市场整体情况。

根据股转系统公告〔2015〕22号《关于发布三板成指（899001）、三板做市（899002）指数样本股的公告》，三板成指（899001）样本股名单有332只股票。当然，与三板截至3月27日的2 140家挂牌的新三板公司总数而言，占比仅为16%。这也充分说明了协议成交其实很不活跃，因此选入的股票不多。

做市指数编制规则

根据编制规则，做市指数编制方案大致如下（内容来自：全国中小企业股份转让系统成分指数编制方案）：

一、指数名称与代码

指数名称：全国中小企业股份转让系统做市成分指数

指数简称：三板做市

英文名称：NEEQ MARKET MAKING COMPONENT INDEX

英文简称：NEEQ MARKET MAKING

指数代码：899002

二、指数基日与基点

以2014年12月31日为基日，以该日收盘后所有样本股的调整市值为基期，以1 000点为基点。

三、样本选取方法

1. 样本空间

样本空间由同时满足以下条件的全国中小企业股份转让系统挂牌公司股票组成：

- 股票挂牌以来有成交；
- 流通股本不为零；
- 股票采用做市转让方式。

2. 选样方法

首先，按照过去三个月日均成交金额，过去三个月日均总市值进行排名，所得排名相加得到综合排名；

其次，根据综合排名降序排列，按照市值覆盖全部做市挂牌公司总市值85%来确定样本数量；并根据全国中小企业股份转让系统挂牌公司行业分类二级行业来分配各行业的样本。各行业公司的分配比例如下：

$$\text{第 i 行业分配公司数量}=\frac{85\%\text{做市公司总市值}}{\text{覆盖确定的样本数量}}\times\frac{\text{第 i 行业做市公司数量}}{\text{全部做市挂牌公司数量}}$$

四、指数计算

指数计算公式为：

$$\text{报告期指数}=\frac{\text{报告期成分股的调整市值}}{\text{除数}}\times 1\,000$$

其中，调整市值＝$\sum$（股价×流通股本数×权重上限因子），权重上限因子使得单个二级行业权重上限为25%，个股上限为5%。

五、指数调整

该指数每季度调整一次，样本股调整实施时间为：

表 6.2

样本股调整实施时间

月份	日期
3月	第二个星期五收盘后的下一个转让日
6月	第二个星期五收盘后的下一个转让日
9月	第二个星期五收盘后的下一个转让日
12月	第二个星期五收盘后的下一个转让日

Ken Zhang 啃哥有话说

根据股转系统公告〔2015〕22号《关于发布三板成指(899001)、三板做市（899002）指数样本股的公告》，三板成指(899001）样本股名单105只股票。当然，与三板截至3月27日做市的217只相比，占比48%。可见做市的企业数确实不少。

做市交易确实比较活跃，要不也不会有105只股票入选做市交易，以上从侧面证明了做市交易的活跃度。

综　述

读者看到目前只有三板成指和三板做市两种三板指数，那么，为什么没有三板单独的协议交易的指数呢？原因其实很简单，因为协议交易的股票，价格是交易双方确定的，在同一个时点，有 1 元成交的，也有 10 元成交的，只要一方愿意买，一方愿意卖就行了。可能又有人问了，谁会那么傻 10 元不卖而 1 元卖呢？这种情况是存在的，比如公司调整股东结构，或者有其他方式的补偿呢？由于价格变动过于异常，因此没有、也很难有单独的协议交易的指数。

关于指数上涨但交易量未上涨的问题

我们还需要理性看待这个三板指数问题，三板成指截至 2015 年 3 月 27 日到了 1 612，而三板做市到了 1 878。也就是说从 2015 年 1 月 1 日到现在，指数已经涨了 60%以上，如果仅仅从涨幅来看，不可谓不吸引眼球。

但是从成交量来看，3 月底的成交量每天都在 10 亿元左右，其中七成又是做市交易。与 A 股上万亿一天的成交量相比，实在是少得可怜。也就是说，在新三板市场上，目前是买的人多，卖的人少，导致虽然价格在一路上扬，但是成交额却小得可怜。

因此，我们更应该理性看待这个问题，没错，指数是在不断上涨，但是由于成交量非常小，如果现在进入新三板二级市场，尤其是做市交易市场，能买到的股票是少之又少的。因为，目前的做市商也看到了价格上涨的趋势，每次双向报价的数量都非常有限，市场上根本很难买到新三板股票。同时，企业原有持股人出于自身需要，也只拿出很少的股份出来做市，更多的股份攥在自己手里，等待着价格涨到位了再卖掉。因此，整个市场是买的很多，卖的很少，是大家普遍认为价格还没有涨到位的结果。

指数基金都是伪概念

市场上有一种声音，说既然三板指数都涨了这么多了，那买指数基金好了，跟着大盘走肯定不会差。而且不断有机构声称自己即将推出指数基金。

其实，在啃哥看来，说这种话的人，都是没有了解新三板交易制度，简单地拿 A 股市场与新三板市场进行类比的结果。啃哥说过无数次，千万不要用传统的分析 A 股市场的方式看待新三板，因为新三板是一个全新的市场，一个交易制度完全不同的市场，它有着非常多的独特性。

指数基金，是根据指数去配置资金，做到该基金能够与指数的涨跌基本一致。这有一个非常大的前提，就是交易必须非常活跃，使得每个进入指数池的股票可以很容易通过该基金买到。

但是，现实状况是，三板成指的 322 个样本，三板做市的 105 个样本，都是非常难买到的。先说协议交易的股票，那些股票是必须有人协议转让，挂出卖单，才有可能买到。由于协议转让的股份非常集中，往往集中在十几个人手中，因此很少有人出现卖盘，市场目前根本买不到。再说做市交易的股票，是的，按照规则，做市商有义务不断双向报价，并有义务成交。但是，关于数量，做市商一般一次也就报出几千股，因此市场虽然是可以买到，但是能买到的额度非常之少。对于一个上亿元的基金来说，一天能买到几十万元就已经很不错了，这还不够上亿的新三板基金的零头。因为目前市场普遍惜售的现象，从而造成了根本无法做到指数基金的状况。

因此，可以很明确地说，在市场交易非常活跃之前，在可以随意随量买到需要的做市交易或协议交易的股票之前，任何所谓的指数基金都是伪概念。这个论断是可以下的。

关于“乌龙指事件”

最近有一则新闻，一家券商在交易时，本来是报价 6.8 元每股的数字，录入成了 68 元每股，成交了几千股，损失 7 万余元，却带来指数的巨大上涨。

根据证监会 2015 年 3 月 27 日的新闻发布会，对于该事件的具体问答如下（以下内容来自证监会网站）：

“问：3 月 17 日，新三板推出成指、做市指数，完善了新三板的基础制度建设，而近日某券商公司员工误操作的“乌龙指事件”导致指数出现较大波动，请问证监会对此有何评价？

答：3 月 20 日上午 10 时 06 分至上午 10 时 08 分，三板做市（899002）指数出现大幅拉升现象。指数 2 分钟内上涨约 310 点，由 1 718.24 点最高拉升至 2 028.85 点。经查，全国股转系统指数出现大幅拉升系三板做市（899002）指数样本股红豆杉（430383）成交价格大幅波动所致。红豆杉样本权重占比 2.09%

（截至3月20日收盘后权重），该股成交价由7元突然增至68.4元。根据指数计算规则，该笔交易导致指数上涨约300点，与指数实际上涨点位基本相等。当日全国股转系统运行正常，指数点位计算符合指数编制规则。

全国股转系统挂牌公司股票转让不设涨跌幅。10时07分，红豆杉股价瞬间由7元上涨至68.4元，盘中瞬时涨幅达877.14%，成交数量1 000股。该68.4元的成交买方为天风证券做市账户，卖方为自然人投资者；该自然人投资者以9.75元的价格申报卖出42 000股，天风证券以68.4元的价格申报买入1 000股（同时申报卖出1 000股，申报价格72元），二者随即成交。上述成交不违反《全国中小企业股份转让系统股票转让细则》，因此交易有效，股票正常交收；但触发了《实时监控指引》相关报告义务。天风证券于当日向市场发布了公告，向全国股转公司提交了说明，天风证券提交的报告显示，其交易员下单失误导致红豆杉报价出现异常波动，表明其内控不到位、技术系统存在一定缺陷，天风证券正采取完善技术系统、对相关责任人进行追责、采取专项合规检查等处理措施。

做市商制度是全国股转系统的创新业务，需要做市商完善技术系统、健全内控制度、规范履行报价义务。针对此事暴露出的问题，全国股转公司在加强做市商报价行为的事中监控和事后处理的同时，将要求全体做市商引以为戒，进行全面自查，及时完善技术系统，健全风控体系，提升做市业务水平。全国股转公司将对做市商的内控执行情况进行抽查，确保全国股转系统健康稳定运行。”

Ken Zhang 啃哥有话说

这是由于新三板没有涨跌幅金额限制，只要报出价格被接受就可以成交造成的。本来是无可厚非的，但就是由于这个事件，导致三板指数当天被拉高了310点！很多人问，为什么？其实通过仔细分析指数编报规则以及证监会的回答可以看出，在交易非常不活跃的时候，单个权重股票价格的较大变动，是可以带来指数大规模的变化的。这也是交易不活跃状况下的必然现象，并不是指数设计不合理，大家千万不要误解了。

对竞价交易的再探讨

经常有人问啃哥：竞价交易一定能够推出吗？到底哪些股票能够成为竞价交易股呢？

啃哥说，其实，竞价交易的推出是肯定的。因为根据新三板公司 2013 年 2 月 8 日颁布的《全国中小企业股份转让系统业务规则（试行）》，其中 3.1.2 条明确规定："股票转让可以采取协议方式、做市方式、竞价方式或其他中国证监会批准的转让方式。经全国股份转让系统公司同意，挂牌股票可以转换转让方式。"所以啃哥很肯定，这个政策必将推出，这是不用怀疑的。那些持怀疑态度的人们，都是没有研究政策、主观臆断猜测的结果。还是那句话：没有调查，就没有发言权。

至于哪些股票会成为竞价交易股，啃哥也不知道。但是，从理论上讲，要成为竞价交易的股票，首先必须是股权足够分散，有足够多的股东存在。有了这个前提，竞价交易、撮合成交才有可能完成，有足够多的买方和卖方，是竞价交易的前提。因此，啃哥只能说，竞价交易的股票，一定也只会从目前新三板的协议交易和做市交易中交易最频繁、股东人数最多的股票中出现。那么，自己去找找，其实不难找到一批的。

此外，由于做市交易的交易量、交易频繁程度远远超过协议交易，因此，竞价交易的股票又最有可能从做市交易的股票中产生。当然，也不排除协议交易中交易最活跃的那两三支股票直接成为竞价交易股票。

新三板如何收费

新三板的收费，可以分为中介机构的收费和新三板公司的收费。

关于中介机构的收费，参见第 2 章中"啃哥补充四大核心问题"之"新三板挂牌过程中，中介机构如何收费"。

而新三板公司的收费，其实是非常低廉的。根据新三板公司《关于全国中小企业股份转让系统有限责任公司有关收费事宜的通知》（股转系统公告〔2013〕7号）中的附件1，有表6.3：

表 6.3

全国中小企业股份转让系统挂牌公司股票转让服务收费明细表

收费对象	收费项目	收费标准
投资者	转让经手费	按股票转让成交金额的5‰双边收取
挂牌公司	挂牌初费	总股本2 000万股（含）以下，3万元
		总股本2 000万～5 000万股（含），5万元
		总股本5 000万～1亿股（含），8万元
		总股本1亿元以上，10万元
	挂牌年费	总股本2 000万股（含）以下，2万元
		总股本2 000万～5 000万股（含），3万元
		总股本5 000万～1亿股（含），4万元
		总股本1亿元以上，5万元

通过上表可以看出，新三板公司实际收取的费用还是非常低廉的。

对做市交易和协议交易的再探讨

很多人问啃哥，你说是不是协议交易就一定比竞价交易好呢？啃哥一直以来的回答都是：不一定。各有各的好处，萝卜青菜各有所爱而已。

截至2015年3月27日，挂牌同时选择做市交易的，在2 140家新三板挂牌企业中只有2家。可见，绝大多数企业都选择了在挂牌的时候先采用协议交易，之后再逐步转入做市交易，或者维持协议交易。

协议交易分析

协议交易的缺点是显而易见的——交易不够活跃。但是，协议交易也有很多优点。

首先，最大的好处就是能够以自己希望的任意价格交易，只要对方愿意，都可以成交。一般刚挂牌的企业，可以通过协议交易完成原股东和董监高的股权激励。例如，以每股1元或者0.1元的价格，低价定向增发一部分股份给董监高，让董监高低成本获得公司股份，从而赚取之后价格上涨的溢价。

其次，协议交易期间，如果股东之间需要调整股权结构，也可以通过任意价格相互转让股票，达到股权调整的目的。

再次，方便对外转让。有的股东希望5元对外转让，有的股东希望6元对外转让，没关系，就将各自希望销售的股份数量和金额挂出来，看市场上谁愿意买，愿意买的在系统中点击确认就可以成交了。

最后，如果出让方和受让方商量好了价格，不希望和其他第三方成交，可以选择协议交易的“成交确认委托”交易方式，通过输入“约定号”，定向成交。

至于协议转让后收益的个人所得税问题，暂时未明确，不在这里深入探讨。

做市交易分析

关于做市交易，其缺点就是，当企业选择做市交易后，股份转让只能以一个价格卖给做市商，再也不能私下确定价格进行买卖了。也就是说，股票只有一个价格，想低价或者更高价买卖是完全不行的。这样非常不便于股份的内部调整和约定价格成交。

当然，其也有显而易见的优点。在做市交易状态下，做市商有义务不断向市场买卖双方双向报价，并有义务在出现买方或卖方时必须成交。因此交易就会比较活跃，起码可以出现一条持续的价格线，而不会像协议成交那样，价格曲线是不连续的。由此，对于提高交易的活跃度，形成连续的价格，也是非常有好处的。这也就解释了为什么纳斯达克主要采取做市交易的原因。

因此，总体看来，协议交易有协议交易的好处，做市交易有做市交易的好处，二者各有利弊。但是从长远来看，为了增加交易量，增强交易活跃度，还是建议企业在调整好股份结构后，尽快选择做市交易。只有促进股票交易活跃度，才是正途和大势所趋。

专业词汇索引

附录 II

新三板政策汇编

（来源：全国中小企业股份转让系统网站，截至 2015 年 3 月 21 日）

啃哥始终觉得，只要某专业领域的知识有边界，就没有什么可怕的。规则再多，都是可以穷尽的。啃哥将新三板的所有官方政策汇总如下，并标明了对应的内容，供大家查阅。

类型	名称	颁布日期	发文单位	对应的内容
法律法规				
1	中华人民共和国公司法	2005-10-27	全国人大常委会	概况、挂牌业务、公司治理与信息披露
2	中华人民共和国证券法	2005-10-27	全国人大常委会	概况、挂牌业务、公司治理与信息披露
3	国务院关于全国中小企业股份转让系统有关问题的决定（国发[2013]49号）	2013-12-13	国务院	概况、挂牌业务
4	国务院关于开展优先股试点的指导意见（国发[2013]46号）	2013-11-30	国务院	融资并购业务
部门规章				
1	优先股试点管理办法（证监会令第97号）	2014-03-21	证监会	融资并购业务
2	非上市公众公司收购管理办法（证监会令第102号）	2014-06-23	证监会	融资并购业务
3	全国中小企业股份转让系统有限责任公司管理暂行办法	2013-01-31	证监会	概况
4	非上市公众公司监督管理办法（证监会令第96号）	2013-12-26	证监会	概况、挂牌业务、公司治理与信息披露

5	非上市公众公司监管指引第 1 号——信息披露	2013-01-04	证监会	公司治理与信息披露
6	非上市公众公司监管指引第 2 号——申请文件	2013-01-04	证监会	挂牌业务
7	非上市公众公司监管指引第 3 号——章程必备条款	2013-01-04	证监会	公司治理与信息披露
8	非上市公众公司监管指引第 4 号——股东人数超过 200 人的未上市股份有限公司申请行政许可有关问题的审核指引	2013-12-26	证监会	挂牌业务
9	非上市公众公司信息披露内容与格式准则第 1 号——公开转让说明书	2013-12-26	证监会	挂牌业务
10	非上市公众公司信息披露内容与格式准则第 2 号——公开转让股票申请文件	2013-12-26	证监会	挂牌业务
11	非上市公众公司信息披露内容与格式准则第 3 号——定向发行说明书和发行情况报告书	2013-12-26	证监会	融资并购业务
12	非上市公众公司信息披露内容与格式准则第 4 号——定向发行申请文件	2013-12-26	证监会	融资并购业务
13	非上市公众公司信息披露内容与格式准则第 5 号——权益变动报告书、收购报告书、要约收购报告书	2014-06-23	证监会	融资并购业务
14	非上市公众公司信息披露内容与格式准则第 6 号——重大资产重组报告书	2014-07-23	证监会	融资并购业务
15	非上市公众公司信息披露内容与格式准则第 7 号——定向发行优先股说明书和发行情况报告书	2014-09-19	证监会	融资并购业务
16	非上市公众公司信息披露内容与格式准则第 8 号——定向发行优先股申请文件	2014-09-19	证监会	融资并购业务
17	中国证券监督管理委员会公告［2013］49 号（关于股东人数超过 200 人的股份公司申请挂牌、发行等行政许可事宜）	2013-12-26	证监会	挂牌业务
18	非上市公众公司重大资产重组管理办法（证监会令第 103 号）	2014-06-23	证监会	融资并购业务

19	关于转让优先股有关证券（股票）交易印花税政策的通知	2014-05-27	财政部、国税总局	概况、投资业务
20	关于在全国中小企业股份转让系统转让股票有关证券（股票）交易印花税政策的通知	2014-05-27	财政部、国税总局	概况、投资业务
21	关于实施全国中小企业股份转让系统挂牌公司股息红利差别化个人所得税政策有关问题的通知	2014-06-27	财政部、国税总局	概况、投资业务
22	关于证券经营机构参与全国股份转让系统相关业务有关问题的通知	2014-12-26	证监会	概况
业务规则				
（一）综合类				
1	关于修改《全国中小企业股份转让系统业务规则（试行）》的公告	2013-12-30	全国股份转让系统	概况、挂牌业务、投资
2	关于境内企业挂牌全国中小企业股份转让系统有关事项的公告	2014-02-28	全国股份转让系统	概况
3	关于全国中小企业股份转让系统有限责任公司有关收费事宜的通知	2013-02-08	全国股份转让系统	概况、投资
4	关于发布实施《全国中小企业股份转让系统业务规则（试行）》有关事项的通知	2013-02-08	全国股份转让系统	投资
（二）挂牌业务类				
1	全国中小企业股份转让系统主办券商推荐业务规定（试行）	2013-02-08	全国股份转让系统	挂牌业务
2	全国中小企业股份转让系统股票挂牌条件适用基本标准指引（试行）	2013-06-20	全国股份转让系统	挂牌业务
3	全国中小企业股份转让系统公开转让说明书内容与格式指引（试行）	2013-12-30	全国股份转让系统	挂牌业务
4	全国中小企业股份转让系统挂牌申请文件内容与格式指引（试行）	2013-12-30	全国股份转让系统	挂牌业务
5	全国中小企业股份转让系统主办券商尽职调查工作指引（试行）	2013-02-08	全国股份转让系统	挂牌业务
（三）公司业务类				
1	全国中小企业股份转让系统非上市公众公司重大资产重组业务指引（试行）	2014-07-25	全国股份转让系统	融资并购业务

2	全国中小企业股份转让系统股票发行业务细则（试行）	2013-12-30	全国股份转让系统	融资并购业务
3	全国中小企业股份转让系统股票发行业务指引第 1 号——备案文件的内容与格式（试行）	2013-12-30	全国股份转让系统	概况、融资与并购业务
4	全国中小企业股份转让系统股票发行业务指引第 2 号——股票发行方案及发行情况报告书的内容与格式（试行）	2013-12-30	全国股份转让系统	概况、融资与并购业务
5	全国中小企业股份转让系统股票发行业务指引第 3 号——主办券商关于股票发行合规性意见的内容与格式（试行）	2013-12-30	全国股份转让系统	概况、融资与并购业务
6	全国中小企业股份转让系统股票发行业务指引第 4 号——法律意见书的内容与格式（试行）	2013-12-30	全国股份转让系统	概况、融资与并购业务
7	《全国中小企业股份转让系统挂牌公司信息披露细则（试行）》	2013-02-08	全国股份转让系统	公司治理与信息披露
8	全国中小企业股份转让系统挂牌公司年度报告内容与格式指引（试行）	2013-02-08	全国股份转让系统	公司治理与信息披露
9	全国中小企业股份转让系统挂牌公司半年度报告内容与格式指引（试行）	2013-07-11	全国股份转让系统	公司治理与信息披露
（四）交易监察类				
1	全国中小企业股份转让系统转让异常情况处理办法（试行）	2015-01-07		
2	全国中小企业股份转让系统股票转让方式确定及变更指引（试行）	2014-07-17	全国股份转让系统	投资
3	全国中小企业股份转让系统股票异常转让实时监控指引	2014-06-09	全国股份转让系统	投资
4	全国中小企业股份转让系统交易单元管理办法（试行）	2014-04-28	全国股份转让系统	投资
5	关于发布全国中小企业股份转让系统过渡期交易结算暂行办法的通知	2013-02-08	全国股份转让系统	投资
6	全国中小企业股份转让系统股票转让细则（试行）	2013-12-30	全国股份转让系统	投资
7	全国中小企业股份转让系统证券代码、证券简称编制管理暂行办法	2013-12-30	全国股份转让系统	挂牌业务

（五）机构业务类				
1	全国中小企业股份转让系统主办券商持续督导工作指引（试行）	2014-10-09	全国股份转让系统	公司治理与信息披露
2	全国中小企业股份转让系统做市商做市业务管理规定（试行）	2014-06-05	全国股份转让系统	投资
3	全国中小企业股份转让系统主办券商管理细则（试行）	2013-02-08	全国股份转让系统	概况
（六）投资者服务类				
1	全国中小企业股份转让系统投资者适当性管理细则（试行）	2013-12-30	全国股份转让系统	投资
（七）两网及退市公司类				
1	关于原代办股份转让系统挂牌的两网公司及交易所市场退市公司相关制度过渡安排有关事项的通知	2013-02-08	全国股份转让系统	投资
2	全国中小企业股份转让系统两网公司及退市公司股票转让暂行办法	2013-02-08	全国股份转让系统	投资
3	全国中小企业股份转让系统两网公司及退市公司信息披露暂行办法	2013-02-08	全国股份转让系统	公司治理与信息披露
（八）其他				
1	关于全国股份转让系统业务支持平台挂牌审查系统上线试运行的通知（股转系统公告［2014］68号）	2014-07-29	全国股份转让系统	挂牌业务
服务指南类				
（一）综合类				
1	股份公司申请在全国中小企业股份转让系统公开转让、定向发行股票的审查工作流程	2013-12-30	全国股份转让系统	挂牌业务
2	全国中小企业股份转让系统申请材料接收须知	2013-03-01	全国股份转让系统	挂牌业务
3	关于做好申请材料接收工作有关注意事项的通知	2013-06-17	全国股份转让系统	挂牌业务
4	关于收取挂牌公司挂牌年费的通知	2013-06-14		
（二）挂牌业务类				
1	全国中小企业股份转让系统股票挂牌业务操作指南（试行）	2014-12-31	全国股份转让系统	挂牌业务
2	已挂牌公司申请书及主办券商推荐意见模板	2013-02-27	全国股份转让系统	挂牌业务

3	全国中小企业股份转让系统挂牌协议	2013-04-11	全国股份转让系统	挂牌业务
4	董事（监事、高级管理人员）声明及承诺书	2014-02-28	全国股份转让系统	公司治理与信息披露
5	推荐挂牌并持续督导协议书	2013-03-14	全国股份转让系统	挂牌业务
6	持续督导协议书	2013-03-14	全国股份转让系统	公司治理与信息披露
（三）公司业务类				
1	全国中小企业股份转让系统挂牌公司持续信息披露业务指南（试行）	2014-12-31	全国股份转让系统	公司治理与信息披露
2	全国中小企业股份转让系统挂牌公司年度报告内容与格式模板	2014-12-31	全国股份转让系统	公司治理与信息披露
3	全国中小企业股份转让系统重大资产重组业务指南第1号：非上市公众公司重大资产重组内幕信息知情人报备指南	2014-07-25	全国股份转让系统	融资并购业务
4	全国中小企业股份转让系统重大资产重组业务指南第2号：非上市公众公司发行股份购买资产构成重大资产重组文件报送指南	2014-07-25	全国股份转让系统	融资并购业务
5	全国中小企业股份转让系统挂牌公司证券简称或公司全称变更业务指南（试行）	2014-05-06	全国股份转让系统	公司治理与信息披露
6	全国中小企业股份转让系统挂牌公司暂停与恢复转让业务指南（试行）	2014-05-06	全国股份转让系统	公司治理与信息披露
7	全国中小企业股份转让系统挂牌公司权益分派业务指南（试行）	2014-05-06	全国股份转让系统	公司治理与信息披露
8	全国中小企业股份转让系统股票发行业务指南	2013-12-30	全国股份转让系统	融资并购业务
9	全国中小企业股份转让系统临时公告格式模板	2014-07-21	全国股份转让系统	公司治理与信息披露
（四）交易监察类				
1	全国中小企业股份转让系统交易单元业务办理指南（试行）	2014-04-28	全国股份转让系统	投资
（五）机构业务类				
1	全国中小企业股份转让系统做市业务备案申请文件内容与格式指南	2014-06-05	全国股份转让系统	投资

2	全国中小企业股份转让系统投资者适当性管理证券账户信息报送业务指南	2014-04-30	全国股份转让系统	投资
3	全国中小企业股份转让系统主办券商和挂牌公司协商一致解除持续督导协议操作指南	2014-04-01	全国股份转让系统	公司治理与信息披露
4	全国中小企业股份转让系统主办券商相关业务备案申请文件内容与格式指南	2013-06-19	全国股份转让系统	
5	关于做好主办券商相关信息在指定平台披露工作的通知	2013-04-02	全国股份转让系统	概况
6	证券公司基本情况申报表	2013-02-27	全国股份转让系统	
7	证券公司参与全国中小企业股份转让系统业务协议书	2013-02-27	全国股份转让系统	
8	证券公司从事推荐业务自律承诺书	2013-02-27	全国股份转让系统	挂牌业务
9	证券公司从事经纪业务自律承诺书	2013-02-27	全国股份转让系统	
（六）投资者服务类				
1	买卖挂牌公司股票委托代理协议	2013-02-27	全国股份转让系统	投资
2	《全国中小企业股份转让系统挂牌公司股票公开转让特别风险揭示书》必备条款	2013-02-27	全国股份转让系统	投资
（七）两网及退市公司类				
1	全国中小企业股份转让系统退市公司股票挂牌业务指南（试行）	2014-06-17	全国股份转让系统	投资
2	全国中小企业股份转让系统两网公司及退市公司股票分类转让变更业务指南（试行）	2014-05-06	全国股份转让系统	投资
3	《两网公司及退市公司股票转让委托协议书》参考文本	2013-07-29	全国股份转让系统	投资
4	《两网公司及退市公司股票转让风险揭示书》参考文本	2013-07-29	全国股份转让系统	投资
（八）登记结算类				
1	中国结算北京分公司两网公司和退市公司证券登记结算业务指南	2014-12-09	中国证券登记结算有限责任公司	投资
2	中国结算北京分公司投资者业务指南	2014-12-05	中国证券登记结算有限责任公司	投资

3	中国结算北京分公司证券资金结算业务指南	2014-11-27	中国证券登记结算有限责任公司	投资
4	中国结算北京分公司 两网公司和退市公司登记结算业务 申请表格	2014-11-25	中国证券登记结算有限责任公司	投资
5	中国结算北京分公司做市业务指南	2014-08-06	中国证券登记结算有限责任公司	投资
6	中国结算北京分公司结算备付金专用存款银行账户信息表	2014-05-15	中国证券登记结算有限责任公司	投资
7	中国结算北京分公司发行人业务指南	2014-04-30	中国证券登记结算有限责任公司	投资
8	关于拟挂牌公司初始登记业务的补充通知	2013-12-31	中国证券登记结算有限责任公司	投资
9	关于公布《中国证券登记结算有限责任公司关于全国中小企业股份转让系统登记结算业务实施细则》的通知	2013-12-30	中国证券登记结算有限责任公司	投资
10	关于印发《全国中小企业股份转让系统股份登记结算业务指南（适用于两网公司和退市公司）》的通知	2013-03-01	中国证券登记结算有限责任公司	投资
11	关于印发《全国中小企业股份转让系统股份登记结算业务指南（适用于原报价转让系统）》的通知	2013-02-08	中国证券登记结算有限责任公司	投资

Pore over
the New
OTC Market

附录 III

读者问答

1. 三板成指与三板做市指数推出来了，大概多久会有相应的三板指数基金呢？指数基金是否意味着实质上降低了投资者门槛（Egham）？

啃哥：关于三板指数，参见《啃啐新三板 1》第 6 章“新三板热点问题补充”中的“对新三板指数的再探讨”，啃哥得出结论是短期内新三板指数基金都是伪概念，无法推出。当然，只要是新三板基金，投资者门槛必然是降低了的。目前，新三板基金投资者门槛基本都是 100 万元起，比起 500 万元的开户门槛已经低很多了。

2. 现在一些基金做的产品大多是三板定向增发或上市后退出的股权类产品，为何直接做新三板股票的不多？（Bob）

啃哥：是的。原因已在书中分析，目前不是基金不想直接买新三板协议和做市交易的股票，而是狼多肉少，买不到。在这种情况下，能够容纳上亿新三板基金的是定向增发以及挂牌前入股（即：Pre-新三板）。

3. 新三板门槛如此高的情况下，普通投资者（如刚工作的大学生）想要投资，怎么去操作呢？（Darren 先生）

啃哥：很遗憾，基本没办法操作。现实总是残酷的，越有钱的人越能赚到更多的钱，或者越有赚到更多钱的机会，一个市场不会让所有人都赚钱的。或许当新三板最赚钱的日子过去之后，门槛才会降低，你才有机会进入。因此，在没钱的时候，建议多学习，多读书，用知识武装自己，知识终究会转变为生产力的，有了充分的知识储备，把握住赚钱的机会就是迟早的事。你这个阶段不适合，也很难参与新三板。

4. 新三板是否可以与 NASDAQ 相类比？（张昊）

啃哥：当然。详见《啃啐新三板 2》第 29 篇“关于新三板未来的猜想”。

5. 十分关心风险控制的问题，请啃哥从做市商角度、产品管理人角度给予指点。（Jane－桢）

啃哥：我认为，风险控制当然是新三板投资的重要环节。啃哥在做 PE 投资时，公司老板总在强调“不怕错过，就怕投错”，其实新三板投资也同理。从做市商的角度，当然是选择最优质的项目来做市，这样未来股价上涨才有支撑，同时未来交易活跃了、交易规模上去了才会有更好的收费（价差的百分之五）。从产品管理人的角度，也就是新三板基金投资经理的角度看，风险控制更多的是关注投资的分散性、选取的拟投资标的价值。在券商公司，风险控制部门和投资部门是相互独立的，任何投资决策最后都要经过风险控制部门审核通过才能执行。这也说明了风控的严格性。

6. 新三板对行业有没有限制？是否为全品类行业都能上的趋势？（Simon）

啃哥：对行业没有任何限制。只要满足挂牌 6 个条件的就都能上新三板。其实，也可以理解为，既然连 PE 投资机构都可以上新三板了，那么，还有什么行业不能上市呢？

7. 新三板行业中蕴含的创业机会是什么？（紫苏子）

啃哥：这个问题比较大。如果把新三板作为一个行业来看待的话（其实不是一个行业），这里的创业机会无非就是成为基金管理人。而比较简单的是成立私募股权投资公司，能找到出资人，即募集到资金；同时能找到项目，可以将资金投出去；再有就是能控制好风险，那么，就可以创业了。其他的创业机会不多。

8. 新三板以后会成为四大会计师事务所的业务吗？（初七）

啃哥：可以参考 A 股。A 股目前有多少家是四大审计的呢？并不多。四大审的主要是一些 A 股、H 股同时上市的，或者是跨国的大型企业。目前，新三板中并没有四大会计师事务所的影子，因为新三板企业规模偏小，审计收费低。而等到新三板诞生了大型的、跨国的企业之时，就是四大会计师事务所闪亮登场的时候了。现在时间还没到。

9. 新三板方兴未艾，高潮未到，现在出书，需要很强的前瞻性吧？（呼啸麒麟）

啃哥：是的。书中所有的分析都基于理性，是一个客观分析的过程，逻辑推理严密，因此必然水到渠成。

10. 新三板交易日趋活跃，在有足够交易量的情况下，未来会不会在推出竞价制度的同时，针对投资人每日有效报价区间制定一定的涨跌幅限制？（李振华）

啃哥：当然有可能呀！当交易非常活跃的时候，很有可能设定涨跌幅限制，或者分层后对交易最活跃的一层设涨跌幅限制。不过新三板市场要发展到那一步还需要相当漫长的时间。

11. 预计泡沫会持续多久？（谷总九鼎）

啃哥：新三板刚起步，哪里来的泡沫？如果认为现在有泡沫，那么以后怎么玩呢？啃哥在前文已分析过，对于一个新兴的市场，一上来就谈泡沫，有点早。

12. 从你个人角度看，新三板投资在未来两年上涨空间有多大？（汤祺）

啃哥：这个问题难以量化。正如读者留言，每个人心中都有一个新三板。啃哥只能说，通过理性分析判断，新三板会有非常光明的未来，大势向上是肯定的，短期会不会有弯路不好说。

13. 新三板上市公司对创始人或控股股东的股权是否有上限要求？比如说不能超过90%。另外，新三板上市成功，如果定向增发，有什么要求？（泽楷）

啃哥：控股股东方面没有上限要求。对于定向增发问题，详见

《啃碎新三板 1》第 6 篇中的“新三板定向增发规定”。

14. 证监会对新三板基金的监管与一般股票型基金有不同吗？初入股市且资金不多的投资者适合通过基金投资新三板吗？（宋欣欣）

啃哥：新三板基金分新三板公募基金和新三板专户基金。新三板公募基金与一般的 A 股股票型基金监管一样；而新三板专户基金由于人数少于 200 人，因此会更灵活一些。现在新三板专户基金都是 100 万元起，资金不多根本买不起。等新三板公募基金推出的话，那个时候估计购买门槛会降低一些，可以考虑适当买些，但是门槛降低的时候也就意味着最赚钱的黄金期已过去。

15. 新三板没有涨跌停板制度，如果证监会对基金的操作还有限制，那么基金的操作难度岂不是很大？或者基金本身的净值会波动很大？（宋欣欣）

啃哥：新三板没有涨跌幅限制，但是有做市交易制度。做市交易会形成一个比较平稳的价格曲线，当交易量上去后，不用担心净值波动太大，市场自动会有平衡的。证监会对基金的限制主要是建仓的分散比例和其他一些合规的考虑，再没有其他太严格的操作限制。可以简单理解为新三板基金就是一个资金委托投资，操作难度和普通股基金没啥两样。

16. 国内新三板和美国 OTCBB 市场有何异同？新三板是否对海外投资者开放？是否可以做空？（Stanley）

啃哥：新三板对标的应该是美国纳斯达克和 OTCBB，或者说介于二者之间。详细参见《啃碎新三板 2》第 29 篇“关于新三板未来的猜想”。新三板对海外投资者当然开放，和 A 股开放程度一样。新三板不可以做空。

17. 在新三板二级市场上如何选股？（啊瑞）

啃哥：啃哥如果能回答这个问题，就成股神了。选股每个人都有自己的逻辑，有自己的方法。只要行之有效即可。

18. 作为挂牌企业，在选择做市商时，应该主要考虑哪些因素？目前，做市商似乎已经分成集团和阵营，风格都有什么不同？（杨帆女士，陈录）

啃哥：选择做市商要看做市经验，参见过往业绩是最重要的，与选择中介大同小异。参见《啃啐新三板1》第2篇之“啃哥补充如何选择中介机构”。关于做市商按做市风格分成的集团和阵营，啃哥真没有仔细分析过这个问题，无法发表意见。

19. 新兴市场短期鸡犬升天很正常，但是不是真的能形成市场的自我淘汰机制却很难说。如何防止市场出现“劣币驱逐良币”的情况，需要什么样的制度建设，你有什么好建议？（王长颖）

啃哥：摸着石头过河，走一步看一步，随时调整，随时处理问题，以不变应万变。啃哥的建议就是，遇到问题了及时处理纠正，在摸索中前进，戒骄戒躁。

20. 如果新三板公司转主板，那么投资者的所有股份是否一同转走？有没有扩股、缩股、合并或兑现一说呢？转板过去对上市公司是否属于利好？（西安网友陸小陆）

啃哥：转板的具体制度尚未出台，因此第一个问题啃哥无法回答。个人感觉应该是整体转过去。至于转板是否属于利好，其实要看转板的时候要转入板块的同行业企业市盈率是否高于所在新三板的市盈率。高的话当然是利好，因为转过去企业价值增加；低的话当然不是利好了。这个问题要依据在转板时点的具体状况确定。

21. 请问新三板出来后，现今各板上哪只股票受益最大？（新鲜空气）

啃哥：啃哥不好指名道姓。只能说，PE 投资类、高新技术企业等无法在 A 股上市的（A 股要考核利润指标），又具有异常突出增长性和未来预期的，是最大的受益者。推而广之，新三板解决了改革开放 30 多年来未曾解决的中小民营企业股权融资问题，1 400 万家中小民营企业都是其巨大的受益者。

22. 看到“做市股票瞬间大涨 877.14%，天风证券操作失误引发新三板首例乌龙指”的新闻，为啥不到七万元的成交，却能让指数暴涨？ 这个指数是个笑话吗？（曹乘瑜）

啃哥：关于这个指数问题，参见《啃啐新三板 1》第 6 章中“对新三板指数的再探讨”。

23. 最近创业板、中小板的大涨，对新三板有什么影响？ 其他板块会与新三板联动吗？（曹乘瑜）

啃哥：目前联动不明显，因为新三板一天才 10 亿元左右成交额，而 A 股一天上万亿成交额，不是一个数量级的资金，当然没有影响。但是，当新三板逐步壮大到一定程度，一定会对创业板、中小板及主板产生重要的联动影响。

24. 投资最大的问题是信息不对称，如何能及时准确地了解到三板公司的信息和证券公司对他们的评估呢？（均均）

啃哥：很遗憾地回答，无法准确做到。任何投资都是在信息不对称中进行的，都是在模糊中求清晰的过程。因此投资需要经验，需要判断，需要搜集更多的信息，让不对称减少一些。因此，投资更应该是基金公司做的事情，而不是散户做的事情。让专业的人做专业的事，就是这个道理。

25. 怎么看待新三板带来的机遇和风险？（婷妹妹）

啃哥：新三板目前有着系统性机遇，是继创业板之后的再一次资本盛宴。至于风险，任何事情都有风险，我们要做的是在风险最小的状况下争取收益最大。通过理性分析判断，或者在特殊的时刻进入是可以最大限度减少风险的。

26. 新三板或Q板上市后购入的股票如何套现退出？（快乐的鱼）

啃哥：Q板是上海的一个区域性板块，是四板的一种，这里不做深入分析。关于新三板购入的股票如何套现退出问题，啃哥觉得，无非就是卖出去变现了呗。关于现在很多人关心的能不能卖出去的问题，参见《啃啐新三板3》第2篇中所分析的“担心新三板的流动性是杞人忧天”。

27. 现在投资新三板产品期限一般是2年，你对2年以后的行情怎么看？毕竟现在资金都在跑步进场，公募都在做新三板，估值已经不低，我们对2年后会怎么走有些担心。（西自如今）

啃哥：谁也无法确定未来情况。但是如果对中国资本市场有信心，对新三板有信心，那么，就至少不应该看跌新三板。啃哥是有信心的，中国目前需要新三板的良好发展反哺实体经济，太需要了。至于“估值已经不低”这样的论断，要看和谁比。

28. 请问个人投资者如何参与新三板定增？（粉丝梅子）

啃哥：个人投资者很难参与新三板定向增发，因为定向增发需要资金量大，企业对入股者还有很多其他方面要求，因此参与定向增发的基本都是机构投资者。参见《啃碎新三板 1》第 6 篇中“新三板定向增发规定”。

29. 设置合格投资者，本意是保护中小股民，但是把一般收入者挡在门外不能享受制度红利，感觉有些劫贫济富，不知道国外是否也这样呢？（冯超）

啃哥：资本永远是逐利的，赚钱的永远是少数。理想美好，现实残酷。国外当然也是这样的。有钱人有更多的赚钱机会，只会更有钱。这是事实，全世界都是一样的。

30. 投资新三板会亏吗？（蔡雪）

啃哥：会的。天下没有既有高收益又无任何风险的事情。只有在理性分析判断后，考虑确定亏的概率，只要概率足够小或者亏损能承担，就是可以操作的。这就是分析判断的重要性。

31. 门外汉请教啃哥：以后进行 A 股 IPO 的企业是否必须先上新三板呢？（柯南）

啃哥：我认为不会有这样的要求。企业如果符合 A 股条件的还是直接上 A 股。而不符合 A 股条件的，可以先上新三板，解决股权融资问题，以后企业成长了就可以再选择要么转入 A 股板块，要么留在新三板中。这类似于美国的纽约交易所和纳斯达克，不同的板块适合不同发展阶段的企业。当然，如果新三板交易足够活跃了，估值足够高了，转不转到 A 股其实也无所谓了。

32. 个人投资者如何甄别新三板中的真正有价值的公司？ 毕竟投资者不方便进行尽调。（宋天彤 Mandoline）

啃哥：为什么个人投资者一定要甄别新三板中真正有价值的公司

呢？这个出发点就是有问题的。专业的事情交给专业的人去做，个人投资者做好本职工作，去买基金才是正途。什么时候中国的散户由现在A股市场的85％降低到20％以下，也许资本市场才能真正健康。现在新三板正在进行这项工作。是的，买基金的收益要分给基金公司一小部分，但是，别人贡献了专业的知识，分一小部分难道不应该吗？社会是有专业分工的。

33. 现在券商对于新三板的承销保荐，优先放在营业部层面。对于这部分一级市场业务，券商放在哪个层面比较好？（宋泽雁）

啃哥：这个政策依据是2014年12月25日证监会发布的《关于证券经营机构参与全国股转系统相关业务有关问题的通知》，其中明确营业部有资格，参见《啃啐新三板2》第27篇“政策最终落地，尘归尘，土归土，争论休矣”。啃哥认为，应考虑放在哪个层面更合适，这又与各个证券公司本身特点有关，要具体问题具体分析，不能一概而论。总之合适就是最好的。

34. 新三板上市前的财务及会计核算的注意事项有哪些呢？（饶学权）

啃哥：其实，就两个字——规范。至于什么叫财务规范，相信审计师和券商是最有发言权的，此处不再赘述。

35. 新三板投资门槛很高，有些机构通过垫资让普通投资者参与。那么，新三板的主要风险点有什么？投资者该如何分析，如何规避？（谢新波）

啃哥：还是那句话，不建议投资者去分析个股，因为无论你怎么分析，都很难比得上专业的基金投资机构。至于风险，其实就是进入不进入、买不买新三板基金的问题。这是一个大方向的判断，需要结合自己的风险承受能力，要具体问题具体分析了。总之，想赚钱，必要的风险就必须承担。

36. 师兄，我是股市新手，提一个问题：中国股民的投资行为是源于自身意识还是机构投资者的不成熟？（Xu Xinwei）

啃哥：我们先要明确中国的股民一般是专指A股那85%的散户，不包括机构投资者。啃哥觉得，中国的股民（散户）其实缺乏独立分析，听消息、跟风的多。往往一拥而上，一拥而下。有时候啃哥真心替一些股民心痛，辛辛苦苦积攒的几十万元存款，就因为一个消息果断杀入股市，希望赚大钱，结果损失大半。啃哥就在想，为什么赚钱的时候那么辛苦，投资的时候不好好分析呢？所以说，中国股民的投资行为大多数是源于自身意识的自发投资，还没有形成成熟的委托机构投资者进行专业投资的习惯和氛围。而目前新三板投资者大多数是机构投资者，这是好事情。我反复讲，专业的事情就交给专业的人去做吧，完全没有必要全民炒股、全民开户。

Pore over
the New
OTC Market

附录 IV

留言墙

这本不是一面墙，但也可以认为就是一面墙，一面啃哥心中的墙，一面记载着读者纷繁复杂感受的无边无际的留言墙。

啃哥通过微信公众号、微博、博客搜集朋友、网友、读者们对新书的留言，不到三天的时间，就收到了众多热情读者的留言。啃哥读了一遍又一遍，这些留言感人至深，发人深省，甚至令我热泪盈眶。对这么多素未谋面的热情读者，啃哥不胜感激！为保有留言的原汁原味，不做任何删减修改，全部引用。

无意中看见啃哥的文章《新三板赚钱方式深度解析》，鼓舞人心！此时商品期货市场进入震荡筑底行情，在混沌中徘徊，主板、创业板已经狼多肉少，作为投资者，如果不抓住三板之大势，就愧对这个互联网金融时代。乘着三板之风破浪，是勇敢者的游戏。交易之道，顺势而为！祝啃哥新书出版顺利！**（混沄贸易）**

新三板，新梦想，新财富。**（张涛）**

看过您的新三板的文章，写得很有诱惑力。**（李奕成—Uglee）**

希望新三板能够成为中国的纳斯达克，为中国金融史带来革命性的变化！**（猫猫猫猫。。。。爷）**

力挺啃哥，你写的新三板的文章是我看过最好的，没有之一。**（三板耕耘，黄小晴）**

希望国家政策法规对新三板的支持与引导保持稳定性和长期性，把新三板打造成为中国特色的资本市场，使挂牌企业可以融到资金，企业价值被充分发现！**（夏天）**

拜读过啃哥的《四大那些事》，也有幸邀请到啃哥开堂授课，受益匪浅，期待啃哥新三板的书闪亮登场。**（硕果儿）**

菜鸟，不知道留啥。**（任娜）**

新一波的麦子要结穗儿了。**（朝曦）**

每个人的心中，都有一个新三板！**（刘旭）**

资本盛宴之前，啃定横刀立马！**（Ace）**

又有新书啦！**（文启斯）**

金融何处不书生！**（白华）**

愿中国有更多人加入“啃一族”。**（Yeeting 一婷）**

永远不要放弃你真正想要做的事，怀着伟大梦想的人总比追求现实的人强大。**（Lawyer Wang）**

特别喜欢跟九鼎的人聊工作聊专业，充满朝气和向上的正能量，这是真心话！我觉得啃哥热爱自己的工作，对自己的工作兴趣满满、信心满满。我特别羡慕这样的人。同时觉得这样工作一定很幸福和满足！**（雅文）**

洋洋洒洒千言，又要有见地、有看点、有文采，不容易，已经佩服得很。**（一笑而过）**

膜拜中，向啃哥大神学习！祝新书大卖6000万册！**（臧启红）**

祝愿啃哥新书热卖，也祝愿自己今年顺利通过中级！**（Bigbaby）**

专注持久，必有所成！**（逸仙）**

能够全神贯注于这个风口，信心的力量来自啃哥！**（木糖醇）**

通过啃哥了解了新三板，在给公司内部培训时，都直接用啃哥微信的内容。十分感谢，预祝著作大卖！**（公众号 "销售有道"）**

预祝Ken哥新书热卖！**（EY故人）**

之前看了您的《四大那些事》，非常有趣，所以更加期待新书啦。希望继续欢乐地涨姿势（长知识）。嗯，祝新书大卖！读者越来越多！啃哥加油！**（Grace）**

研究有匠心，浑然似天成！**（Zhong Ling）**

啃哥威了个武，犀利。**（岳元龙）**

最火新三板，啃哥最勤奋，与您共分享！**（嘎子哥）**

加油，虽然现在没看到，不过一边工作一边写书很棒。**（流萤）**

迷失的会再迷失，相逢的还会再相逢。**（Aladdin's Magic）**

作为将要进入四大打拼的小朋友，看了啃哥的书对未来更加期待了！以后要向您学习，同时祝新书大卖，有更多好的作品！**（小聪）**

恭喜师弟在新三板看到巨大投资机会，充分揭示风险，如何做好风险控制是大事。

（草原雄鹰）

啃哥威武，新书大卖，粉丝越来越多。**（田牛牛）**

请问可以改变一下配图吗？**（肖瑶）**

冬吴会谈，新三板，新风口，新思维。**（冬吴会谈）**

啃哥张驰的文章《新三板赚钱方式深度分析》，分析得太全面，深入浅出，连我这个门外汉都看得懂。谢谢！**（琳子 1021）**

期待啃哥新书，粉你没商量。但是……换张照片吧，形象也很重要啊！啊！啊！**（郝晶晶）**

新三板正处在资本市场的下一个关键风口，投资新三板，畅享财富人生。**（郭郭）**

新三版市场不仅是企业融资的市场，更给投资者创造了一个新机会。**（杭州银行王凯）**

财富再分配，抓住机遇，分享改革的盛宴！**（Jackie Fan）**

新三板必将成为众多企业走资本市场的主要途径之一，我个人认为企业上新三板要从以下几个方面着手准备：搭建组织架构，产权界限清晰，企业运作规范，税务风险归零，主业突出持续。**（深圳市思迈特财税咨询有限公司 咨询总监 何云华）**

著书立言，惠泽大众。希望啃哥在实现自我价值的同时，能够启发大众的思维！**（Freedom）**

一个偶然的原因看到了啃哥写的《四大那些事》，看到了朋友圈分享的啃哥关于新三板的一篇文章，便毫不犹豫地在接下来一周看完了啃哥微信里的所有文章，也毫不犹豫去买了《四大那些事》。感谢啃哥带着我见识到了另外一片更广阔的天空，开阔了眼界！曾国藩说，古之成大事者，识为主才为辅，人谋居半天意居半！谢谢啃哥！**（Freedom）**

与啃哥共事三年，他是我崇拜的偶像，给我的印象一直是寓内功于沉默之中，所以我真的没想到啃哥会一不小心“火”了，而且势头无法阻挡。我觉得与其说是微信自媒体的无穷效力造就了啃哥，不如说是新三板的无限魅力给了啃哥机会，最关键的是啃哥抓住了机会，所以啃哥成了名副其实的新三板专家。新三板的魅力在于“他”像是一个处于青春期的少年，含蓄又深邃，冲动又傲娇，不鸣则沉默，一鸣则冲天，年轻任性地为资本市场杀出一条新的血路。啃哥是新三板的大力“鼓吹者”，毫无疑问，今天啃哥因新三板而火，但谁又能知未来新三板不会因啃哥而荣呢？我要向啃哥学习这种对新三板的啃研精神，并有幸借啃哥新书宝地立贴为证，多在自己的领域深啃细作，积累土经验，发表土观点，希望啃哥多指导！**（龚成威）**

偶然看到啃哥的文章，觉得啃哥对新三板的认识和分析非常实用到位，对我起到了很好的提示和引领作用。会一直关注你的新书！很庆幸看到了你的文章！谢谢！**（张培毅）**

似深夜大海里，灯塔上的一盏明灯！似黎明正东方，祥云中的一轮红日！新三板市场为广大创业者和中小企业家指明了前进的方向！而啃哥的著作就像那一盏明灯和一轮红日照亮了无数在资本市场里夜行的和赶早的人们！在此祝啃哥新书热卖！粉丝大增！**（西安天晟企业管理有限公司　陆小陆）**

无论新三板是否可以成为中国的纳斯达克，都希望做新三板的审计师们，可以负责地审好这些企业，引导企业的良性发展，让投资人放心。**（学弟李耀光）**

曾经与四大擦肩而过，看了啃哥的《四大那些事》找到了很多共鸣。如今在投行工作，更是期待啃哥的新书！**（Ryan Wong）**

新三板，爱你爱不完！哥出书，啃你没商量！啃哥威武！Duang～新书大卖！**（老刘）**

财富与梦想齐飞，互联网与新三板一色，都是处在风口的黄金色。**（张多奎）**

啃哥的剖析鞭辟入里，甩某些经济学家N条街！**（张枪枪）**

您好！刚刚拜读了《新三板赚钱方式深度分析》一文，文中观点对我来说是只能意会不可言传，而您则是如此直白、系统地讲了出来，深感佩服！**（笑看风云）**

看过啃哥的新三板文章，有理有据，有见地，有诱惑。盼新书大卖，给读者一座黄

金屋。（**Lillian Lau**）

唷新常赢，天道酬勤。（**关关**）

学习无时无刻，积累无处不在，唷哥总是给读者带来满满的正能量。（**黄欣**）

唷是一种信念。赞！（**弄璋弄瓦**）

唷哥加油！（**莎莎**）

唷哥师兄的分析入木三分，实为机构和散户的福利。新三板，新机遇。（**Xu Xin-wei**）

哇！（**Coco**）

你太有才了！（**亮亮**）

有为青年，定成大器。（**中融信托　赵国祥**）

去年开始投资新三板，坚持到现在硕果累累，其中不乏有唷哥的影响，也被其执着所感动。唷哥好像是新航线上的灯塔，给了那些曾经迷茫的新三板投资人鼓舞的光。加油！（**Lz**）

历尽艰辛转行金融，结果却依然很迷茫。直到遇见新三板，我才确信这就是我的方向！（**ZNUEL 的 LILIN**）

做久了投资，转型做了实业。希望一年后能做成一家新三板挂牌企业。（**陆鑫**）

博约并举，明暗无缺，深入浅出，实事求是。UIBER 为大学长点赞！（**涛涛**）

祝唷哥和新三板一样，与梦想一起成长。（**吴俊**）

新三板的爆发是中国金融市场的新机遇，而唷哥的爆发则是无数个日积月累的能力！正是每次加班后笔耕不辍和牺牲自己节假日的夜以继日，才有了这部书的呈现！衣带渐宽终不悔，为伊消得人憔悴，唷哥为事业和家庭所做出的努力令人敬佩！我会在英国一直关注新三板和唷哥。（**帝国理工曾辉**）

Ken哥，共同工作四年，见证过你的努力、认真、才华，愿你事业有成的同时开心健康，真心希望你所有的努力都有收获。**（张玥）**

有幸与啃哥共事数月，一次又一次地被他在工作中敬业、勤奋的精神所打动。等到《四大那些事》出版后迫不及待地拜读了全书，又让我见识到了一个更加生动丰富的四大以及一个更加具有远大理想、独立思考精神和强大专业素养的啃哥。一直关注着啃哥的新三板系列文章，毫不夸张地说，这是我见过关于新三板最全面、最有深度的分析，以至于每次和企业家推荐新三板时都会反复参考这些文章并咨询啃哥。相信这样一个勤奋、专业、有思想的啃哥能够成为新三板这个全新领域的引路者，帮助一批优秀的企业抓住这次难得的机会。祝愿啃哥工作顺利，新书大卖！**（吴憾）**

新三板股权的无限制流通蕴藏着巨大财富，但也有巨大的风险，啃哥新书再次亮剑，为大家在这次财富盛宴中保驾护航。啃哥专注、专业、勤奋，对新三板政策有深刻的理解，是一位在新三板市场前沿的舞者。祝愿啃哥新书取得卓越的成绩，祝福每位读者在学习到新三板知识的同时，也能在这次盛宴中赚取超多钱。**（好友刘东）**

啃哥人如其名，书如其名。他在财务审计和资本市场中拥有丰富的从业经历，而且不断对所见所知进行思考和总结，与他共事，你会被他对问题的执着钻研和对生活的热情所感染，我相信大家在书中也可以感受到这一点。十分期待他的新书。**（青青子衿悠悠我心）**

认识啃哥时间不长，但被他的勤奋和钻研精神折服。新三板领域，啃哥的观点新颖、务实、透彻，每文必详读，新书绝对值得期待。祝啃哥新书大卖!!!!!! **（彭惠）**

从四大到新三板，啃哥以蚂蚁啃骨头的精神为大家啃下了一座又一座金山。**（曹燕红）**

啃哥的职业经历给财务出身的童鞋们树立了一盏明灯，当大家在几年的财务工作之后苦苦思索自己未来的职业发展时不妨读一读啃哥的书，从四大到企业再到走上专业投资人的道路，啃哥对自身专业知识的积累，对市场的把握和思索，值得我们学习和借鉴。**（姜楠 Jasmine）**

从《四大那些事》到新三板专辑，创新、勤奋、坚韧，且能把理论和实践完美结合的啃哥，是当今资本市场里一道亮丽的风景线。啃哥的文章影响了很多人，把他誉为新三板代言人名副其实，期待新书畅销。**（紫薇花开）**

对于投资，只有看得清楚，想得明白，才能投得放心，投得智慧。啃哥对新三板的诸多分析全面而深入，道出了新三板最近如此火热背后的逻辑，也暗示了其中风险。读罢深感啃哥对新三板研究的专业性，令人受益匪浅，当亦以此自勉之。**（李震杰）**

从四大，到新三板，精彩纷呈！最期待，你的下一部诚意之作——《从海外上市看新三板挂牌》。**（芮建良）**

在没有山岗的地方，也能俯视世界。祝张驰师弟继续进步！**（李岩松）**

现在常听到这样一句话——“站在风口上，猪也能飞起来”。新三板——中国的纳斯达克！1990—2000 年，纳斯达克从 330 点涨到了 5000 点，创造了几十倍财富，汇聚了当今全球顶尖的高科技企业。如果再有这样的历史机遇，您愿意参与吗？无疑，新三板就是那个最大的风口，处处可见随风起舞的“猪”，但是随风起舞的“猪”们都不曾想过，说这句话的其实是“鹰”！大风有刮起的一天，可是也终究会风平浪静的一天，当风停的时候鹰还是鹰，没有风也一样飞翔，可是猪们呢？对于迫切地想要翩翩起舞的“猪”们，最重要的不仅仅是要找到起飞的风口，还要学会长出一双翅膀，才能在风停之时继续飞翔。**（吴芳）**

Ken 哥是认识多年的老朋友，他有一种锲而不舍的钻研精神，也有一颗非常热情的心，去把自己所学的知识、经验分享给大家。让我们也能参与到这次多年一遇的造富机会中！**（吴芳）**

Ken 哥的专注、敬业由来已久，看好 Ken 哥哦。**（江磊）**

新三板，新色彩！啃哥点评新三板，色彩更丰富！**（SHIYOU）**

新三板是中国注册制改革的先锋，啃哥是新三板的先锋，祝啃哥成为中国最优秀的新三板基金经理!!!**（马占田）**

啃透啃穿，啃到精髓，啃到本质，啃出大机会！啃得好！**（老四）**

你好啃哥，我看了你的新三板文章，找到共鸣了。**（一休）**

啃哥吉祥。**（刘金涛）**

啃哥手下三年小虾兵前来膜拜!! 很荣幸在EY一直跟着啃哥干活，曾经的“朝（整）夕（日）相（加）处（班）”和分道扬镳后的时有联系，让我也算是啃哥成长历程的见证者。路上的啃哥从未停歇，虽跟不上您的脚步（差距啊!!!），但依然可以继续跟随，有您在的前方，真好！最后预祝新书大卖！**（Lin，闫琳）**

啃哥于我亦师亦友，当初选择PE这个行业离不开他的指引和鼓励，每每当我带着问题来到他面前，啃哥必是知无不言言无不尽。啃哥真诚、实在、勤奋，同时深怀一颗感性的心，如果啃哥生于古时，必定也是位悲天悯人的诗人。与他共事的时光于我的职业生涯和成长过程是非常珍贵并值得回味的。有幸成为第一批《四大那些事》的读者，至今记得啃哥谈起书稿时脸上洋溢的光彩，那是一种对自己人生阶段的回顾与肯定，也是与人分享的快乐与自豪。如今啃哥选择了更为广泛的方式与更多有同样志趣的朋友分享他的思考和体会，我想他必定乐在其中，也相信能够同时使更多读者乐在其中，深思于其中。我愿一直做他的聆听者，做他思考与实践的伙伴。**（张统宇）**

사랑해요 **（啃哥夫人）**

Pore over
the New
OTC Market

后 记

文章再长，也终有写完的时候。“神龟虽寿，犹有竟时。腾蛇乘雾，终为土灰。”告一段落后，突然感觉有点失落，很多想说的话似乎还没有说完，言犹未尽的感觉如此强烈。

在开始写这本书的时候，只是想选取自己过去一年对新三板的各种评论中精彩部分整理成册。但是，越汇总感觉问题越多，越觉得自己分析得不够深入，有太多的内容并未能真正展开。同时，考虑到许多读者不了解新三板的基础知识，直接阅读这些评论文章会很吃力。因此，在编辑的建议下，啃哥专门花了很多工夫认真分析了新三板公司发布的五大手册，确保了此书的完整性，便于读者深入理解。

为什么我会如此乐此不疲地分析新三板呢？起因是 2014 年 4 月的一次争论。那时我所任职财务总监兼董秘的公司经过 2 年多的准备，本准备上报中小板，但是，眼看着 600 多家企业排队，一年只上市 100 家的 A 股现状，预计排队时间将超过 2 年。然而，彼时新三板异军突起，各种政策利好不断。为了说服公司董事长、股东以及券商，我查阅各方资料，深入思考，撰写文章，阐明新三板有关内容。要知道，如果上中小板，券商的收费将是上千万元；而如果上新三板，券商收费只有区区 100 万元。可想而知压力之大，因此必须分析透，才能有说服力。

从那个时候起，也就是从那一篇文章开始，啃哥踏上了新三板独立啃析之旅。

当然，更深层次的原因，源自我个人的感悟。2011 年，我从北京到广东省汕头市，在一家中型民营制造企业中任高管三年，深深感受到民营企业在目前这个市场环境中生存的不易。我曾六个月谈了十几家银行，居然没有一家银行愿意给企业放贷款，而仅仅是因为企业是轻资产行业，没有可以抵押的资产。为什么这么优秀的企业、这么有前景的行业却不能得到银行的资金支持呢？这是我不断思考和问询的。

那个夏天的夜晚，我经常一个人走去汕头礐石大桥的海边，瞭望着漆黑一片的大海，吹着海风，思考这些问题。同时在思考的，还有自己的前途，在安永华明会计师事务所六年审计工作的经验，令我充分感受到了规范和流程的重要性；在九鼎投资这个私募股权投资公司的经历，又让我充分感受到拼搏、高效的内涵。进而，自己突然再到了一个三线城市的民营企业，天天面对着烦琐、冗杂的财务相关工作，有一种说不出的压抑和失落。想一想当年四大的那些同事，现在要么在四大升到了高级经理；要么去了大型金融机构，担任要职；要么去了知名外企，拿着高薪。想想在九鼎一起尽调过的兄弟们，也都春风得意，在 PE 行业逐渐有所建树。而自己，却在这里，在一个陌生的城市里，一个人，做着自认为非常有意义的工作。严重的失落和压抑时时伴随着我。当初，我之所以会去一个民营制造业企业参与最细致的管理，初衷是希望深入企业，真正了解企业，便于今后在投资领域有更大的发展。但是，当时支持我这种想法的只有我自己。

还有，就是年龄问题。转眼间我已经过了而立之年，那些想做的事情，竟都没有起色。那些未完成的事情，当年的雄心壮志，似乎都在逐年减退；当年的那些豪言壮语，只能深深埋在心底。

正是上述几方面原因，迫使我想做些什么。能立即动手去做的，就是通过文字表达自己的思想。看到社会上对金融业纷纷攘攘、褒贬不一的评论，我发现大家多是去看个热闹。市面上很少有深入分析的文章，既然如此，我来做好了。

也就是从一年前开始，我几乎把所有的业余时间，都投入到了写作中，以自己的眼光，用自己的语言，分析各种金融政策，希望影响更多的人，去彻底地啃一些问题。而在这个过程中，我又刚好从事着新三板有关工作，面对这样一个快速发展的板块，我更坚定了深入分析新三板领域的各种问题的信心。

其实，在开始撰写新三板评论之前，我先用了6个月左右的时间，完成了那本《四大那些事》，回顾了自己在四大会计师事务所6年的工作生活道路。从结束了那本书开始，就发现如果不能每天表达自己的思想，每天认真思索一些问题，不写一些文字出来，这一天过得都不踏实。从此，走在独立创作道路上的步伐更加坚定有力。

在11年前，我刚大学毕业，那年我读过一篇胡适先生的文章，印象深刻。胡适在1932年6月27日《写给大学毕业生的一封信》中提到：大学毕业生毕业后，第一是容易抛弃学生时代求知识的欲望，第二是容易抛弃学生时代理想的人生的追求。因此，先生特意给出了三个方子："总得时时寻一两个值得研究的问题！""总得多发展一点非职业的兴趣。""你得有一点信心。"是的，"总要研究一两个问题"。在十年后，我才开始动手研究问题，在分析总结了四大那些事之后，再继续研究分析新三板，并自封"啃哥"。

因为我知道，"啃"永远没有止境。总得寻找一两个问题，那么，秉承啃的精神去认真分析一两个问题吧，分析到最透彻，就足够了。

啃哥写文章，不求多少人看，不求多热闹，只求真实表达自我，真正做到"不随波逐流，只扪心自问"。

当然，这套书只是啃哥关于新三板的头两部。新三板市场在快速、剧烈地变化着，新的政策将会不断推出，各种现象还会层出不穷，这些都需要不断地深入思考、认真总结、透彻分析。啃哥将继续秉承“啃”的精神，继续精益求精地啃下去，啃出新三板一片新天地。新三板是一个没有讲完也永远讲不完的故事，只要您愿意听，啃哥会一直讲下去。

啃哥很庆幸，能够在中国资本市场发生巨大历史变革的时刻，发出自己关于金融的思考之声。虽然很浅显，却都是对自己思考的记录。有人觉得金融很高大上，确实如此，但那是美国的金融，在 CFA 三级考试中就能确切感受到。但是，国内的金融，还处于很初级的阶段。在啃哥这里没有学者，没有专家。啃哥与您一样，大家都是草根。但是，这并不妨碍我们一起去啃那些看似高大上的东西，例如新三板，再如评价 A 股市场，等等。虽然有难度，但只要秉承蚂蚁搬家的精神，一点点、一粒粒地啃下去，终究能啃出点东西来。啃哥一直是这样认为，也在这样身体力行着。我们坚持下去，谁知道会发生什么呢?

中国的民营企业撑起了经济和就业的大半边天，可是资本市场并没有为它们提供应有的配套服务。我在民营制造业企业工作的日子里，每天都在计较成本、效率、利润，民企的每一分钱，都是通过点滴节省、加班加点、不断更新改造的汗水换来的。而资本市场，本可以促进这些企业的增长，却根本没有去做，这又是多么的不配比！现在突然有了机会，本来是为民营企业服务的，可若是因为传统制造业或者其他传统行业中的老板们看不懂，不敢接触新三板而再次错过，就实在太令人揪心了。从另一个角度，啃哥更希望为民营企业代言，为赚取“刀尖上利润”的中国制造业代言。民营企业家改变思想，拥抱资本市场，拥抱新三板，确实是当务之急!

再有，从投资者的角度看，总有人跟我说:“啃哥，新三板我看不懂，是不是只能买新三板基金了?”我总说，这就对了，散户的出场才是中国资本市场的出路和未来。从 A 股到新三板，中国资本市场正在剧烈地变革着，历史性、跨越性的变革已经开始出现，并愈演愈烈，您看到了吗?

大家闭着眼睛想一想，在中国需要发挥金融对经济结构调整和转型升级的支持的时候，生生造出了一个新三板，说明什么问题? 改革有两种，一种是原有基础上的改良; 另一种就是新造一个市场出来，通过增量改革倒逼存量改革，这在新三板发展过程中展现得淋漓尽致。为什么新三板可以这么大刀阔斧地干，而以前的A股不可以呢？就因为新三板是“初生的婴儿”，没有羁绊，义无反顾。

我总认为，对于新三板，就如同一个孩子，当它还是幼儿，在茁壮成长的时候，各方赞扬接踵而来，有人说他能够成为伟人，成为大家，成为总理。结果会如何呢？啃哥认为，孩子是需要鼓励的，当所有人都说他能够成为总理的时候，他真的就会逐渐具备总理的素质。对新三板，我们更应有的态度是包容、鼓励，促进其健康发展。

胡适先生有一篇很有名的文章，叫《差不多先生》，描写讽刺社会上那些随波逐流、缺乏深入研究精神、得过且过的人们。这也是中国历来被诟病的社会现象。啃哥希望通过自己的文章改变一些什么。

啃哥的文章都是在分析现象，咬文嚼字，逻辑推理，当然，更深层次的目的是启发读者，希望读过啃哥书籍、文章的朋友，在各自的领域也深入“啃”下去。啃哥相信通过本书和啃哥的文章，能够影响一些人，哪怕只有几个人、十几个人、几百个人。“星星之火，可以燎原”，如果社会出现更多的啃哥、啃弟、啃妹、啃姐等等（这里的啃和社会上的啃老不是一个概念，别混淆啊），这些人再去影响更多的人，发生一个连锁反应，那个时候，相信将再不会有随波逐流的声音，而是代之以拥有独立思考、独立见解、表里如一的人们。而那个时候，也将是一个崭新的时代！其实，我们正走在路上，抵达那个时代，将不会太久了！啃哥坚信！

正如曾国藩在《致沅弟》家书中所写道的：凡人作一事，便须全副精神注在此一事，首尾不懈。不可见异思迁，做这样想那样，坐这山想那山。人而无恒，终身一无所成。

正如当年君安证券张国庆所说：多少风云事，已随大江去；我辈逢此时，岂能空此世。

正如德隆系唐万新那句名言：但凡我们用生命去赌的，一定是最精彩的。

也正如胡适先生所说：我们时时是需要一点信心的。

谨以此书献给所有生命不息、奋斗不止、追求独立思考、表里如一的人们！

啃哥张驰

2015 年 3 月于北京